"十四五"职业教育国家规划教材

高等职业教育产教融合创新型教材 · 旅游类

导游服务实务

Daoyou Fuwu Shiwu

(第四版)

车秀英　张　洁　主　编

薛　英　副主编

东北财经大学出版社
Dongbei University of Finance & Economics Press
大连

图书在版编目（CIP）数据

导游服务实务 / 车秀英，张洁主编．—4 版．—大连 ：东北财经大学出版社，2025.8.—（高等职业教育产教融合创新型教材 · 旅游类）.

ISBN 978-7-5654-5773-9

Ⅰ. F590.63

中国国家版本馆 CIP 数据核字第 20253F769P 号

导游服务实务

DAOYOU FUWU SHIWU

东北财经大学出版社出版

（大连市黑石礁尖山街 217 号　邮政编码　116025）

网　　址：http：//www.dufep.cn

读者信箱：dufep@dufe.edu.cn

大连天骄彩色印刷有限公司印刷　东北财经大学出版社发行

幅面尺寸：185mm×260mm　字数：295 千字　印张：13.75

2025 年 8 月第 4 版　2025 年 8 月第 1 次印刷

责任编辑：魏　巍　石建华　责任校对：刘贤恩

封面设计：原　皓　版式设计：原　皓

书号：ISBN 978-7-5654-5773-9　定价：42.00 元

教学支持　售后服务　联系电话：（0411）84710309

如有印装质量问题，请联系营销部：（0411）84710711

富媒体智能型教材出版说明

“财经高等职业教育富媒体智能型教材开发系统工程”是“国家文化产业资金支持媒体融合重大项目”。项目以“融通”“融合”“共建”“共享”为特色，是东北财经大学出版社积极落实国家推动传统媒体与新媒体融合发展的重要举措之一。

“财济书院”智能教学互动平台是该工程项目建设成果之一。该平台通过系统、合理的架构设计，将教学资源与教学应用集成于一体，具有教学内容多元呈现、课堂教学实时交互、测试考评个性设置、用户学情高效分析等核心功能，是高校开展信息化教学的有力支撑和应用保障。

富媒体智能型教材是该工程项目建设成果之二。该类教材是我社供给侧结构性改革探索性策划的创新型产品，是一种新形态立体化教材。富媒体智能型教材秉持严谨的教学设计思想和先进的教材设计理念，为财经职业教育教与学、课程与教材的融通奠定了基础，较好地避免了传统教学模式和单一纸质教材容易出现的“两张皮”现象，有助于教学质量的提高和教学效果的提升。

从教材资源的呈现形式来说，富媒体智能型教材实现了传统纸质教材与数字技术的融合，通过二维码建立链接，将VR、微课、视频、动画、音频、图文和试题库等富媒体资源丰富地呈现给用户；从教材内容的选取整合来说，其实现了职业教育与产业发展的融合，不仅注重专业教学内容与职业能力培养的有效对接，而且很好地解决了部分专业课程学与训、训与评的难题；从教材的教学使用过程来说，其实现了线下自主与线上互动的融合，学生可以在有网络支持的任何地方自主完成预习、巩固、复习等，教师可以在教学中灵活使用随堂点名、作业布置及批改、自测及组卷考试、成绩统计分析等平台辅助教学工具。

富媒体智能型教材设计新颖，一书一码，使用便捷。使用富媒体智能型教材的师生首先下载“财济书院”App或者进入“财济书院”（www.idufep.com）平台完成注册，然后登录“财济书院”，输入教材封四学习卡中的激活码，建立或找到班级和课程对应的教材，就可以开启个性化教与学之旅。

“重塑教学空间，回归教学本源！”“财济书院”平台不仅仅是出版社提供教学资源和服务的平台，更是出版社为作者和广大院校创设的一个教学空间，作者和院校师生既是这个空间的使用者和消费者，也是这个空间的创造者和建设者，在这里，出版社、作者、院校共建资源，共享回报，共创未来。

最后，感谢各位作者为支持项目建设所付出的辛劳和智慧，也欢迎广大院校在教学中积极使用富媒体智能型教材和“财济书院”平台，东北财经大学出版社愿意也必将陪伴广大职业教育工作者走向更加光明而美好的职教发展新阶段。

东北财经大学出版社

第四版前言

在数字经济与文旅深度融合的时代背景下，我国旅游产业正经历着前所未有的变革。智慧旅游的蓬勃发展不仅催生了“云旅游”“虚拟导览”等新型服务模式，而且深刻改变着游客的出行方式与体验需求。2024年4月1日起正式实施的国家标准《导游服务规范》（GB/T 15971—2023），正是顺应行业发展趋势，对导游职业能力体系进行的系统性重构。新版标准体现了导游素质要求的四大维度，即思想素质、技术技能、业务知识、职业形象，既强调政治素养与职业道德的基石作用，又突出数字化工具运用、跨文化交际等新技能的培养。特别值得关注的是，新版标准首次将出境游领队服务纳入规范体系，同步优化入境游接待流程，这标志着我国导游服务正朝着更加规范、专业、安全的方向发展。

党的二十大报告明确提出“增强中华文明传播力影响力”，这为导游队伍建设指明了方向。导游不仅是旅游服务的提供者，更是中华文化的阐释者与传播者。新时代导游需要具备将文化资源转化为传播势能的专业能力。

本书立足行业变革前沿，以导游职业核心能力训练为主线，以导游专业相关知识为支撑，系统整合智慧旅游技术应用、跨文化服务能力、文化叙事技巧等内容，将“依品行树人、靠技能立业”的人才培养理念贯穿导游人才培养的全过程，通过规范与创新的双重驱动，助力打造一支“政治坚定、业务精湛、作风优良”的新时代导游队伍，为讲好中国故事、传播好中国声音提供坚实的人才支撑。

本次修订过程中，我们着力强化教材的育人功能，对过时的理论知识进行了更新和适当的精简，结合旅游业发展中出现的新知识、新技术、新规范，增加了“项目八 新型导游服务”，同时丰富了数字资源内容。具体来说，本书具有如下特点：

1.价值引领，落实立德树人根本任务

本书以习近平新时代中国特色社会主义思想和党的二十大精神为指引，积极落实立德树人根本任务，增设“价值引领”栏目，强化教材的育人功能。具体表现为：一是弘扬工匠精神，倡导文明旅游、文明出行意识，宣传环境保护，践行“绿水青山就是金山银山”的理念。二是贯彻“家国情怀”的使命，传播和激活中华优秀传统文化，让传统文化中的诗词歌赋在导游口中成为传播社会正能量的有力武器。三是崇尚职业道德观，注重培养学生的职业精神，教会学生遵守职业操守，遵守社会公序良俗，遵纪守法，这既是责任教育，更是担当教育，从而让这些未来的城市形象大使能在爱国、爱家乡的情怀中讲好中国故事。

2.内容实用，对接导游岗位需求

本书以导游工作过程中所需的知识为基本内容设计了两个学习情境。第一个学习情境为导游基础服务，主要依据导游工作流程进行细分，包括准备及迎接服务、入住及用餐服务、讲解服务、购物及娱乐服务、送站及善后服务等内容，重点是强化导游工作过程中每一项能力的训练；第二个学习情境为其他导游服务，将导游过程中的典型工作任务作为一个综合项目来学习和训练，包括特殊导游服务、出境游领队服务、智能导游服务等内容。

同时，本书从导游职业岗位工作过程分析入手，设计了“任务情境”“知识点拨”“任务实施”“实践训练”“考核评价”等内容，很好地解决了课堂教学与技能训练的关系、教师职业技能训练点拨与学生职业技能训练水平提高的关系等教学难题。在导游服务程序与内容方面，注重规范化训练；在导游讲解技能、导游个性化服务、导游危机处理等方面，设计了导游场景模拟训练项目；在导游词撰写技能方面，注重创新和实用性训练。

3.教学方法多样，提高学习积极性

在教学训练实施过程中，本书采用角色扮演等灵活有趣的教学方法，将教学过程延伸到课后，激发学生课后自觉训练的积极性，从而在课上认真展示成果；遵循“校内模拟实训、校外实景演练、真实岗位锻炼”的“校企合作育人”职业能力训练模式，充分利用地区定点旅游景区、“流动的课堂”（旅游大巴）、三维虚拟导游实训室、微课等教学资源，为学生打造导游职业技能训练的广阔平台，让学生的职业技能训练有舞台、有前途。

4.数字资源丰富，打造沉浸式学习体验

本书深度融合现代信息技术优势，构建起立体化的数字资源体系，包括“在线课堂”“知识卡片”“导游讲解”“导游实训”“在线测评”等，为学生打造沉浸式学习体验。其中，“在线课堂”通过碎片化知识讲解，促进学生对所学知识的深度理解与扎实掌握；“知识卡片”围绕核心知识点精心设计，有效拓展了学生的知识面；“导游讲解”通过生动的语言还原真实带团场景，让学生仿佛置身其中学习景点解说要点；“导游实训”通过模拟带团环境，完成行程规划、突发问题处理等实战训练，切实提升学生的实操能力；“在线测评”通过即时反馈答题结果，帮助学生精准把握知识盲区。

本书由大连职业技术学院车秀英和国家金牌导游、大连职业技术学院张洁担任主编，大连职业技术学院薛英担任副主编，大连市导游协会会长冯志科参编。具体编写分工如下：车秀英编写项目二、六；张洁编写项目一、三、七、八，并录制相关微课；薛英编写项目四、五；冯志科负责“知识卡片”数字资源的整理。

在本书修订过程中，大连市导游协会理事郑燕子、中国旅行社总社（大连）有限公司总经理助理吴艳华、大连尊途国际旅行社有限公司高级导游王明巍、大连瑜轩网络科技有限公司张芮慈为本书提供了很多真实、生动的案例，大连职业技术学院刘爱琴老师帮助完成了修订稿的文字校对等工作，在此深表谢意。同时，我们也参考了大量的书籍、文献资料，吸收了国内外众多学者的研究成果和实践经验，在此一并向这些作者、专家表示衷心的感谢！

由于编者水平有限，书中定有不足之处，恳请广大读者批评指正，以便进一步修订完善。

作　者

2025年6月

目　录

数字资源目录

学习情境一

导游基础服务

知识导图

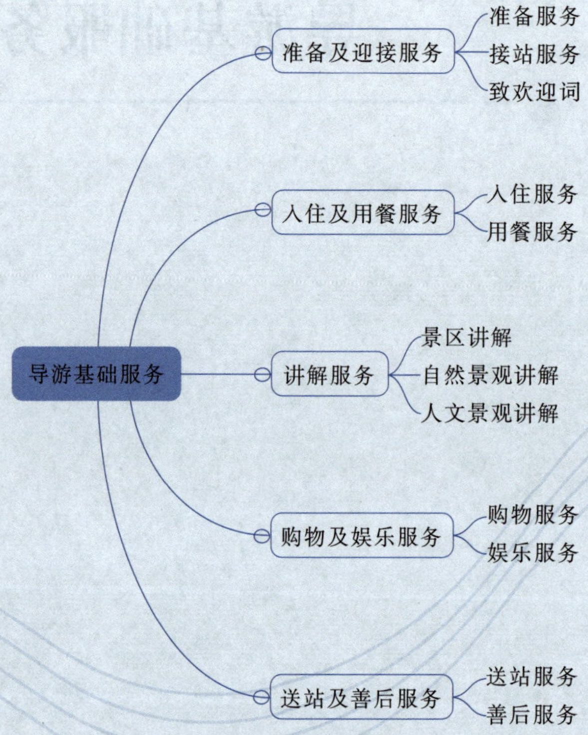
导游基础服务
准备及迎接服务
准备服务
接站服务
致欢迎词
入住及用餐服务
入住服务
用餐服务
讲解服务
景区讲解
自然景观讲解
人文景观讲解
购物及娱乐服务
购物服务
娱乐服务
送站及善后服务
送站服务
善后服务

项目一　准备及迎接服务

任务1　准备服务

任务目标

知识目标：

1.了解接待计划包含的内容。

2.熟悉落实接待事宜的方法。

3.掌握各项准备工作的内容。

能力目标：

1.能够根据接待计划的内容与司机、餐厅、酒店、景点等部门良好沟通，落实接待事宜。

2.能够做好知识、物质、形象、心理等方面的准备。

素养目标：

1.培养认真严谨、精益求精、未雨绸缪的工作习惯。

2.培养团队合作意识。

任务情境

2024年7月，大连假日旅行社接到一单任务，南京旅行团一行30人，将于8月2日下午乘机到达大连。刚刚走上工作岗位的导游小王接到这个接站任务，准备去大连周水子国际机场接站。

知识点拨

在线课堂1-1

导游的服务能力

一、导游上团前的准备工作

做好迎接团队的准备工作，是导游提供良好服务的前提。接到旅行社分配的任务、领取了盖有旅行社印章的接待计划书后，导游应立即着手准备工作。在旅游团到达之前，导游应该充分熟悉接待计划，根据接待计划落实接待事宜和进行上团之前的物质准备、语言准备、知识准备以及个人形象和心理准备。

在线课堂1-2

熟悉接待计划

二、导游上团前准备工作的技巧

1.熟悉接待计划

接待计划是组团旅行社委托各地方接待旅行社组织落实旅游团活动的契约性安

排，是导游了解该旅游团基本情况和安排活动日程的主要依据。导游在旅游团抵达之前要仔细、认真地阅读接待计划和有关资料，准确了解该旅游团的服务项目和要求，重要事宜要做记录。要明确以下情况：

（1）旅游团概况。主要包括组团旅行社名称，联络人姓名、电话号码，旅游团名称、代号、电脑序号、收费标准（分豪华等、标准等、经济等几种），使用语言，领队姓名等。

（2）旅游团成员情况。主要包括该旅游团的人数，团员姓名、性别、职业、宗教信仰等。

知识卡片1-1 游客特征分析

知识卡片1-2 国内部分地区居民的性格特征

案例窗1-1

2025年夏季，恰逢旅游旺季，某国际旅行社英语导游短缺，于是从当地外国语学院请来一名口语不错的在校生充当临时导游，接待一个泰国团。该临时导游服务热情周到，在带团初期一切情况都很好，但后来却发生了一件不愉快的事，从而招致客人投诉。

客人投诉的原因是团内有一对年轻夫妇带着小孩出游，临时导游见小孩长得十分可爱，忍不住在小孩的头上摸了一下。这种在中国看来最平常不过的举动，却触犯了泰国人“重头轻脚”的禁忌，男孩的父母当即脸就沉了下来，只是没有当场发作。临时导游不懂得察言观色，后来又摸了一下小孩的头，小孩的父母当即与其吵了起来，随后进行了投诉。

点评：导游处于接待工作的最前线，在工作过程中会接触到不同民族文化背景的游客，因此导游应尽可能地了解中外文化之间的差异尤其是禁忌，以满足接待不同游客的需要。

在线课堂1-3 导游服务规范（上）

在线课堂1-4 导游服务规范（下）

《导游服务规范》（GB/T 15971—2023）规定，“接待旅游者前，导游应熟悉旅游接待计划及相关资料，掌握旅游者的基本情况、旅游行程安排、特殊要求和注意事项等细节内容，注意其重点和特点”。上例中，由于东南亚国家的人普遍认为头部是人体最高的部分，也是人体中最神圣的部分，尤其是孩子的头，被视为“神明”停留之处，所以在任何情况之下头部绝不允许触摸。如果导游对泰国团的团员特点及禁忌有一定了解的话，就不会引起投诉了。

（3）旅游路线和交通工具。导游应了解旅游团的全程路线、入出境地点、乘坐的交通工具，抵离本地时所乘交通工具的班次、时间和地点。

（4）交通票据情况。旅游团去下一站的交通票据是否按计划订妥，有无返程票，有无国内段国际机票，出境票的票种（是OK票还是OPEN票）。

知识卡片1-3 团队类型特征分析

（5）该团的特殊要求和注意事项。导游应注意计划有无变更以及更改后的落实情况（如该团在住房、用车、游览、用餐等方面有无特殊要求）；是否需要有关方面负责人出面迎送、会见、宴请等；是否有老、弱、病、残等需要特殊服务的客人；是否需要提前办理证件（该团的旅游线路中是否有需要办理通行证的地区或特殊参观项目，如果有，则需要提前办好相关手续）。

2.落实接待事宜

在线课堂1-5

落实接待事宜

导游在旅游团抵达的前一天，应与各有关部门或人员落实旅游团的食宿、行李运输等事宜。

（1）核对日程安排表。地接社会根据组团社旅游接待计划，安排旅游团在本地的参观游览活动。导游应根据日程编制日程表，对表中所注明的日期、出发时间、游览项目、就餐地点、风味品尝、购物、晚间活动、自由活动时间以及会见等其他特殊项目一一核实，如发现有出入应立即与本社有关人员联系，问清情况后做必要的修改。

案例窗1-2

大连某国旅导游周某接到一个新加坡旅游团的接待计划，日程是10月20日21：00乘飞机抵达沈阳，当晚入住饭店，第二天游览完沈阳后乘火车赴大连游览。10月20日，周某乘坐接团的旅游车从大连赴沈阳接团。抵达沈阳后，周某事先向预订饭店索要了房间号并领取了房间门卡。当晚，周某与司机一起去机场接团，但待该航班乘客已全部出站，周某也没见到旅游团出现。于是，周某便与本社工作人员联系，询问情况。“哎呀，真糟糕，该团上个星期就已经取消了，忘记通知你了。”旅行社工作人员抱歉地答复。周某只好立即赶回饭店说明情况并退房。饭店方面虽同意退房，但提出了索赔要求。

点评：这是一起典型的空接事故。空接以及空接所造成的饭店损失、旅游车空驶等一系列的损失，责任显然在旅行社的工作人员，因为下发计划在前，而计划变更在后。由于旅行社工作人员的疏忽，没有将旅游团取消的变更消息及时通知导游，因此才造成了这样的后果。但是，导游周某也有责任，他没有在接团前与有关部门、相关人员进一步联系，落实团队的最后计划，如果能在接团前主动落实，这个事故则是完全可以避免的。

导游实训1-1

与司机落实用车

（2）落实旅行车辆。首先，导游应与旅游汽车公司或车队联系，确认为该团在本地提供交通服务的车辆的车型（座位数是否与旅游团人数相符）、车牌号和司机姓名。其次，如果接待的是大型旅游团，车上应贴编号或醒目的标志。

导游实训1-2

与酒店落实用餐

（3）落实住房及用餐。导游要熟悉旅游团所住饭店的位置、概况、服务设施和服务项目；核实该团游客所住房间的数目、级别，是否含早餐等；与各有关餐厅联系，确认该团日程表上安排的每一次用餐的人数、餐饮标准、日期、特殊要求等。

（4）落实运送行李的安排情况。导游应了解行李运送计划，了解为旅游团提供行李服务的旅行社行李员的情况，必要时应与其沟通以共同落实行李运送计划。

导游实训1-3

与酒店前台落实接待事宜

（5）落实游览景点事宜。对新的旅游景点或不熟悉的游览点，导游应事先了解其概况，如开放时间、最佳游览路线、卫生间位置等，以便游览活动顺利进行。对旅游团在游览中的特殊要求应提前与景点联络，如宗教团体需在某寺庙从事法事活动，夏令营团队需在某景点举行开营、闭营及其他仪式活动，红色之旅需在纪念地举行与名人座谈的活动以及对景点的捐赠活动等。

案例窗 1-3

某导游于11月1日下午3点半带团来到某景区的售票处前，正在他准备买票时，售票口的小窗户“啪嗒”一声关上了。他急忙询问原因，售票人员告诉他：自即日起该景区实行淡季时间表，下午3点半停止售票。由于该团客人第二天早上就要乘飞机离开本地，这意味着他们此次旅程已经没有机会参观这一魂牵梦萦的景区了。无论他怎样解释、恳求，最终也未能说服售票人员破例让他带团进去。

点评：导游在上团之前一定要做好充分准备，这样才能在引领游览过程中起到很好的导游效果，对于熟悉的老景点要更新常规知识；对于不熟悉或刚开放的新景点，一定要到实地去熟悉一下，掌握第一手资料，如概况、开放时间、售票处、特色、特殊管理条例等。在本案例中，导游由于事先没有对景区的淡旺季售票时间进行特殊的准备，无意中给整个旅游团留下了一个很大的遗憾。

（6）落实联系电话。导游应备齐并随身携带有关旅行社各部门以及餐厅、饭店、车队、剧场、购物商店、组团人员、行李员和其他导游人员的联系电话。导游上团前要检查自己的电话是否畅通，电量是否充足，以保证与旅行社及其他部门之间的联络。

3. 做好个人迎接准备

在线课堂 1-6

物质准备

（1）物质准备。上团前，导游要按照旅游团的游客人数领取导游图、门票结算单和费用，带好接待计划、电子导游证、导游旗、接站牌等必备物品。

（2）语言和知识准备。导游要根据接待计划上确定的参观游览项目，对需翻译、导游的重点内容，做好语言和介绍资料的准备工作。接待有专业要求的团队，要做好相关专业知识、词汇的准备。对于当前的热门话题、国内外重大新闻、游客可能感兴趣的话题等方面也要相应了解。

在线课堂 1-7

导游的仪容礼仪

（3）形象准备。导游的自身形象不仅仅是个人行为，在宣传旅游目的地、传播中华文明方面也起着重要作用，有助于在游客心目中树立旅游目的地的良好形象。因此，导游在上团前要做好仪容仪表方面（即服饰、发型等）的准备，着装要符合本地区、本民族的着装习惯和导游人员的身份；衣着大方、整齐、简洁，要方便导游服务工作；佩戴首饰要适度；不浓妆艳抹，不用味道太浓的香水；上团时应将导游证佩戴在正确位置。

（4）心理准备。首先要做好面对艰苦复杂工作的心理准备。导游不仅要考虑到按照正规的工作程序要求为游客提供热情的服务，还要有遇到问题、发生事故时应如何处理，对需要特殊服务的游客应采取何种措施的各种思想准备。有了这些方面的心理准备，就会做到遇事不慌，遇到问题也能妥善迅速地处理。其次要做好承受抱怨和投诉的心理准备。导游的工作繁杂辛苦，有时虽然已经尽可能热情地为游客服务，但还会遭到一些游客的抱怨、指责，甚至投诉。对于这些情况，导游要有足够的心理准备，要冷静、沉着地面对，无怨无悔地为游客服务。

任务实施

南京旅行团一行30人，将于8月2日15：30乘机到达大连，导游小王接到接待任务后，准备去大连周水子国际机场接站。

一、潜心研究，充分准备

导游小王因为是第一次接到这样的任务，心里有些紧张，怕自己的准备工作不够充分，遗漏某些环节，于是在接机前又一次翻阅了此次的接待计划：南京团共30人，16男、14女，均来自同一个单位；在大连停留3天2晚，第一天的行程是游览旅顺景区和大连城市风貌，第二天的行程是游览金石滩，第三天的行程是参观老虎滩海洋公园，然后乘晚班飞机回南京；旅行团中有两对夫妻，一位素食主义者；南京人的特点是头脑灵活、做事谨慎、文采较出众等。熟记了这些团队信息后，小王基本上做到了心中有数，紧张的心情也放松了不少。

二、亲临现场，落到实处

结合旅行社里一些前辈传授的带团经验，考虑到某些景点可能每年都会增加或调整某些项目和表演时间，由于城市规划及其他因素会造成景点营业时间相应调整等问题，小王决定在南京团到来之前对接待计划中的各接待项目进行一次彻底的踩点和核实。

首先，小王打电话对航班号和到达时间进行了确认。由于此次接待时间适逢大连啤酒节举办期间，小王提前一天去熟悉了接机线路、相关交通管制线路以及交通流量，以防出现堵车漏接现象。

其次，小王还与接机车辆和游客下榻的假日酒店进行了联系，核对了预留的房间数、用餐标准及禁忌（南京游客比较喜欢吃鸭，小王建议将餐标中的鸡改成鸭）。

最后，小王对即将游览的老虎滩海洋公园、旅顺日俄监狱旧址博物馆、白玉山景区、发现王国等景点的相关情况进行了确认，包括营业时间、表演项目等。

由于旅行团想亲身体验一下大连啤酒节的热闹氛围，小王事先来到了星海广场的啤酒节现场，考察场地和线路，并感受了现场各大展棚的表演氛围。其中，慕尼黑啤酒展棚表演精彩、规模较大且接待能力较强，于是小王与负责人联系了旅游团第二天晚间来此参观消费的事宜，并提请其预留位置。落实了相关接待事宜后，小王记下了所有与接待有关的电话号码。

三、精心装扮，迎接客人

了解到旅游团来自同一个单位，大多是中年游客，这些游客的人生经验比较丰富，所以小王对于欢迎词、沿途导游以及老虎滩、旅顺和金石滩的导游词等做了精心准备。但是穿什么衣服去机场迎接旅游团呢？小王还是拿不准。考虑到这是自己第一次独立接待团队客人，必须给旅游团留下深刻印象，于是她对自己进行了一番精心打扮。在准备领取接待团队的导游图、门票结算单、导游旗、接站牌等物品时，经理对她的打扮进行了一番表扬之后提出了批评意见，并给她讲了下面一段故事。

案例窗 1-4

导游秦小姐年轻漂亮，由于好打扮，其总是走在时尚前列。一次，秦小姐接了一个境外的旅游团，其成员多为30岁左右的女士。当秦小姐以精心打扮的形象出现在游客面前时，旅游团的这些女士们顿时黯然失色。游览期间，秦小姐更是不断更换自己的“名牌”行头，这更与旅游团中的那些女士形成了鲜明对比。在游览过程中，虽然她的讲解生动形象，为人亲切，服务周到，但不知为什么，那些年轻的女性游客却都不愿与她在一起，秦小姐自己也有一种被冷落的感觉。

点评：作为服务行业的导游，如果在上团时装束与众不同，刻意地修饰外表，喜欢抢风头，则不大会被游客接受，服务效果会适得其反。这是因为导游无意间已经将自己的服务对象——游客变成了陪衬者。与案例中的秦小姐一样，小王今天的这身打扮同样也犯了这样的错误，太时髦、太醒目。

实践训练

实训项目1：落实安排夏令营团的开营、闭营及相关活动

实训设计：由1名同学模拟导游，3名同学分别模拟营地工作人员，其他同学模拟团队游客。考察重点在于导游与工作人员之间的沟通协调能力，以及工作责任心，注意沟通时告知团队人数，要求景区安排营地升旗仪式、辅导员讲话、拓展训练理念灌输及参观的相关细节内容。最后由其他同学对表演进行互评，教师进行点评。

实训项目2：落实旅游车、酒店住宿和用餐情况

实训设计：分组、分角色、分场景进行模拟训练。

场景一：由1名同学模拟导游小王，1名同学模拟汽车公司调度员，双方进行电话联络，落实夏令营团在大连的接待车辆事宜。

场景二：由1名同学模拟导游小王，1名同学模拟酒店总台服务员，双方进行电话联系，落实夏令营团在大连住宿用房事宜。

场景三：由1名同学模拟导游小王，1名同学模拟酒店餐饮部接待服务人员，双方进行电话联系，落实夏令营团的酒店用餐事宜。

最后对表演进行同学互评，教师点评。

实训项目3：设计旅游团迎接准备计划表

实训设计：

（1）每6～8人分为1个团队。

（2）每个团队选出1名队长，对团队成员进行角色分配，主要角色分为地接导游、计调、行李服务员、车船服务公司工作人员、饭店工作人员。

（3）组织团队进行导游服务中的角色分工，按照教师提出的任务进行讨论，每个角色都要收集、提炼导游迎接准备工作的相关信息。

（4）每个团队设计1份“旅游团迎接准备计划表”，选出1位代表进行团队间交流，教师进行点评。

考核评价

在线测评1-1

任务1

准备服务技能考核评价见表1-1。

表1-1　准备服务技能考核评价表

内　容		评　价		
学习目标	评价内容	分值	团队成员评价	教师评价
基本知识	迎接准备的程序	10分		
	团队接待计划表的内容	5分		
	相关景区景点导游词	5分		
专业能力	熟悉并分析接待计划	10分		
	落实旅游团的吃、住、行	10分		
	落实个人形象、语言和心理准备	10分		
通用能力	导游语言表达能力	10分		
	导游团队应急问题解决能力	10分		
	导游业务钻研能力	10分		
	导游的沟通协调能力	10分		
职业态度	认真严谨	5分		
	团队协作	5分		
努力方向：		建议：		

任务2　接站服务

任务目标

知识目标：

掌握导游接站流程。

能力目标：

能够做好旅游团抵达前后业务安排，顺利完成接站服务。

素养目标：

1. 树立时间观念。

2. 养成规范、严谨、按照岗位规范履行职责的职业习惯。

任务情境

南京假日旅行社接到通知，长春30人旅游团将于5月7日16时45分到达南京禄口国际机场，南京假日旅行社地陪小张准备去机场接站。

知识点拨

一、导游接站的主要程序

导游接站的主要程序包括：旅游团抵达之前对抵达时间的确认；与司机联系、提前到达接站地点；再次确认到达时间；持接站牌接站以及旅游团到达后找认旅游团、核实人数、集中清点并移交行李、引导游客登车等。

二、导游接站工作技巧

在线课堂1-8

接站准备

接站是导游与旅游团之间的第一次接触，导游良好的形象非常重要，既体现了对游客的尊重，又表现出了导游良好的职业素养，同时也会影响到旅游团成员对旅游目的地及地接社的印象，对于随后接待工作的开展起着非常重要的作用。

1. 旅游团到达之前导游应做的工作

（1）确认旅游团所乘交通工具的准确抵达时间，以免漏接。接团当天，地陪应提前去旅行社落实或打电话询问旅游团计划有无变更。出发前，应向接站地（机场、车站、码头）问讯处问清所接旅游团所乘班次的准确抵达时间。一般情况下，至少应在飞机抵达预定时间前2小时，火车、轮船抵达预定时间前1小时向问讯处询问。

（2）与旅行车司机联络。电话通知司机出发的时间，商定会面地点。提前赶赴与司机碰面的接头地点。接洽后，在途中，地陪应告诉司机该团的主要活动日程、具体安排、注意事项以及需要司机配合的事情，可以给司机一份团队活动日程表，以便让司机心中有数，更好地配合导游工作。

（3）提前抵达接站地点。地陪要提前半小时抵达接站地（机场、车站、码头），与司机商定车辆停放位置。如已安排行李员，导游应与行李员取得联络，并向行李员交代旅游团的名称、人数，通知其行李运送地点，了解行李抵达饭店的大概时间。

案例窗1-5

小牟是某国际旅行社的导游。一天，他作为地陪去接一个已经入住饭店的德国旅游团。从小牟家到饭店骑自行车20分钟就到了，旅游团早上8点整在饭店大厅集合。小牟7点20分骑车从家出发，当他经过铁路道口时，开来一列火车，把他挡住了。待火车开过去，整个道口已挤得密密麻麻，秩序混乱，等交通警察赶来把道口疏通，已经过了8点。10分钟后，小牟才到饭店。这时，离原定游客出发时间已晚了10多分钟，等候在大厅里的德国游客个个面露不悦，领队更是怒气冲冲，走到小车面前亮出手表，意思是说：“现在几点了？”

点评：作为导游，熟悉各个国家、地区的风俗习惯是很有必要的。了解了各个国家、地区的风俗习惯和居民的性格特点后，导游就能很好地避免出现类似的差错。德国游客的时间观念可能是世界上最强的，讲好8点整出发，绝对会准时在大厅集合。如果导游自己迟到了，那么他在游客心目中的形象就会大打折扣，即使他之前所做的工作非常出色，也难以改变迟到留给游客的坏印象。本案例中，小车若了解德国游客的性格特点，把从家里出发的时间提早些，就不会出现案例中所述的那一幕。当然，作为导游，带任何一个旅游团都要守时，绝不能迟到，这是导游应有的职业素养。

（4）再次核实班次抵达的准确时间。地陪在落实了上述工作，到达接站地（机场、车站、码头）后，还应再次向接站地（机场、车站、码头）的问讯处或通过班次抵达显示牌确认交通工具的准确抵达时刻，同时确认领取行李和卫生间的位置。如被通知所接班次晚点，如推迟时间不长，导游可留在接站地点继续等候；如推迟时间较长，地陪应立即与旅行社有关部门联系，听从安排，重新落实接团事宜。

知识卡片1-4
我国部分航空公司的标志及其含义

（5）持接站标志迎候旅游团。在旅游团出站前，地陪应持接站标志，站在出口处醒目位置，便于出站人寻找与发现，等待旅游团领队或全陪前来联系。同时，导游也可从游客出站的着装和组团社的徽记等来判断或上前询问，主动认找自己的旅游团。如果接的是小型旅游团或无领队、全陪的散客旅游团，要在接站牌上写上客人姓名，如“接北京王刚等四人，夏之河旅行社”，以便客人能主动与地陪联系。

知识卡片1-5
航空飞行相关知识介绍

（6）以健康、阳光的形象迎接客人。导游衣着要得体、整洁，符合本地区和本民族的着装习惯。要按照旅游行业和旅行社对导游的着装规定，以健康向上的形象迎接客人。

在线课堂1-9
接站服务

2.旅游团到达之后导游应做的工作

（1）认找旅游团。导游找到旅游团后，要热情迎候旅游团，及时与领队或全陪进行接洽，问清该团领队（或客人）的姓名、人数、国别、团名等。核对完毕后，主动介绍地接社的名称并进行自我介绍。一切都无任何出入时，才能确认是自己要接的旅游团队。

导游实训1-4
接站服务

案例窗1-6

某组团社组织两个旅游团到西安旅游，其乘坐的飞机航班、行程、人数、标准相同，但西安的接待社不同，分别为X旅行社和Y旅行社，地陪分别是小张和小李。当两人在机场出口处迎接旅游团时，两团举着同一旅行社的小旗，戴着同一旅行社的帽子，背着相同的行李袋走出出站口，小张很高兴地走上前去，确认了人数，便热情地招呼大家上车。小李见小张已带走一团，自己也把另一个团带走了。直到吃晚餐时，小李才发现此团并非本社应接待的旅游团。

点评：导游在接站时，一定要认真对照自己的接待任务单认找旅游团，找

到后要进行必要的核实，问清楚旅游团全陪或领队的姓名、团队人数等具体信息后才能做最后确认，进行下一步的接待行程。否则，就可能如同本案例中的两位导游一样，想当然地认为这就是自己所要接的团，结果造成了错接，引起了麻烦。

（2）核实人数。地陪在找到所要接待的旅游团后，应向领队（或客人）作自我介绍，及时向领队核实实到人数，如与计划人数不符，则要及时通知旅行社，以便进行相应的服务更改。

案例窗 1-7

某旅行社的导游张某到机场去接一对外国夫妇。当时到港的航班较集中，出入机场大厅的人很多，张某举着接机牌在出口处等了近一个小时仍没有接到客人。这时，他看到本旅行社的一个同事接到了一个没有领队的旅游团，正向门外走去，客人佩戴的胸牌与他要接的客人由同一个外国旅行社所发。张某忙请司机代他举着牌子等候，自己赶到大厅外找人。在停车场，他见到一对外国夫妇与导游正在交涉什么，便连忙走上前询问，原来这对外国夫妇就是自己要接的客人。这对外国夫妇和另外一个团的游客在飞机上结识后，了解到他们所住的饭店、提供服务的旅行社都与自己的相同，并且胸前所佩戴的标记又由同一家国外旅行社所发，便以为和那些人在一起就能找到导游，所以从机场大厅出来时就跟着那些人，根本没注意接机人手中的牌子。来到停车场，那位导游清点人数，发现多了两个，此时张某刚好赶到。

点评：接站是导游接待工作的开端，其关键在于精心准备和处事灵活这两方面。准备的内容包括：了解所接团队的名称、人数、特点，准备好接站牌，了解飞机航班或火车车次，掌握好接站时间等。由于在接站过程中可能会遇到飞机延误或火车晚点等情况，加之有时场面混乱，接站时要尽量做到接人及时、准确，处事灵活。接不到客人时，应分析原因，耐心寻找。要尽可能多地了解清楚其他接站人员的情况和接站场所内外的人流情况，注意与自己所接客人特点相近的游客，避免客人被其他人接走。本例中的张某通过客人胸牌相同的现象，推测出客人可能被其同事接走，就是灵活处事的例子。

（3）集中清点行李，办好交接手续。如果旅游团是乘坐飞机抵达的，地陪应协助所接待旅游团的游客将行李集中放到指定位置，提醒他们检查各自的行李物品是否完好无损。与领队、全陪、行李员一起清点并核实行李件数，填好行李卡（一式两份），与行李员一起签字，一份交给行李员。如果在检查过程中发现行李未到或破损，地陪应协助当事人到机场失物登记处或有关部门办理行李丢失登记和赔偿申报手续。

若所接旅游团乘坐火车抵达，在接到旅游团后，地陪应向全陪或领队索取行李托运单，并将单据（一式两份）交接给行李员，填写行李卡，行李卡上应注明团名、人数、行李件数、下榻酒店名称，双方签字。

（4）询问团队情况。地陪要向领队询问团内游客的身体状况、有无特殊要求，如为白天到达，则应与全陪、领队商定是先回酒店，还是马上游览。

（5）集合登车。处理完上述事情后，地陪应引导游客前往乘车处。首先要将游客集中到一起，提醒他们再一次检查自己的随身物品是否带齐，然后高举导游旗，以适当的速度走在游客的前面，引领客人前行。同时，可请领队和全陪走在团队的后面，以确保团队的安全。

在线课堂1-10

错接漏接

游客上车时，导游要恭候在车门旁，协助或搀扶老弱游客上车（注意：如果是西方游客，主动帮助他们可能会遭到拒绝，此时，要尊重他们的意见，不要主动搀扶）。游客上车后，地陪最后一个上车。地陪应帮助游客将行李放在行李架上，并协助游客就座。待游客坐好后，导游应再一次检查游客放在行李架上的物品是否放稳妥，礼貌地清点人数，请司机开车前往饭店。清点人数时，要默数、用心算，切忌用手指点。

知识卡片1-6

接站容易出现的问题

任务实施

长春团一行30人，将于16时45分到达南京禄口国际机场，导游小张负责接站及之后的旅行游览服务。小张与司机马师傅提前到达南京禄口国际机场，他们确认了接站车停靠的停车场位置后，便迅速到机场大厅查询航班信息，确认了长春团抵达南京的航班号和到达时间。16时10分，小张手持所在旅行社导游旗站在出站口醒目位置，等待着长春旅游团的到来。

一、熟记标志，准确辨别

机场广播通知了航班已经到达的消息，小张在出口处仔细辨认了自己所要接待的长春旅游团。这时，一个团队走了出来，他们说话带有明显的东北口音，队伍中有人拿着一面长春浪漫假期旅行社的社旗，团队成员都戴着长春浪漫假期旅行社的帽子，小张赶紧迎上去，准备带领旅游团离开机场，前往旅游大巴的停车处。

当时机场人很多，场面很嘈杂，小张想尽快带领客人离开大厅。走出门口时，小张开始核实人数，这时才发现情况有点儿不对，自己所持的接待单上写明旅游团的人数是30人，可这个团队只有20多人，难道有10名左右的游客因为临时有事没来南京？从自己的接团经验来看，一般情况下团队人数不可能出现这么大幅度的调整，而且事先也没有接到组团社的通知，小张有点紧张，怀疑自己接错了团。

（小张如果不那么着急，等与全陪确认好之后再走，就不会出现这样的错误了）

果然如小张所料，他们是长春浪漫假期旅行社的游客，而非自己所要接待的浪漫假日旅行社组团的游客，由于自己的粗心大意，没有注意到“假日”和“假期”的区别，看错了一个字因此接错了团。想到自己所接的团队还在焦急等待，小张赶紧返回机场大厅，发现一个操着东北口音的队伍，游客都提着长春浪漫假日旅行社的包在焦急地张望着，其中一个手持长春浪漫假日旅行社社旗的人正一边打电话一边在四处寻找……小张赶紧上前询问，发现这才是自己要接的团队。

小张："请问是程先生吗？"

全陪："是，你是？"

小张："我是南京假日旅行社的小张。真对不起，我刚才看错了一个字，把长春浪漫假期旅行社当成长春浪漫假日旅行社了，就急忙带领长春浪漫假期旅行社的游客走出机场，一清点人数发现不对，仔细询问了一下才知道不是我要接的客人，又赶紧跑回来了。来晚了，耽搁大家的时间了，小张向大家鞠躬，请大家原谅！"

全陪："没关系，机场这么多人，难免的。好在你没有走远，又返回来了。"

小张："真是太抱歉了！"

全陪："好事多磨！但愿我们的旅程能够顺利！"

小张："请大家放心，我一定会用热情和细心来回报游客朋友们的宽容！今天我真正感受到了东北人大度、豪爽的性格。"

二、细心核实，周到服务

终于接到了长春来的旅游团，小张悬着的一颗心放了下来。小张在带领团队往停车场走之前，在心里又默数了一遍人数，感觉不对，好像比接待计划少了3个人。正当小张准备再次核实时，全陪小王走了过来，告知团队里有2名游客因临时有事不能参加此次旅行了，还有1名游客正在等着取行李。

此时，旅游团里的刘先生走过来说等了半天也没等到自己的行李，可能是丢了。小张真有点儿焦头烂额了！他深深地吸了一口气，平静了一下心情，让全陪小王照顾团队，自己则陪同刘先生去机场的行李查询处办理行李挂失手续，并留下了旅游团下榻酒店的名称、地址和联系电话。考虑到刘先生刚从家乡来到一个陌生的城市，丢失行李会有诸多不便，小张当即安慰刘先生别着急，等到达酒店入住后，再协助他购买一些必需的生活用品。

（接站是最容易出错的环节。由于小张在前面确认团队时出了错，所以在清点人数和行李时更加细心。得知刘先生的行李丢失，小张没有慌乱，不是先向旅行社汇报团队少了2个人的情况，而是先将游客行李丢失的突发事件解决得合情合理，赢得了游客的信任）

由于旅游团队的接待人数少了2人，会影响到接待计划中的一些实际费用，小张向旅行社报告了这一情况，以便及时调整就餐人数、酒店房间数、景点购票数等。

旅游团在小张的带领下来到了旅游车的停靠点，看着东北游客投过来的信任目光，小张体会到了自己肩上的责任，同时也相信一段美好的旅程已经开始了。

实践训练

实训项目1：地陪对东北旅游团的接站服务

实训设计：1名同学模拟地陪，1名同学模拟全陪，1名同学模拟行李员，1名同学模拟司机，其他同学模拟团队游客，10分钟后轮换。主要的考察点在于导游接站服务的程序，主要包括确认团队、核对人数、集中清点行李、集合乘车等。

（1）确认团队。地陪小张持旅行社导游旗或接站牌站在机场出口处的醒目位置等待东北旅游团的到来。考察点在于：自制接站牌和旅行社社旗，接站牌上应写明团名、团号、全陪的姓名；找认旅游团时应关注东北组团社的社旗、给每一个团员所发放的印有组团社标志的帽子或者旅行包，以及旅游团人数等相关细节；要主动上前委婉询问。

（2）核对人数。小张应与全陪认真核对旅游团的情况，如客源地、组团社、全陪姓名、人数。如果人数有变化，一定要及时对先前订餐、订房、旅游车座位数以及景点购票数进行相应调整。

（3）集中清点行李。小张要提醒游客检查行李，与东北团全陪核对行李件数，无误后方可移交给行李员，如有未到行李和破损行李，小张应协助当事人到机场登记处或有关部门办理行李丢失或赔偿申报手续。

（4）集合乘车。地陪小张提醒游客带齐行李和随身物品，引导游客前往乘车处。注意引导乘车时的规范：导游一定要先下后上，站在车门靠近车头一侧引导乘车，协助游客放置行李，礼貌地清点游客人数，无紧急事情不要在旅游车上打电话。

实训项目2：地陪对旅游团人数不符的处理

实训设计：由1名同学模拟地陪，1名同学模拟全陪，1名同学模拟旅行社相关工作人员，其他同学模拟团队游客。小张发现人数与接待计划不相符后，给地接社工作人员打电话，告知人数不符的情况，对相关的住房、用餐、机（车）票等事宜进行变更。

实训项目3：地陪对游客行李丢失事件的处理

实训设计：由1名同学模拟地陪，1名同学模拟全陪，1名同学模拟丢失行李的游客，1名同学模拟机场行李查询登记处的工作人员，其他学生模拟团队游客。小张让全陪照顾团队，自己带领丢失行李的游客去机场行李查询处办理行李丢失及认领手续。小张和游客出示相关证件，填写登记表，把将要下榻的酒店名称、地址、联系电话、房间号留给登记处。然后，小张询问丢失行李的游客是否需要协助购买必需的生活用品。

考核评价

在线测评1-2

任务2

接站服务技能考核评价见表1-2。

表1-2　　接站服务技能考核评价表

内　容		评　价		
学习目标	评价内容	分　值	团队成员评价	教师评价
基本知识	导游接站的基本程序	5分		
	接站牌内容	5分		
	旅游团标志识别	5分		

续表

内容		评价		
学习目标	评价内容	分　值	团队成员评价	教师评价
专业能力	找认旅游团	10分		
	核实人数以及应对变化进行相应订餐、订房、订票、订车的调整	15分		
	熟练清点行李，引导乘车	10分		
通用能力	导游语言表达能力	10分		
	导游应急问题解决能力	10分		
	导游服务创新能力	10分		
	导游沟通协调能力	10分		
职业态度	时间观念	5分		
	规范严谨	5分		
努力方向：		建议：		

任务3　致欢迎词

任务目标

知识目标：

1.掌握欢迎词的内容和致欢迎词的方法。

2.掌握首次沿途导游的服务内容。

能力目标：

1.能够运用致欢迎词的基本知识和技能，完成致欢迎词。

2.能够顺利完成赴饭店途中的首次沿途导游服务。

素养目标：

1.培养良好的语言表达能力，树立服务意识。

2.厚植家国情怀，积极弘扬中华优秀传统文化。

任务情境

大连假日旅行社的地陪小吴刚从机场接到一个来大连观光旅游的福州团，此时旅游大巴正行驶在去下榻饭店——大连友谊宾馆——的路上，小吴开始向游客致欢迎词和进行首次沿途导游讲解。

知识点拨

一、致欢迎词的基本程序

1.基本程序

（1）对游客表示问候。

（2）表示对游客的欢迎。

（3）介绍自己并简单介绍司机。

（4）告诉游客自己的联系方式和接待车辆的车牌号。

（5）介绍当地天气。

（6）介绍行程安排及注意事项。

（7）说明从接站地（机场、车站、码头）到饭店的行车时间。

（8）表示提供服务的诚挚愿望。

（9）预祝旅途愉快顺利。

2.欢迎词范例

范例1：

导游讲解1-1

致欢迎词

各位游客：大家早上好！

很高兴能够在最浪漫的季节与大家相约在春有百花秋有月、夏有凉风冬有雪的浪漫之都——大连，各位来自北京的朋友一路辛苦了！首先，我要代表热情好客的大连人民以及大连夏之河旅行社的全体员工向各位朋友表示热烈的欢迎！

浪漫之都，时尚大连，欢迎你们的到来！真诚的服务要从自我介绍开始，我姓徐，单名一个莹字，大家可以叫我徐导或直接叫我小徐。坐在我旁边的这位是有着多年驾驶经验的刘师傅，坐他的车保证既快又安全。在这里，我还要感谢全陪王小姐，把各位安全带到了大连。在游览过程中，大家有什么意见和要求，请随时提出，不必客气，我一定会尽我所能，使大家体会到“在家千日好，出门也不难”的感觉。今天大连的气温白天最高25 ℃，夜间最低20 ℃，请各位注意增减衣服。为了方便联络、避免走失，请大家记一下我的电话号码和我们的车牌号，我的电话号码是134××××××00，我们的车牌号为辽B××HD5。

下面我简单介绍一下各位在大连的3天行程。

今天：早餐后我们直接去游览素有“中国近代史博物馆”之称的旅顺，下午返回大连市内游览星海广场、滨海路。

第二天：上午游览大连老虎滩海洋公园，下午参观大连曾经的国宾馆所在地——棒棰岛风景区和大连市内几大著名广场。

第三天：上午游览国家5A级景区金石滩旅游度假区，下午市内自由活动，18：00结束大连的愉快之旅，乘火车返回北京。

我相信，通过我的讲解，大家一定会爱上这座将城市变为风景的城市。我也希望，大连的好山、好水、好导游、好司机能给大家带来一份好的心情，希望大家能带着对大连的期待而来，带着对大连的满意而归。最后，祝愿各位在大连能玩得开心，吃得安心，住得顺心。

各位游客，我们现在前往的酒店是市中心的五星级的大连瑞诗酒店，行车30分钟左右，利用这段时间，我简要介绍一下大连的观海旅游景点。

大家特别幸运，司机师傅将带领我们游览大连又一地标性建筑——星海湾大桥。大桥全长6.8千米；桥跨820米，其中主桥主跨460米，两侧边跨各180米，是东北地区最长的跨海大桥，也是中国首座海上地锚悬索式跨海大桥；主桥为双层双向8车道，设计速度60千米/小时，跑完全程仅需几分钟；桥体净空高度30米，主缆绳单根重量达1 220吨，预制沉箱重达26 000余吨。大桥可承受台风12级、地震烈度7度，寿命可达百年。

大桥东起大连金沙滩东侧的金银山，向西跨越星海湾，在高新园区填海区域的大桥上端的行车道南北双向设有隔离式人行步道；桥体距百年城雕直线距离1千米，平行于星海广场海岸线，与星海广场中轴线垂直。游客朋友们，如果站在大桥中间，向北岸望去，星海湾沿线的美景尽收眼底；如果夜晚观桥，在主桥3万多个小灯及引桥两侧光带的装饰下，星海湾大桥格外美丽。大桥日常的夜间灯光以黄色这一暖色为主，在节日期间，将根据不同的设计，上演各式灯光秀，让市民和游客大饱眼福。

范例2：

今天，我非常高兴能为各位提供导游服务，我将尽我所能把丽江最美好的景观介绍给各位。

作为东道主，现在我想用丽江纳西族独有的方式为大家接风。我们的方式很简单，就是由我为大家唱纳西迎宾曲。

“远方来的朋友啊，纳西家里来到了，坐一坐。山也欢，水也笑，纳西人家多欢喜。祝愿大家心情舒畅……”

我和司机木师傅衷心祝愿大家在丽江度过一段舒心、愉快的美好时光。我们这个旅行团在丽江的逗留时间是4天3晚。在此期间，我将带大家去参观丽江古城、玉龙雪山、长江第一湾、虎跳峡、泸沽湖等景区。

各位刚刚降落的丽江三义国际机场，坐落在丽江市七河乡境内，海拔2 200米，1995年建成通航。丽江三义国际机场可起降波音737等大型客机，现已开通丽江至昆明、北京、广州、上海、成都、香港、西双版纳等多条航线，单月旅客吞吐量已突破百万人次。丽江三义国际机场现已成为云南省仅次于昆明长水国际机场的第二大航空港。

从机场到丽江城区有26千米，乘车大约需要30分钟，我将利用这段时间给大家介绍一下沿途的风光和丽江的概况。

现在我们的车正行驶在大（理）丽（江）公路上，前面这座缓坡叫关坡，在古代，这里是出入丽江古城的重要关隘，如今也是丽江的南大门。这里距昆明550千米，坐空调大巴南下大理需要3小时，到昆明需要6～8小时，早上还在四方街吃丽江粑粑，下午就可以到昆明去吃过桥米线了！

首先需要说明的一点是，丽江既是一个市又是一个古城区的名称。丽江地区现在下辖1个市辖区、4个县，全区总人口125.8万，除汉族外，人口较多的还有纳西族、彝族、傈僳族、白族、普米族等10个少数民族，约占全市总人口的57%。丽江少数民族的语言、习俗、民居、服饰、节日、歌舞丰富多彩，独具特色。

现在，我们的车过了关坡垭口，地势一下子变得平坦起来了，一个宽宽的山间盆地展现在眼前，这就是云南纳西族的主要聚居地，我们称为丽江坝子，它是滇西北最大的高原盆地，面积近200平方千米，海拔2 400米左右。

丽江古城在1997年12月4日被联合国教科文组织列入世界文化遗产，成为一座世界文化名城。

说到这里，大家可能会问了：为什么这里叫“丽江”呢？

“丽江”一名始于元朝至元十三年（1276年）间设置的行政区丽江路。《元史·地理志》载明：“路因江名。”就是说，“丽江”地名的由来起源于金沙江的别称“丽水”。大家知道，金沙江就是长江上游，因产金沙得名。但为什么金沙江又称“丽水”“丽江”呢？史书上的主要说法是金沙江源于青藏高原犁牛石，因而称犁水。后因“犁”“丽”声音相近而异写为“丽水”“丽江”。

从地图上看，丽江的西、北、东三面都有金沙江环绕，就像字母“W”，形成三大转折奇观。丽江就是美丽的金沙江，当地纳西语又叫“依古堆”，意为大江转弯的地方。说到这里就引出了丽江古城的大环境——玉壁金川。玉壁指的就是玉龙雪山，它位于这个坝子的北端，像是古城的一堵银色照壁，把古城映衬得光彩夺目；金川指的就是金沙江，它环绕丽江地区615千米，堪称全球最美丽的江段。

丽江虽然地处云南西北高原，终年能看见雪山，然而没有严寒，没有酷暑，不要暖气，不要空调。这里年平均气温12.6 ℃，最冷的1月平均气温约为6 ℃，最热的月份平均气温约为18 ℃，年温差仅有12 ℃左右，所以四季的界限不明显。究其原因，主要是低纬度的地理位置。丽江位于北纬27°左右，冬夏两季日射角度变化小，地面温度比较均匀，而每年夏秋又受海洋季风暖湿气流影响，多阴雨天，地面气温不易升高，加之纵横交错的高山成为阻挡北方寒流的天然屏障，所以这里才形成了干暖温和的独特气候。

同时，丽江工业企业不多，自然很少受到污染，空气清新洁净，到处青山碧水，尤其在冬春季节，天空分外湛蓝，阳光充足明媚，令人赏心悦目。当然，正是由于丽江的四季不明显，昼夜之间的温差比较大，所以外地客人到丽江后应适当增减衣服，以免感冒。

说话间我们已经来到了丽江古城南郊的环城路上。大家请看，右前方有一座苍翠的山冈，形似狮子滚绣球，因而得名狮子山。秀丽的狮子山天然地把丽江古城和新城分隔开来，但又将它们连成一个有机的整体。山顶高楼，名叫“万古楼”。登楼北望，雪山历历在目，回身南观，古城尽收眼底。

各位来宾，我们下榻的宾馆到了。请大家带好随身物品准备下车。大家先在大堂稍事休息，我和领队立刻给大家办理入住手续，进房间后首先请检查一下房间的物品是否齐备，大家可以洗洗脸，喝点水，休息一下。请记住，中午12点在一楼餐厅用餐。我们吃过中午饭后就直接到丽江古城游览，请带好下午参观游览的必需品。

好的，现在我们可以下车了。谢谢大家的合作！

二、致欢迎词的技巧

1.致欢迎词的时间

一般情况下，导游在客人上了旅游车后赴饭店途中就开始致欢迎词，但如果遇到有领导前往迎接或在接站地逗留时间较长或旅游团人数较多不能保证每辆车上都有陪同人员的情况，则可在接站地致欢迎词。

如果导游接待的是入境团，在接到团队后首先要介绍两国（两地）的时差，请旅游者调整好时间，并告知在今后的游览中将以北京时间作为标准作息时间。

2.致欢迎词的语言情境

导游致欢迎词时要符合自己的身份，应视旅游团的性质、国籍，旅游者的年龄、文化水平、职业、居住地区及旅游季节的不同，使用不同的欢迎词，不可千篇一律。

欢迎词的语言情境一般体现在欢迎语境、介绍语境、问候语境等方面。

（1）欢迎语境。导游面对来自五湖四海的游客，要以东道主的身份，营造欢快的欢迎氛围。在表情上，眼睛要环视游客，面带微笑；在欢迎的语境中，要给人以热情、亲切和诚恳的感觉。

（2）介绍语境。在介绍自己时，可以增加点亲切、幽默的元素，如让团友们亲切地叫你小王或王导，或者可以用猜谜、诗句等方式说出你的名字或姓，这样可以让气氛更活跃，让导游更快融入集体中；在介绍司机的时候，也可以说些活跃气氛的话，如这是个好司机，驾龄已有十几年等，让游客放心的同时，也增加了对司机的好感；在介绍旅行团大致行程时，要简明扼要，不能太过啰嗦，大致说一下这次旅行的目的地和时间即可，因为游客是来放松心情的，不适宜讲些让他们感觉疲惫的话。

（3）问候语境。导游在欢迎词中可以穿插些诗句或歌词，如“有朋自远方来，不亦乐乎”“十年修得同船渡”“有缘千里来相会”“世界像部书，如果您没出外旅行，您可能只读了书中的一页，现在您在我们这里旅行，让我们共同读好中国这一页”等，以使导游的问候更幽默和活力，导游和游客之间的关系才能最快地融洽起来。

3.致欢迎词的主要形式

（1）规范式。规范式欢迎词中规中矩、浅显直白，既没有华丽的词语修饰，也没有风趣的幽默表现。这种方式只适用于旅游团规格较高、身份特殊的游客，对大多数游客不太适用，显得单调、枯燥、乏味，甚至会引起游客反感。

（2）聊天式。聊天式欢迎词感情真挚，亲切自然，声音高低适中，语气快慢恰当，像拉家常一样地娓娓道来。这种方式切入自然，游客易于接受，在不知不觉中导游与游客已经像老朋友一样熟悉了，尤其适用于以休闲消遣为主要目的的游客。

（3）调侃式。这类欢迎词风趣幽默，玩笑无伤大雅，自嘲不失小节，言者妙语连珠，听者心领神会。

案例窗 1-8

一次去新西兰旅游，由于有4小时的时差，早上8点出发时大家都还想睡觉，但地陪王小姐对游客说："我知道大家都很困，有些人想睡，实在想睡的就睡。但各位大老远来到这里，我还是有好多东西要讲给大家听，不过我会小点声，免得要睡觉的团友投诉我太吵了。"众人大笑，觉得她很亲切。然后她开始介绍，先说到新西兰的人口，她说："许多从中国来的老人到了这里不久都开始自己和自己说话，为什么呢？"大家一听事关中国老人，都竖起了耳朵。她接着说道："那是因为新西兰人实在是太少了，到处找不到人聊天！"

点评：如果导游王小姐只是背诵新西兰有多少万人口，很快游客就会入睡了。游客在导游王小姐幽默的调侃中不但清醒了，而且对其讲解的内容有了兴趣。

所以，调侃这种形式的欢迎词，不但可以使旅游气氛活跃融洽，让游客感到轻松愉悦、情绪高昂，还能够有效地消除游客的陌生感及紧张感。

（4）安慰式。安慰式欢迎词表现为入情入理，用一段善解人意的话语，拨开游客心中的乌云。在旅途中常常会遇到一些让人不高兴的事情，使游客心情变坏甚至愤愤不平。例如，由于某些原因交通工具晚点、出站时为某些小事与他人发生争执、行李物品损坏或丢失以及旅游团内部的矛盾等，都会造成游客一出站就不愉快。这种方式是在游客情绪低落、游兴锐减的情况下，有针对性地使用的欢迎词，目的是使游客尽快消除心中不快，变消极为积极，为今后的导游行程奠定良好的基础。

案例窗 1-9

导游小张前往机场接一个旅游团，谁知旅游团刚刚登上旅游车就下起了大雨，许多游客感到十分扫兴，因此情绪低落。这时，小张开始致欢迎词。

"各位朋友，大家好，欢迎来到首都北京，我是您的导游小张，在今后的几天里我将竭诚为您提供导游讲解服务。上车后我发现几位朋友情绪低落，是不是看到下雨感觉旅游不方便呢？其实古代皇帝出游时，沿途的百姓都要端着盆往路上洒水，以消旅尘，但现在我们不用麻烦别人，老天为我们泼了水，空气变得更加清新。刚刚来到北京，我们就受到了皇家礼遇，我们是多么幸运呀。我和司机×师傅一定好好配合老天爷，为大家服务好，保证大家在北京的旅游开心、愉快！"游客脸上渐渐露出了笑容。

点评：导游应该对导游词做不同情境的准备，以便在特殊情境中可以灵活运用，既能够调节游客的情绪，又可以增加游客对导游的信任。

使用安慰这种方式时，需要导游在与游客接触时能通过对其面部表情、言谈话语的观察和聆听发现苗头，并通过领队或全陪简单了解情况，做到心中有数，这样才能有的放矢。

（5）幽默式。幽默源于生活。一个诙谐幽默的导游，一定有着渊博的知识和丰富的生活经验，不是简单地玩弄词汇。他的幽默既能感染周围的人，也能扭转尴尬的局面。

导游讲解 1-2

沿途风光

三、首次沿途导游技巧

导游在讲完欢迎词后，就开始了首次沿途导游。这是导游第一次对移动景物的专业讲解。此时的讲解，既可以满足游客的好奇心与求知欲，又可以通过讲解展示自身的知识、技能，使游客对导游产生信任感。

1.首次沿途导游的基本要求

（1）站在车的前部、司机的右后侧，如旅游车系小型车辆，地陪应坐在前排，以能看到每一位游客为宜。

（2）面带微笑、表情自然。

（3）使用话筒时，切忌向话筒吹气或以手拍打话筒来试音，而应以问好的方式来询问客人音响效果和音量大小。

案例窗 1-10

一次某单位组织去北戴河旅游，导游小戴在车上用的扩音器是手提喇叭。她对北戴河市区沿途景色的讲解平淡无奇、索然无味。她手中的扩音器刺耳的声音一直影响着游客的情绪，再加上她讲解时几次出现对着话筒清理嗓子的情况，坐在第二排的游客忍不住了，大喊："导游，把话筒拿开！"导游吓了一跳，场面很尴尬。

点评：试想一下，任何人都不能忍受这种状况。如果导游注意一些细节，游客不一定会将矛盾激化。

（4）应注意音量适中、节奏快慢得当，让车内每一个游客都听清楚。

（5）对重要的内容要重复讲解或加以解释。

地陪可根据游客的年龄、文化层次来调整讲解节奏和讲解内容。一般来说，对年龄大的、文化水平低的游客可放慢速度，反之则可适当加快讲解节奏。

2.首次沿途导游的内容

游客来到陌生之地，希望能碰上一位知识渊博、处事能力强、值得信赖的导游。导游在沿途导游时，应做充分准备来显示自己的知识、导游技能和工作能力，让游客对自己产生信任感和满足感。因此，导游沿途讲解的主要内容包括旅游目的地的风光、风情以及在当地旅游的日程等。需要注意的是，在游览行程中讲解的内容不要放在风情导游中介绍，首次沿途导游内容既要避免重复，也要对后面的内容进行必要的铺垫。

案例窗 1-11

某单位一次去四川乐山大佛游览，旅游车快开到景区的时候，上来了一位导游。她自我介绍："我姓肖，是这次大家在乐山旅游的地接导游，一会儿就由我带领大家游览71米高的乐山大佛。这是尊神奇的大佛，20世纪60年代大佛闭眼了，70年代大佛流泪了，80年代大佛显灵了！想知道大佛的这些事情吗？到了景区我再详细给大家介绍。今天景区的游客很多，希望大家看好我的队旗，跟紧我。"

点评：肖导一上车，在短短的5分钟时间里，便将游客游览大佛的兴致给调动起来了。这样的首次沿途讲解，不但激发了游客游览的兴趣，而且游客都想听导游讲解这尊神秘的大佛，因此在整个的游览过程中，大家都紧紧跟着肖导，没有一个掉队的。

（1）风光导游。导游在首次沿途导游中，应向游客介绍沿途所见到的有代表性的景物。对旅游城市中有新功能的建筑也要进行与时俱进的讲解。对这样的风光景物进行讲解要注意三点要领：

一是客观性，讲解内容与所见景物同步，切忌漠视游客的心理。

二是选择性，在讲解中要注意四不讲：平淡无奇的不讲、游客忌讳的不讲、看不清楚的不讲、有损当地形象的不讲。讲解中要突出三讲：讲感兴趣的、讲体现当地特色的、讲有标志性意义的。

案例窗1-12

一次去海南旅游，导游唱起了电影《红色娘子军》中的歌曲："我爱五指山，我爱万泉河……"车上的游客都熟悉这首歌，跟着导游一起唱。大家都期待着能够亲眼看到五指山，游览万泉河。但是，导游在唱完这首歌后告诉大家："今天我们只能遥望五指山，远看万泉河。"车前面的山就是五指山，游客都伸着脖子向前看，结果根本看不到，都很失望。

点评：导游在讲解过程中，对有当地特色的、标志性的、游客感兴趣的内容的讲解一定要与游览相结合，不能把游客的兴致调动起来后，又将游客的热情浇灭。

三是灵活性，时机恰当，指示明确，点到为止。

（2）风情导游。在进行沿途景物导游时，导游应适时地介绍当地的行政区划、人口、气候、历史沿革、文化传统、风土人情、社会生活、土特产及注意事项。讲解时，要点面结合、简明扼要；注意讲解速度和旅游车行进速度一致；要准确地指向景物；适当采用类比的方法，使游客听后有亲切感。但是不要抓住某个话题一直讲到底，要做到收放自如。

案例窗1-13

大家看左前方，那就是深圳的锦绣中华。它是目前世界上面积最大、内容最丰富的实景微缩景区，不仅有建筑史上的奇迹——万里长城、秦陵兵马俑、故宫、明十三陵等，更有自然秀美的景观——黄果树瀑布、泰山、长江三峡、漓江山水等。锦绣中华里面的微缩景观，从古至今，像翻开的历史，会让你"一步迈进历史，一天游遍中华"。置身其中，大家会发现50 000多个栩栩如生的陶艺小人和动物点缀在各景点，能深切地感受到中华悠久的历史文化和民俗风情。

点评：导游在讲解的过程中，要注意渲染气氛，抓住一个主题，点面结合进行讲解，从而激发游客游览景点的欲望。

（3）酒店介绍。导游应向游客介绍所下榻酒店的基本情况：酒店名称、位置、行车距离、星级、规模、主要设施及设备的使用方法、入住手续等（根据路途距离和时间长短酌情增减，也可在入店时进行介绍，参见项目二任务1入住服务）。

（4）宣布当地活动日程。一般来说，地陪可在沿途讲解中见缝插针地向游客宣布当地活动日程安排，有时甚至在车上就可确定日程（对一般观光旅游团而言）。

（5）分发资料。导游根据旅行社规定，向游客分发旅游图和社徽等资料。必须说明的是，地陪在进行沿途导游服务时，必须见机行事，穿插进行以上讲解内容，避免机械、生硬和杂乱无章。

（6）宣布集合时间、地点及停车位置。旅游车驶至下榻饭店，地陪应在游客下车前向全体成员讲清并请其记住车牌号码、停车位置、集合地点和时间；提醒游客将手提行李和随身物品带下车；向司机交代清楚第二天出发的时间；在游客下车前首先下车，站在车门一侧，在游客下车时提供必要的帮助。

任务实施

小吴接到福州团后，发现团队成员很活跃，于是小吴在致欢迎词时选择了幽默式的开场白。

一、问候热情，祝愿美好

各位朋友，大家好！欢迎各位来到浪漫之都——大连。首先，我代表司机、代表夏之河旅行社欢迎大家的到来，我是您的导游吴丽，大家可以叫我吴导，但绝不是“误导”，呵呵，开个玩笑。这位是司机刘师傅，刘师傅有多年的驾驶经验，驾驶技术高超，所以大家在行车过程中可以完全放心。

中国有句俗话叫“百年修得同船渡”，今天我们就是“百年修得同车行”。我们大家从不同的地方走到同一个目的地，乘坐在同一辆车里，大家由不相识到相见相知，这真是一种很奇妙而又美好的缘分，那么就让我们将这种美好的缘分进行到底。那小吴先在这里预祝大家大连之行愉快，希望我们大连的好山、好水、好导游、好司机给大家带来一份好的心情，使大家带着对大连的期待和憧憬而来，带着对大连的满意和流连而归。最后祝大家在大连吃得放心，玩得开心，住得舒心。

好的开头是成功的一半，此番开场白一出，小吴立马感觉到团队的气氛活跃起来，也庆幸自己选了这段幽默的欢迎词。

二、详略得当，沿途精彩

从机场出发到达下榻饭店友谊宾馆，沿途要经过迎客路、疏港路、中山路、人民路，一般情况下导游会对沿途所经过的迎客路、疏港路立交桥进行讲解，并对中山路以及中山路上的人民广场、新希望大厦、青泥洼商业街以及友好广场和中山广场予以简单介绍，并穿插介绍大连当地的政治、经济、历史、文化、风土人情、特产及注意事项。但考虑到大连的机场在市内，且沿途经过的标志性建筑也较多，如果都详细讲解时间肯定不够，对此，车行至迎客路、疏港路时，小吴只进行了简要的讲解。

迎客路（由路的名字引出“大连欢迎您”的城市精神介绍）

我们的车现在行驶的这条路叫迎客路。在大连，同样含义的路还有一条是通往棒棰岛国宾馆的迎宾路。它代表着大连这座城市每天都用热情的臂膀迎接来自四方的宾朋。由此可见，大连绝不是一个含蓄的城市，而是一个热情奔放、充满活力的城市。大连人既具有北方人豪爽的个性，又具有对外开放城市海纳百川的胸怀和热情好客的精神。我相信，大家在大连一定能够受到最热情的接待，感受到宾至如归的体验。

疏港路（简单介绍大连海、陆、空港口城市的特点）

现在我们行驶在疏港路上，疏港路西起绿波桥，东至大连港，这条路是为疏通海、空两港的货运通道而建的，建成于1996年，直接与沈大高速公路相通，全长23.6千米。它的建成在近20年来加快了大连海、空两港货物的集散速度，对大连乃至东北的经济增长起到了带动作用，是一条经济腾飞之路。

疏港路是大连中心城区北部东西向最主要的快速通道，是“七纵七横”快速路网体系的重要一“横”。但是，近几年来，疏港路交通状况已达饱和状态，高峰时段拥堵严重。为了缓解拥堵，2013年至2017年10月，市城建局启动疏港路拓宽改造工程工作，采取边通车边修路的方法，疏港路拓宽至双向8车道。施工完工，路不堵了，市民心情畅快了。

此外，大连的渤海大道已经完工，北部地区与市内的交通“大动脉”被打通，百姓出行更便捷舒心了。2018年，无论是城市交通的“大动脉”，还是农村交通的“毛细血管”都被打通了。对于大连的百姓来说，出行越来越便捷，幸福指数也节节攀高。

香炉礁及香炉礁立交桥

我们现在经过的地方是进出大连的一个重要枢纽——香炉礁，因为附近的海边有一块状似香炉的礁石而得名。我们看到的这座巨大的立交桥叫香炉礁立交桥，建成于20世纪末，当时是全国最大的全互通式高架立交桥。香炉礁立交桥是一座干道交叉并跨越铁路干线的4层互通式立交桥；连同8条匝道全桥共152孔，南北向跨线桥由51孔预制钢筋混凝土箱梁及30孔现浇连续梁组成，跨越铁路线部分采用预应力混凝土连续梁。下部结构大部为独柱式T形墩。近年来，市政府对香炉礁立交桥进行了拓宽改造，由双向4车道拓宽为双向8车道，有效缓解了进出市区的交通压力。

大连快轨（讲解中要突出机车为大连本地研制和生产）

路旁的全封闭轨道是大连市早在2002年10月1日建成的城市轻轨3号线，东起大连火车站，西至金石滩国家旅游度假区，全长49.15千米。快轨是由有轨电车发展而来的。轨道上运行的这种机车是由我们中车大连机车车辆有限公司自行研制生产的。该机车平均运行时速60千米/小时，最高时速100千米/小时，只需52分钟就可到达金石滩，车票实行分段计价，全程票价为8元。

大连地铁

大家看到我们大连地铁的标识了吗？大连地铁的标识为圆形，由图形和文字两部分组成，主体基调为蓝色。其中，圆圈代表着地铁隧道洞体，字母D既是大连的大字拼音字头，也形象地体现出地铁列车的形状；字母D上Z形曲线，是连字拼音字头的异形，同时又象征着地铁的轨道。

大连的第一条线路大连地铁3号线于2003年5月1日正式开通运营，大连成为辽宁省第一个开通地铁的城市。截至2025年3月，大连地铁运营线路共有6条。大连地铁的建成运营，串联起大连市内的商业圈，使得商业、商务、居住、娱乐设施通过地铁聚集，形成新城市中心，对于地铁沿线经济产生明显的拉动作用，刺激区域发展。

大连造船厂（重点讲解大连的港口经济发展特点）

大家请顺着我手指的方向看，那里有许多大船和塔吊的地方就是著名的大连造船厂。它的前身为“中东铁路公司轮船修理工场”和“中东铁路公司造船工场”，始建于1898年6月10日。2005年12月9日，原大船重工和原新船重工整合重组，成立大连船舶重工集团有限公司。

大船集团被誉为中国“海军舰艇的摇篮”。中华人民共和国成立以来共建造了44个型号、822艘舰船，是我国水面舰船研制生产实力最强、为海军建造舰船最多的船厂。中国第一艘炮艇、第一艘导弹潜艇、第一艘导弹驱逐舰、第一艘油水补给船等都是从这里诞生的。这些战舰在保卫海疆、舰队出访、编队护航中，扬国威、壮军魂，为我国国防和海军现代化建设做出了突出贡献。大船集团被中共中央、国务院、中央军委联合授予“高技术武器装备发展建设工程重大贡献奖”荣誉称号。

特别要展示给大家的是，大船集团于2015年对苏联的废旧航母“瓦良格”号进行了改装，完成了我国第一艘航空母舰——辽宁舰；2018年5月，我国自主研制的第一艘国产航母顺利完成首次出海试验任务返回大连港。

一艘航母，就是一项高技术密集的军事系统工程。它不仅是一个国家军事技术、国防能力的象征，更是一个国家综合国力的体现。

讲到大连造船厂，顺便介绍一下大连的经济。大连是一座海港城市，同时又是一座工业城市，大连的工业经济有四大支柱，除了船舶制造业外，还有石油化工业、机械制造业、电子信息与软件业。这四大支柱产业也使大连市成为我国的四大工业基地之一。

大连港

朋友们，我们现在所见到的就是举世闻名的大连港，它始建于1899年，与我们这座城市同龄。

大连港位居西北太平洋的中枢，是正在兴起的东北亚经济圈的中心，是该区域进入太平洋、面向世界的海上门户。港口港阔水深，不淤不冻，是中国北方最大的天然良港，是转运远东、南亚、北美、欧洲货物最便捷的港口。由于大连港在东北亚地区优越的地理位置和功能，早在2004年党中央就明确提出要把大连建成东北亚地区的国际航运中心。如今大连港拥有中国最大、最先进的30万吨级原油码头和30万吨级矿石码头；大连港新港是国内自有储罐储量最大的港口；大连港矿石码头拥有中国效率最高的卸船机和装车系统；大连港是东北亚油品转运中心，可停靠30万吨级油轮，是亚洲最先进的散装液体化工产品转运基地，是中国最大的海上客/车滚装运输港口。

大窑湾港是国家重点建设的四大国际深水中转港之一，大窑湾港的规模大大地超过现在的大连港老港区；随着大窑湾港区的投入使用，大连港这座百年老港的功能已开始发生历史性的转变。2019年4月12日，大连港入选由中国科协调宣部主办，中国科协创新战略研究院、中国城市规划学会共同发布的《中国工业遗产保护名录（第二批）》。

大连东港商务区

说到大连港，一定要说的是现在大家看到的东港商务区。

大连东港商务区是在大连港东部地区搬迁后，经过改造和填海建地成立起来的。东港商务区位于大连市区的东北端，北临黄海、南依南山旅游风情街，是大连市主城区唯一的"集金融、商务、会议、旅游、文化和休闲娱乐于一体的高端商务区"。区域内既有地标建筑国际会议中心，也有恢宏壮观的音乐喷泉广场，其规模在同类广场中堪称国际罕见；既有现代时尚的国际游艇港，也有浪漫休闲的东方水城；尤其在海之韵公园中设置了木栈道、塑胶跑道、自行车道和林荫马车大道，既沿袭了大连城市风格，也顺应了百姓风俗习惯，东港商务区已经成为大连城市发展一张新的名片，是大连市民和外地游客休闲观光的首选。

大连友谊宾馆

说话间我们就要到达今天下榻的酒店——大连友谊宾馆。它坐落于大连中心商务区人民路的东端，距大连港客运站0.3千米、火车站2.5千米、机场15千米，交通便捷，出行非常方便。

宾馆设施先进，功能齐全，拥有中央空调、有线电视、光纤网络、国际直拨电话、自动保安消防系统。舒适安全的软硬件环境将会使大家尽享完美快捷的个性化服务。

特别是宾馆内附设友谊免税商店、友谊食品洋酒专营店等。大家可以在酒店内实现集住宿、餐饮、会议、购物、休闲于一体的旅游度假和商务洽谈。

好的，大连友谊宾馆到了，请大家带好随身物品准备下车。请大家到宾馆的大堂稍事休息，我和全陪刘先生立刻给大家办理入住手续，进房间后首先请检查一下房间内物品是否齐备，大家乘坐飞机旅途很辛苦，简单休息一下。现在是10点30分，一个小时后，11点30分大家在这个宾馆的二楼餐厅用午餐。因为我们午餐后就直接到老虎滩游览，请大家带好下午参观游览的必备物品。

现在我们可以下车了，谢谢大家的合作！

实践训练

实训项目1：地陪向旅游团游客致欢迎词

实训设计：由1名同学模拟地陪，其他同学模拟团队游客，教室为模拟大巴，地陪向模拟大巴里的游客致欢迎词。每位同学创作4种（规范式、聊天式、调侃式、安慰式）不同形式的欢迎词，以抽签的方式来决定，其中主要的考察点在于导游致欢迎词的主要内容（问候语、欢迎语、介绍语、希望语、祝福语），10分钟轮换，同学互评，教师总结点评。

实训项目 2：地陪的首次沿途导游讲解

实训设计：将同学分组，每组 3～5 名同学，设计情境，表演沿途导游讲解。样例如下：

（1）周水子国际机场—迎客路—疏港路—中山路—人民路—大连香格里拉大饭店沿途讲解。

（2）大连风光导游。要求讲解内容（商场、小区、街道以及独具特色的景物等）简明扼要，语言节奏明快、清晰。讲解景物取舍得当，随机应变，与游客的欣赏同步。

（3）大连市风情介绍。介绍本地的概况、气候条件、人口、行政区划、社会生活、文化传统、土特产、历史沿革、市容市貌、沿途重要建筑物和街道等。

（4）介绍下榻饭店。向游客介绍该团所住饭店的基本情况，包括饭店的名称、位置、距机场（车站、码头）的距离、星级、规模、主要设施和设备及其使用方法、入住手续等。

考核评价

在线测评 1-3

任务 3

致欢迎词技能考核评价见表 1-3。

表 1-3　　致欢迎词技能考核评价表

内容		评价		
学习目标	评价内容	分值	团队成员评价	教师评价
基本知识	要分清方向、掌握目的地主要街区路线、主要景点地理位置、主要车站或机场位置、城市概况导游词	5分		
	欢迎词的主要内容	15分		
	饭店星级制度	5分		
专业能力	具备沿途导游讲解能力	10分		
	能给游客留下良好的第一印象	5分		
	能致不同形式的欢迎词	10分		
通用能力	导游语言表达能力	10分		
	导游团队应急问题解决能力	10分		
	导游服务创新能力	10分		
	导游沟通协调能力	10分		
职业态度	服务意识	5分		
	家国情怀	5分		
努力方向：		建议：		

项目小结

本项目主要介绍了准备服务、接站服务、致欢迎词三方面内容。做好迎接团队的准备工作，是导游提供良好服务的前提。导游接站的主要程序包括旅游团抵达之前对抵达时间的确认；与司机联系、提前到达接站地点；再次确认到达时间；持接站牌接站以及旅游团到达后找认旅游团、核实人数、集中清点并移交行李、引导游客登车等工作。致欢迎词要注重时间、语言情境、使用形式等方面的技巧。

综合实训

如果你是一位地接导游，要接待一个来自浙江的旅游团，请写一份团队接待之前的准备计划，同时结合游览路线，创作一篇沿途导游词，并讲给同学们听。

要求：（1）准备计划包括业务准备、物质准备、个人知识准备和心理准备。

（2）沿途导游词包含问候及欢迎，介绍自己和司机，联络方式和车牌号码，当地或当天天气，行程安排及相关注意事项，诚挚服务的愿望，预祝旅游顺利等内容。

价值引领

徐朱成：讲好杭州故事，传播中国文化

杭州金牌英文导游徐朱成用英文翻译杭州苏堤“浮生三千，吾爱有三”的名句，火出了圈。后来，他又发了一段视频，用一口流利的英文，向国际友人推荐杭州，“圈粉”不少外国网友。

每年，徐朱成要在杭州接待200多个旅游团，充满浪漫色彩的西湖是必游之地。他不仅从生活中汲取养料，也常常研究传统文化，如把许仙和白娘子、梁山伯与祝英台的爱情故事融入游览中，结合眼前美景用英文讲述给游客。写下来之后再背，再自己录音，再去听，最起码两个星期打磨一个景点，一年少说也要练习200遍。他说：“我觉得还是很精彩的，因为会有收获，听我讲完故事之后，我会从他们脸上抓取到喜悦的表情，这是最大的满足。”这种情景交融的解说方式让徐朱成在互联网上得到了大量关注与好评。

随着240小时过境免签政策的落地与扩量，最近一段时间徐朱成社交媒体账号的点赞关注量每天维持在99+。

如今他也在尝试以更加有趣的方式传播杭州文化。例如，翻译胡雪岩故居篆刻的《兰亭集序》名句，将苏东坡描写西湖的诗句拓印下来送给游客。2025年，徐朱成也有自己的新年愿望：“我希望自己能有更多的时间，把中国的文学消化。用美丽的诗词丰富自己，让大美中国文化传播到全世界各地，也欢迎更多的外国人到杭州来游玩。”

资料来源　王潇雨，林舒然，李佳萌，等.《杭州面孔》徐朱成：从杭州到世界，再从世界回杭州［EB/OL］.［2025-06-26］. https://ori.hangzhou.com.cn/ornews/content/2025-06/26/content_9025857.htm.

职业素养：文化自信　传承创新　讲好中国故事

学有所悟：中华传统文化源远流长、博大精深，是中华民族的精神命脉，也是我们在世界文化激荡中站稳脚跟的坚实根基。杭州金牌英文导游徐朱成通过自身努力，用英文向国际友人推荐杭州，将中华传统文化融入导游解说中，以有趣的方式传播杭州文化，这正是文化自信与国际交流的生动体现。他不仅从生活中汲取养料，还深入研究传统文化，精心打磨景点解说，这种对传统文化的热爱与传承创新精神值得学习。他积极向外国游客讲述中国爱情故事、翻译经典名句，让外国友人更好地了解中国文化，是在实实在在地讲好中国故事。作为新时代的一员，我们应像徐朱成一样，坚定文化自信，勇于创新，积极参与到传承和弘扬中华优秀传统文化的行动中，通过国际交流等渠道，让中国文化更好地走向世界，展现中国文化的独特魅力，为实现中华民族伟大复兴的中国梦贡献自己的力量。

项目二　入住及用餐服务

任务1　入住服务

任务目标

知识目标：

1.掌握带领旅游团入住酒店的工作流程。

2.掌握入住后问题的处理方法。

能力目标：

1.能够完成旅游团入住的服务工作。

2.能够妥善解决游客入住后出现的问题。

素养目标：

1.培养一丝不苟、爱岗敬业的职业精神。

2.培养妥善解决突发事件的应变能力和责任心。

任务情境

杭州嘉华旅行社的地陪小李接到一团队接待计划，该旅游团来自重庆，一行20人，其中14男6女。团员均来自同一个单位，来杭州的目的是考察杭州的城市建设，小李拟安排此考察团客人入住杭州大会展中心假日酒店。

知识点拨

一、入住服务流程

在线课堂2-1

入住服务

饭店入住服务主要是为游客提供休息及用餐服务，一般包括以下八个步骤，但由于旅游团入住时实际情况各不相同，导游在提供此类服务时也会根据具体情况而有所调整。

第一，介绍下榻饭店。

第二，清点行李，引导游客进入饭店。

第三，办理入住登记手续。

第四，介绍饭店设施及注意事项。

第五，带领游客用好第一餐。

第六，宣布当日或次日活动安排。

第七，确认游客行李进入房间。

第八，协助客人处理入住后出现的问题。

二、入住服务的相关技巧

1.介绍下榻的饭店

介绍的内容一般包括：饭店名称、星级、规模、设施条件、位置、交通状况（含周边交通条件，告知游客如何使用各种交通工具和注意事项）、饭店周围的商业及娱乐设施等内容。

导游在介绍上述内容的同时还应该注意以下几点：

（1）向游客介绍所下榻饭店的特色服务。导游在实事求是地讲解过程中，要突出游客所下榻饭店的特点，要让游客感到下榻该饭店是旅行社为他们精心准备的，他们所享受的是同级标准中较好的服务，是当地同等档次中较有特色的饭店。

（2）通过对饭店的介绍，引申介绍当地旅游业的发展。导游服务的任务之一是有意识地进行宣传。旅游饭店的建设数量和服务质量是当地旅游业发展的标志之一，通过对下榻饭店的介绍，运用描述、类比等导游讲解方法，介绍当地旅游业的发展，从心理上满足游客对旅游目的地求新、求安全的心理需要，从而对维护旅游目的地形象和促销旅游产品起到促进作用。

（3）注重饭店人文之美的介绍，使游客获得身心双重享受。我国许多饭店在建设中就引入了当地民居建筑的风格，在装饰上体现了地方特色和民族特色，使得饭店本身就成为审美对象，导游可借机对此进行重点介绍，满足游客猎奇的心理。

2.办理入住登记手续

地陪应向饭店前台讲明团队名称、订房单位，请领队或全陪导游收齐旅游者证件，与旅游者名单表一起交给饭店前台，尽快协助领队或全陪导游办理好住店登记手续。拿到客房号和住房卡（钥匙）后，请领队根据准备好的住房名单分发住房卡，并把分房情况迅速登记在分房名单表上，再请饭店前台人员将登记的分房名单复印两份，一份交饭店保存，另一份地陪导游留存，以便掌握领队、全陪导游和旅游者的房间号。此外，地陪导游还应在前台处领取印有饭店名称、地址和电话的饭店卡片分发给旅游者。

若旅游团无领队，可请团长分房；若旅游团无领队又无团长，则请全陪导游分房。地陪要掌握领队、全陪和团员的房间号，并将自己的联系方式告知领队或全陪。

在办理入住的时候，有可能会遇到单房差问题。所谓单房差，是指在安排房间时出现了奇数，但是旅行社给客人的价格又是按照一个床位结算的，这时客人如果要自己独立住一间房，就需要补足另外一个床位的费用。

如果客人同意可以在单差房内另外安排其他客人或者同另外2个人一起合并安排为一个3人间，也就不用再付单差房费。不过从旅游安全性来讲，新安排进来的客人不能为陌生异性、不同团队的客人、非旅游客人。如果导游全力协调都无法解决单房差问题，该游客有义务个人承担单房差的相关费用。

3.介绍饭店设施及注意事项

导游要向游客介绍饭店内的主要设施及注意事项，包括中西餐厅、娱乐场所、商品部、外币兑换处、公共洗手间及该店具有特色的服务项目等，向游客指明楼梯的位置，告诉客人饭店餐厅、电梯、集合地点等具体位置并讲清以下注意事项：

（1）入住饭店时，建议游客将贵重物品存入饭店的保险柜，不要随身携带。

（2）进入房间后应检查房间内设施，分清必备品和付费用品，检查是否缺少、破损、污染，如有疑问应及时通知服务员或导游。

（3）房间房卡需要妥善保管，切勿丢失、折损，否则照价赔偿。

（4）如有染发者，需注意勿污染床品；如有吸烟者，请将烟灰、烟蒂扔进烟灰缸，切勿烧坏地毯、床单等物品，否则需照价赔偿。

（5）房间门窗打不开请找服务员，不要自己用力推，应注意安全。

（6）不要将房间号随便告诉陌生人，不要让陌生人随便进入房间，出入房间要锁好门，尤其是夜间不要随便开门；不要随便向陌生人兑换外币等。

（7）外出时，要拿好宾馆名片，3人以上出行，谨防扒手，注意人身财物安全。

（8）一切问题都可以打前台电话找服务员，如果不方便的话也可以随时找导游。

4.带领旅游团用好第一餐

地陪应向领队问明游客饮食情况及特殊要求；向餐厅主管告知用餐人数、标准、类别及要求；向游客说明就餐时间、中西餐搭配情况、酒水种类及点菜、超数量饮料费自理等；将领队介绍给餐厅负责人；就餐时提供导食服务，介绍本地风味佳肴；就餐后主动征求游客意见，并及时与餐厅协调落实。

5.核对日程，宣布当天或次日行程

（1）核对、商定日程的必要性。地陪在接受旅行社下达的接待任务时，旅行社的计调部门已将该团的参观游览内容等明确规定在旅游协议书上，并已安排好该团的活动日程，其中包括：每天上、下午参观游览的景点；早、中、晚用餐的餐厅；晚间活动的内容等。即便如此，地陪也必须与领队和全陪进行核对、商定日程（若无领队和全陪，地陪应与全体游客进行这项工作）。地陪必须认识到，游客提前支付了一笔费用参加旅游团，也就是购买了旅行社产品，消费者有权审查产品是否合格。日程安排是旅行社产品的一个重要组成部分，游客有权审核该团的活动计划和具体安排，也有权提出修改意见。导游与游客商定日程，既是对游客的尊重，也是一种礼遇。领队希望得到地陪的尊重和协助，商定日程并宣布活动日程是领队的职权。某些专业旅游团除参观游览活动外，还有其他特定的任务（如参观工厂、学校、幼儿园、居委会等），因此商定日程显得尤为重要。

（2）核对、商定日程的时间、地点。在旅游团抵达后，地陪应抓紧时间尽早进行核对、商定日程的工作，这是与领队、全陪合作的开始，并使本团游客心中有数。如果团队抵达后直接去游览点，核对、商定团队行程的时间、地点一般可选择在机场或行车途中；如果团队先前往饭店，一般可选择在饭店入住手续安排好后的时间段，地点宜在公共场所，如饭店大堂等。

（3）核对、商定日程时，可能出现的几种情况及处理措施。第一，当提出小的修改意见或增加新的游览项目时，应及时向旅行社有关部门反映，对于“合理又可能”满足的项目，应尽力予以安排；对于需要加收费用的项目，地陪要事先向领队或游客讲明，按有关规定收取费用；对确有困难而无法满足的要求，地陪要详细解释、耐心说服。第二，提出的要求与原日程不符且又涉及接待规格时，一般应予婉言拒绝，并说明我方不便单方面违反合同；如确有特殊理由，并且由领队提出时，地陪必须请示旅行社有关部门，视情况而定。第三，领队（或全陪）手中的旅行计划与地陪的接待计划有部分出入时，要及时报告旅行社，查明原因，分清责任，若是接待方的责任，地陪应实事求是地说明情况，并向领队和全体游客赔礼道歉。

（4）宣布当天或次日的行程安排。地陪与领队、全陪核对、商定好行程后，应及时告知游客，让游客做到心中有数，做好相应的心理准备和物质准备。

6.照顾行李进房

导游应该与饭店的行李员进行行李数量的清点以及损坏核对，做好行李交接工作，并且督促饭店行李员及时将行李送入游客的房间。

案例窗 2-1

某海外旅游团一行12人，在领队的带领下于国庆节来重庆观光。W国际旅行社导游小王18：10在机场顺利接到此旅游团；19：00带团抵达下榻的F饭店。随后，小王协助领队和全陪迅速办理完住店手续，游客也陆续进入了自己的房间。这时，小王接到了一个朋友打来的电话，于是称“有急事需要去处理一下”，随即离开饭店。没多久，旅游团的Kelly小姐赶到大堂找导游，由于小王不在，于是她找到饭店大堂副理，投诉自己的行李到现在还没送到房间。大堂副理联系导游未果后，吩咐行李员仔细检查该团的行李是否到齐，核对行李票才发现，交接时饭店并没有收到Kelly小姐的行李。Kelly小姐极其不满，随即找到全陪向旅游行政管理部门投诉此事。

点评：地陪小王在此次接团中主要存在下列问题：第一，带领旅游团下榻饭店后，小王仅仅协助办理了住店手续，没有协助将行李送入客人房间，没有带领旅游团游客用好第一餐和宣布当日或次日的活动项目安排。第二，游客行李丢失而未尽早发现，主要是因为导游在机场接团时未对旅游团的行李件数进行认真清点，办好转运交接手续。

7.安排叫早服务

地陪应与领队、全陪商量确定叫早时间，并通知饭店总台和全团游客。

案例窗 2-2

2025年5月，导游小赵接受旅行社的委派，接待一个来自韩国的旅游团，该团先后安排了到北京、西安、桂林和广州的参观计划。根据计划行程，小赵在接团的当天19：30抵达北京首都国际机场，并顺利地接到了该旅游团。在从机场去饭店的途中，他向游客致欢迎词，进行简单的沿途导游讲解，介绍了该团队在北京的日程安排以及下榻酒店的情况。在将要抵达入住酒店时，他未与领队商量，即通知游客在第二天早上6点钟叫早、7点钟出发，开始在北京的参观游览活动。“6点不行，太早了。”当时坐在最前面的领队立即回应。“那就7点钟叫早好了。”“7点也太早了，你没有看到大家这么晚才到北京，你应该给大家留出足够的时间让大家休息，恢复体力。”小赵接着问：“那您看几点合适呢？”领队说：“到时候再说吧。”车上的气氛立即紧张起来，小赵十分尴尬。

点评：三方沟通很重要，导游小赵没有和领队沟通，擅自定下叫早的时间，显然是对领队的不尊重。在导游过程中，沟通是解决问题的良方。

知识卡片2-1

七星酒店，奢华与极致的完美融合

导游讲解2-1

介绍下榻酒店

8. 协助处理游客入住后的各类问题

旅游团入住饭店后，可能会出现各种问题或其他的突发事件，如游客对饭店房间的不满、团内人员之间的分配矛盾、行李丢失等，这就要求导游在客人入住后不能马上离开饭店，以便发生突发事件时做出及时处理。

9. 入住饭店介绍范例

各位游客，我们今天入住的饭店是大连中山大酒店。中山大酒店是一家四星级酒店，坐拥大连市青泥洼黄金商圈，交通方便，附近有5路、2路、22路公交车直达大连各大著名景区，酒店临近大连各大知名商场，入住这里会让您的旅游生活更加便捷和惬意。

酒店拥有各式客房388间，全部客房均可免费宽带上网。除中餐厅外，酒店还特设印度餐厅、港澳茶餐厅、俄罗斯旋转餐厅。另外，会议中心、商务中心、康乐健身中心、国际品牌精品店、夜总会、美容美发、桑拿、棋牌室等文娱场所一应俱全。

酒店的房间号是九层以下前面加“2”，如801房前面加“2”就为“2801”，十层以上就是楼层加房号。大家如果需要在酒店里打电话，请记住：房间与房间通话直接拨房号，打长途电话时，先拨“0”，再拨您要拨的电话号码。

客房中小冰箱内的食品和饮料是自费的，如您进行了消费，请在离开酒店前主动去前台结账，酒店受理运通、长城、牡丹等信用卡。

大家进入酒店房间后，请认真检查一下房间中所提供的物品是否齐全，设备是否完好，如果有什么问题，请及时与我联络，我就在酒店的大堂等候大家。

好，中山大酒店到了，请大家带上自己的物品下车，在大堂稍事等候，我去办理一下入住手续。

任务实施

导游小李顺利地接到了来自重庆的旅游团，旅游车行驶在从机场到下榻酒店的路上，小李开始介绍下榻酒店。

一、重在特色，突出文化

各位游客，车行前方即将抵达咱们本次旅游的下榻之所——杭州大会展中心假日酒店。这家酒店坐落在杭州钱塘江南岸，北邻会展南路，与杭州大会展中心临路相望，步行短短5分钟就能到场馆，出行十分便利。它距离杭州萧山国际机场车程约15分钟，距离杭州南站车程约25分钟；而且离地铁1号线（杭州大会展中心站）才600米，不管是去游玩还是赶行程，交通都极为顺畅。

杭州大会展中心假日酒店于2024年8月8日崭新开业，它集客房、餐饮、会议等多样功能于一体。饭店拥有宽敞舒适的豪华间、标准间、商务客房及套房，设有不同风格的餐厅及大型宴会和多功能厅，为住客提供格调高雅及综合配套的设施和服务，是四星级饭店中较有特色的饭店。大家入住时请注意：进房间时检查房间内设施是否齐全；请妥善保管房卡，切勿丢失或折损；男士如有吸烟者，请将烟灰、烟蒂放进烟灰缸，切勿烧坏地毯、床单等物品，否则需照价赔偿；请不要将房间号随便告诉陌生人，不要让陌生人随便进入房间，出入房间要锁好门，尤其是夜间不要随便开门；外出时，要拿好宾馆名片，3人以上出行，谨防扒手，注意人身财物安全；一切问题都可以打前台电话找服务员，如果不方便的话也可以随时找导游。

二、热情服务，细致入微

考虑到旅游团长途跋涉的辛劳，现在急需的是进入房间休息。小李提前与饭店前台接待员联系，快速办理了旅游团的入住登记手续，将房卡交给全陪分发。为了防止一些意外情况的出现，小李还记下了全陪和团员的房间号，并将自己的联系方式告知了全陪。

小李在带领游客进入房间时，向游客介绍了饭店内的中西餐厅、娱乐场所、商品部、公共洗手间等设施的位置，特别提请游客注意客房中自费和免费使用的物品以及客房内设施设备是否有缺少、破损、污染，如有应及时通知，并向游客指明电梯和楼梯的位置。

由于考虑到重庆人平日喜欢吃辣，在团队用餐方面，小李提前通知了餐厅准备一些川菜，好让旅游团在杭州也能吃到家乡菜。另外考虑到游客在旅行途中也喜欢品尝当地的特色美食，小李还给旅游团安排了一些地道的杭州特色餐饮，如杭州酱鸭、西湖莼菜汤等，好让游客对杭州的饮食文化有更深的了解和体验。在带领旅游团用餐过程中，小李的精心安排得到了游客的一致好评。

三、未雨绸缪，做好提醒

在旅游团抵达当晚的用餐期间，小李向游客宣布了第二天的行程安排，西湖、灵隐寺、西溪湿地等。由于杭州8月份天气较热且行程中步行时间较长，小李提醒游客做好防晒防暑准备，穿着轻便的鞋子并备好相机及电池。

此外，小李还与全陪一起对行李进行了清点和检查，确认有无丢失和破损，并与饭店行李员进行了行李交接，通知行李员及时将行李分发到每个游客的房间。当客人入住后，小李并未立刻离开饭店，而是在旅游团所住的楼层停留了一段时间，因为按照以往的接待经验，可能有客人会对实际入住条件提出要求。果然，在停留期间，两位女性游客找到小李，说客房冷气不足，没有热水，并要求换房。时值旅游旺季，小李非常清楚这个时节饭店的客房供需状况，他先来到反映有问题的客房，发现冷气不够是因为刚进客房，冷气才打开，且温度开关没有调到位，没有热水是因为热水水龙头坏了。权衡再三，小李来到饭店前台，在他一再要求下，加上小李平时也很注意和他们建立良好的关系，最后经请示经理，终于给小李旅游团的游客换了客房，问题总算得以圆满解决。

旅行的任何环节都可能发生问题，入住饭店同样如此，这就需要导游有强烈的责任心和较强的处理问题的能力，能够在第一时间妥善解决各种入住饭店后的突发事件。当然，小李之所以最后能解决客房的调换问题，应该说一部分原因是功在平时，即导游要与合作单位搞好关系。

实践训练

实训项目1：安排重庆旅游团入住杭州某四星级饭店

实训设计：

（1）将学生每6～8人分成一个团队。

（2）将每个团队成员按角色分为：地陪、全陪、前台服务员、行李员、游客。由1名学生模拟地陪，1名学生模拟全陪，1名学生模拟行李员，1名学生模拟饭店前台服务员，其他学生模拟团队游客，10分钟后轮换。

（3）组织团队进行导游服务中的角色分工，按照教师提出的任务进行讨论，每个角色都要收集、提炼北京旅游饭店的特色信息。

（4）每个团队设计“旅游团队入住饭店服务的基本程序”，选出1个代表进行交流，教师点评。主要的考察点在于导游入住服务的程序，主要包括办理入住登记手续、协助分发房卡、照顾行李进房间、介绍饭店设施及注意事项、带领游客用好第一餐、宣布次日活动等。

实训项目2：入住饭店后各类问题的处理

场景一：地陪小李接到旅游团时发现旅游团的人数比20人的接待计划多出了1位，由于事先已经按照20人的标准预订了10间客房，此时多出了1名游客。

实训设计：由1名同学模拟地陪小李，1名同学模拟全陪，1名同学模拟饭店前台服务员，其他学生模拟团队游客。考察重点在于地陪处理突发事件的能力、与饭店前台服务员的沟通能力，应注意多出的游客的费用处理。

场景二：当地陪小李安排好所有的行李进房间后，旅游团中的一位游客对饭店的房间设施表示不满，要求更换饭店。

实训设计：由1名同学模拟地陪小李，1名同学模拟全陪，1名同学模拟对房内设施不满意的游客。考察重点在于对接待规范的熟知程度。

场景三：考察团中有一位中年女士对地陪小李说她习惯一个人睡，跟别人合住一个房间她睡不着，要求小李为她单独开一个单间。

实训设计：由1名同学模拟地陪小李，1名同学模拟全陪，1名同学模拟要求住单间的女游客。

场景四：考察团内一位客人因水土不服不舒服，向地陪小李提出了在房内用餐的要求。

实训设计：由1名同学模拟地陪小李，1名同学模拟全陪，1名同学模拟水土不服的游客。

场景五：由于重庆考察团游客与其他两个旅游团同时抵达饭店，团内的一位游客王某匆匆找到小李抱怨说："其他客人的行李都已送到房间，唯独没有我的行李。"

实训设计：分组模拟演练，其中由1名同学模拟地陪小李，1名同学模拟全陪，1名同学模拟行李员，1名同学模拟丢失行李的游客。

考核评价

在线测评2-1

任务1

入住服务技能考核评价见表2-1。

表2-1 入住服务技能考核评价表

内容		评价		
学习目标	评价内容	分值	团队成员评价	教师评价
基本知识	入住服务基本程序	10分		
	饭店设施设备及注意事项	5分		
	饭店星级制度	5分		
专业能力	介绍下榻饭店	10分		
	办理入住登记手续	10分		
	处理入住后出现的各种问题	10分		
通用能力	导游语言表达能力	10分		
	导游团队应急问题解决能力	10分		
	导游服务创新能力	10分		
	导游的沟通协调能力	10分		
职业态度	爱岗敬业	5分		
	责任意识	5分		
努力方向：		建议：		

任务2　用餐服务

任务目标

知识目标：

1.掌握带领旅游团队游客用餐的基本流程。

2.熟悉用餐服务的讲解内容。

能力目标：

1.能够顺利引导游客用餐。

2.能够以导游身份运用饮食知识熟练介绍当地餐饮特色。

素养目标：

1.培养积极的工作态度和团队合作意识，树立勤俭节约意识。

2.坚定文化自信，能够宣传我国的优秀餐饮文化。

任务情境

2024年春节期间，20名游客从北方城市到海南旅游，地陪小刘负责接待。北方游客希望能够品尝到当地特色饮食，并能够在大年三十在异地他乡吃上一顿年夜饺子。

知识点拨

一、用餐服务基本程序

1.餐厅提供散客中餐服务基本程序

热情迎客—上茶递巾—接受点菜—开单下厨—酒水服务—上菜服务—巡台服务—上甜品、水果—准确结账—礼貌送客。

2.餐厅提供旅游团队团餐服务基本程序

迎宾引座—桌面服务—茶水小吃—跑菜服务—游客就餐—结账送客。

3.导游带领旅游团队用餐服务的基本程序

介绍用餐饭店的特色—提醒游客遵守用餐时间—照顾特殊需要游客—查看用餐状况—把握用餐节奏—办好签单事宜。

在线课堂2-2

团队用餐服务

二、用餐服务基本技巧

1.介绍用餐饭店的特色

饭店是为旅客提供餐饮服务的场所。随着经济的发展以及生活水平的提高，游客对饭店的用餐要求也越来越高，饭店特色餐饮服务的特点也因此越来越突出。导游需要了解饭店用餐基本知识，将知识灵活运用到各种类型的旅游团队用餐服务中，以赢得客人的认可。导游在饭店的介绍中，要突出饭店特色，掌握技巧。

老饭店——历史悠久，牌子响亮，服务规范。餐饮介绍应突出老字号的地方特色。

新饭店——设备齐全，装潢考究，虽不知名但用餐实惠、舒适。餐饮介绍应突出现代餐饮特色。

闹市区——交通方便，商铺集中，夜生活丰富，自由活动好去处。餐饮介绍应突出快捷、可口等特色。

僻静区——闹中取静，环境幽雅，空气清新，是休闲度假的最好选择。餐饮介绍应突出幽静、自然等特色。

这只是在饭店类型介绍中可能用到的讲解技巧，但是如果在饭店用餐时客人对用餐不满意，导游就要随机应变了。

2. 提醒游客遵守用餐时间

导游要视旅游活动的安排、交通畅通情况或旅游景点人流情况，提醒游客要遵守用餐时间。如果因为游客用餐习惯等原因，提出提前或推迟用餐时间的要求，导游要积极与餐厅联系，视餐厅具体情况处理。一般情况下，导游要向旅游团说明旅游餐有固定用餐时间，提早或推迟用餐须酌情安排，有时是要另付服务费的。

3. 照顾特殊需要游客

知识卡片2-2

世界各国千奇百怪的年夜饭

知识卡片2-3

我国的年夜饭

由于生活习惯、身体状况、宗教信仰、民族习俗等各方面原因，来自不同国家和地区的游客会在餐饮方面提出种种特殊要求，若游客的特殊用餐要求在旅游协议书上有明文规定，就应该提前与饭店联系做好准备，落实兑现。

如果旅游团到达后才提出特殊用餐要求，则需视情况而定。由导游与用餐饭店联系，在可能的情况下尽可能满足游客需求；确实有困难的，导游应向游客说明情况，并协助其解决。如建议他到餐厅自己点菜，或购买相应的食品，但应事先说明费用自理。

如果游客生病，导游应主动与饭店联系，对游客表示出特别的关怀和照顾。如果逢年过节，可向旅行社请示，适当地增加或调整具有地方特色的餐饮以示人文关怀。

案例窗2-3

某旅游团在新加坡进行旅游培训15天，恰巧赶上中国腊月二十三的小年。这时，一个游客找到领队说："我们团队有个小小的建议，能不能为我们安排一顿中餐，敬敬我们的'灶王爷'，我们的肚子有些想家了。"随即，领队将这个要求转达至旅行社。第二天，旅行社将原定的游客自行用餐与另一天的团队用餐调整了一下，并将用餐安排在新加坡南洋理工大学的中餐厅里。看着餐厅里高悬的中国式大红灯笼、鲜艳烫金的福字，在地道的中国年味儿中品尝美食，游客说："我们感觉太爽了。"

点评：在本案例中，旅游团在新加坡进行旅游培训都很满意，但导游忽视了游客会产生“饮食疲劳”。通常，人们在异地访问或旅游时，“每逢佳节倍思亲”的心理会使其在特殊节日对家的思念情绪高涨，而这正是导游最好的服务表现阶段。因此，在这个节日安排一顿地道的具有中国特色的中餐，让所有人产生归属感，对旅游团队的服务质量是极大的提升，会为旅行社赢得很好的口碑。

4.查看用餐状况

在游客用餐过程中，地接导游要随时观察游客用餐的情况，适当地增加主食、汤、茶水等，还可以简要介绍餐桌上地方特色菜肴的吃法。

案例窗 2-4

一个旅游团来到海滨城市大连旅游，在用餐快结束时，地陪小刘发现游客对桌子上的一盘大连地方海鲜“虾爬子”都没动筷，就说：“这是大连最好吃、最鲜美的海鲜，你们为什么都不吃呢？”一位游客说：“这东西看起来像蜈蚣，能吃吗？”游客都附和说不敢吃。见此情况，地陪小刘就招呼游客坐下，一边讲“虾爬子”的吃法，一边将“虾爬子”身上的壳扒下来做示范，让大家品尝。游客试着尝了之后，都赞不绝口。

点评：在本案例中，地陪小刘一直忙着帮助游客“催菜”，忽视了游客品尝当地特色菜的需求。游客通常对当地的特产都会产生兴趣，但是不敢贸然尝试，这时候就需要地接导游细心地介绍，让游客尽情享受地方特色美食。

5.把握用餐节奏

案例窗 2-5

一个旅游团的游客正在用餐，没有安排酒水。当邻桌别的旅游团上了酒水后，该旅游团的游客们很不满，喊来导游，质问道：“我们为什么没有饮料？”其实，一般旅游团的餐费报价里都是不含酒水的。导游在向邻桌旅游团游客了解情况后，就向自己的旅游团解释说：“那个旅游团里今天有人过生日，领队请大家共同庆祝一下。另外，我们想用最短的时间安排大家用午餐，将节省下来的时间花在景区里，所以不建议大家自费买饮料。”

点评：在这里，导游使用了澄清式解释，既将没有安排酒水的原因解释得很清楚，又将用餐时间与参观景区的时间安排作了合情合理的提示。

当前，特别是在旅游旺季，景区景点的人流较多，对旅游活动的安排要考虑到交通状况。导游要适当地安排好用餐时间，把握用餐节奏，提醒游客用餐的具体时间及乘车的时间等，但是又不能过分地催促游客，以免引起反感。所以，能否安排好游客用餐时间，把握好用餐节奏，对导游是一个很大的考验。

6.办好签单事宜

导游在客人用餐完毕后陆续返回旅游车之前，对发生特殊消费的，要注意提醒游客及时结账。导游到餐厅前台取出旅行社的餐饮结算单（见表2-2），在上面填写好相应的内容，将其中盖有旅行社业务章的一联交给餐厅留存。

表2-2　　旅行社餐饮结算单　　编号：

餐厅名称		用餐日期		早餐□　午餐□　晚餐□
团　号		用餐标准		旅行社盖章 （盖章有效）
用餐人数 （成人）		用餐人数 （儿童）		
结算金额		导游签字		
备　注				

第二联　旅行社留存

为了改进餐饮服务质量，有的旅行社和饭店需要了解游客用餐的特殊要求，团队游客可以填写旅游团队用餐评价表（见表2-3），随时对用餐情况进行反馈。

表2-3　　旅游团队用餐评价表

旅游团名称		日　期		导游	
请在每栏其中一项里打“√”					
评价项目	很满意	比较满意	满　意	不满意	很不满意
干净、质量好					
准备良好					
上菜服务好					
提供多样化选择					
在每天合适的时间提供					
当有要求时能快速服务					

任务实施

“民以食为天”，一名导游需要成为一名美食家。接下来，我们以来自北方的游客在海南过春节用餐为例，介绍一下导游应如何为游客提供用餐服务。

一、介绍中餐特色

介绍美食，首先介绍的是中餐文化，它的发展和中华五千年文明史息息相关。世界上有一种说法：凡是有古老文明的国家，必有美味可口的佳肴，还有民族特色。吃法国大餐，人们主要吃其“味道”，主要满足“口”；吃希腊美味，主要吃其“气味”，满足“鼻”；吃日本料理，主要吃其“形式”，满足“眼”。若吃中餐，那么几个方面就都满足了，中餐最讲究色、香、味、形、声、器六个字。在外国有个笑话，说世界上幸福男人必有四个条件：拿美国工资、娶日本妻子、住英国房子、吃中国饭菜。可见世人对中餐评价之高。

东西南北中，吃在全中国，大凡名胜之地，肯定会有与景色相关的名菜。例如，山东名菜有曲阜孔府三大宴（家宴、喜宴、寿宴）等，广东名吃有脆皮乳猪等，江南名菜有西湖醋鱼、龙井虾仁、绍式小扣、西湖莼菜、南京板鸭、无锡脆鳝、苏州卤鸭等，安徽名吃有黄山炖鸡、芙蓉蹄筋、符离集烧鸡等，另外北京烤鸭、天津包子、西安饺子等也都是风味名吃。

二、海南用餐安排

那么，如何让游客了解海南的饮食文化并品尝当地的美食呢？地接小刘对这几天的游客用餐是这样安排的：

第一天（年三十）晚餐：年夜饭、文昌鸡、东坡肉；

第二天（初一）午餐：特色南山素斋；

第三天（初二）午餐：当地小吃、特色苗族三色饭；

第四天（初三）晚餐：大排档。

三、海南春节用餐讲解服务

知识卡片2-4

海南四大名菜

下面是地接小刘的导游词（部分）：

海南美食特色有琼海加积鸭、文昌鸡、澄迈福山烤乳猪、乐东黄流老鸭、椰子煲鸡等，同时海南的小吃也是一大特色。当然，如果经过我家，可以吃到我母亲亲手做的客家酿豆腐。去小吃摊逛时要注意饮食卫生，确保旅游时快乐来、快乐回。

有不少游客喜欢海南的风味小吃，我们在初二中午为大家安排到海南风味小吃街进餐，在那里可以吃遍椰岛特色美食，价格比较实惠。喜欢大排档的朋友们别着急，在初三的晚上为你们安排了海南大排档。

海南一行正赶上春节，我们旅行社在这几天里一定让大家品尝到不一样的南方年味。

1.海南之行第一天晚餐：大年三十年夜饭

在海南，无论多拮据的人家，腊月三十，借钱借米也要杀鸡杀鸭，荤菜、素菜七大盘八大碗地摆满香炉前的八仙桌子。祭祖先仪式完毕后，便放鞭炮，待饭菜已凉透后才拿下来全家围着火炉吃年饭（俗称“围炉”）。年饭从下午四时许一直吃到晚上七八时。

大年三十这天晚上，来自北方的游客非常想吃一顿团圆饺子，感受一下过年的味道。全陪小王将团队游客的想法同地接小刘沟通，小刘告诉大家旅行社已经安排好了。之后，地接小刘带领团队游客去亚龙湾假日酒店，吃了一顿南方的年夜饭，感受到了南方的年味。

地接小刘告诉游客，海南的年夜饭一般少不了两样东西：一样是火锅；另一样是鱼。火锅沸煮，热气腾腾，温馨撩人，说明红红火火；“鱼”和“余”谐音，是象征“吉庆有余”，也寓意“年年有余”。还有萝卜，俗称菜头，祝愿有好彩头；龙虾、爆鱼等煎炸食物，预祝家运兴旺如“烈火烹油”；最后一道菜多为甜食，祝福往后的日子甜甜蜜蜜。这天，即使不会喝酒的，也多少喝一点。餐后有水果，椰子、菠萝蜜、火龙果等摆满盘子，形状十分讲究。

另外，酒店提供的饺子与北方的饺子不一样，北方的水煮饺子端上来热气腾腾，很有年的气氛；而南方的饺子不是用水煮，而是用油煎，有点像北方的水煎包。就在大家感到稍有点遗憾的时候，导游小刘是这样解说的：

各位来自北方的朋友们，感受到年的味道了吧？年的味道其实就是一年事业的积累，情感的沉淀，亲情的欢聚，疯狂的滋味。我们远在天涯海角，感受到了人生中不一样的一个年，无论是回忆，是总结，是憧憬，还是懊悔，其实这一切，就是你一年的感觉。我们现在吃的年夜饭的味道，永远不尽相同：比较成功的人可能会走进五星级饭店，注重的不一定是可口的饭菜，而是那份温馨、豪华、精致、浪漫的感觉；疲于事业的人，可能要选糯米的芳香或豆捞的鲜香，为的是轻松地叹息一下，一吐一年的沉重；热情好客的人，会主动招呼亲朋好友，到一家中餐馆，在欢聚中相约下一年的互助互动；命运坎坷的人，或许会与亲友们一起，在欢聚中思考人生的况味。

人生百味，就是每个人年夜饭的味道。开心地吃吧！细细地品味吧！现在就为我们的年夜饭疯狂一次吧！假如在这疯狂中找到了你要的答案，即使多花些钱又有何妨呢？

2.海南之行第二天（正月初一）午餐特色：南山素斋

海南过春节初一凌晨，无论老少都得起床吃“斋饭”（意为清净洁白，以怀念祖先）。也意味着可化解一年之“灾”，主要为米酒、米饭、青菜、粉面等。而且，正如北方人过年必吃鱼（年年有余）一样，吃的东西还须有吉祥寓意，其中必有清炒茄子（茄子，海南话寓意一年比一年好）、清炒水芹菜（“芹”与“勤”谐音，祈望全家在新的一年勤劳致富）、长粉丝（寓意过日子细水长流）、黄黄的像金元宝状的豆腐干（寓意招财进宝）……

下面是地接导游小刘对南山素斋的导游词：

今天中午我带领大家去品尝海南素斋品牌——南山素斋。说到吃素，朋友们想到了什么？南山素斋集寺庙素斋、宫廷素斋和民间素斋精华于一体，精雕细琢的功夫可以让你大开眼界。在那里，你可以体会到温馨细致的餐饮服务和大名鼎鼎的师傅厨艺。据说，南山素斋取材于天然无公害绿色食材，大部分材料为豆制品，用大豆分离蛋白粉，经过科学的配比，采用先进的生产工艺制作而成。造型逼真，肉性口感丰满，味道独特，同时有着特殊的素食香气，鲜香浓郁，吃到嘴里回味持久，绝对与想象中的僧人朴素的白饭清汤相去甚远。据师傅介绍，在材料的选取上，都是经过科学的营养搭配，营养全面，匠心独具。在这里除了吃之外，主要是感受饮食文化更高的层次。信佛的人在每月初一、十五有吃素的习惯。在行程中，偶尔尝一顿，怀一份真挚的心，感受饭桌间洋溢的感恩与惜福、放下与快乐，未尝不是一件好事，卸下重装轻松上路，会走得更稳更快吧！

3.海南之行第三天（初二）午餐：海南小吃

初二是出嫁的女儿偕同丈夫和孩子回娘家拜年的日子。这一天，家中其他人（特别是长辈）都得在家，接受拜贺。岳父岳母得准备丰盛的家庭筵席来招待，下午女儿女婿走时，还得用红纸包的糖果、年糕等给女儿做“迎路”。

海南每个市、县都有自己特色的代表小吃。就像五指山的小吃有南瓜饭、南瓜饼、苗家三色饭、黎家竹筒饭等，主要体现了黎苗饮食文化；海口有海南粉、灵山粗粉、加积牛腩粉、海口汤粉、陵水酸粉等；而海南锦山牛肉干、锦山尖堆等是文昌小吃的代表，表现了热带岛屿居民饮食特征；鸡屎藤粑仔、椰香高粱粑是琼海小吃的代表。

4.海南之行第四天（初三）晚餐：大排档

海南的大排档不仅是一种饮食习惯，更是人们的一种生活方式。海南的天气也成全了海南的大排档。在一排排椰树、槟榔树下，即使还有太阳悬在空中，也能享受房前街旁的一处处荫凉，而傍晚日落后更有阵阵海风袭来，清新湿润的空气，摇曳着巨大叶片的热带植物，昏黄的街灯，叫人松弛了身子，放松了精神。

真正的海南大排档是地道的家常菜。例如，尽管天热，海南人更喜欢围在火锅旁大过“东山羊”的瘾，几片东山羊肉下锅，放下一片片白萝卜，从翻滚着的热锅里夹起来味道十足的肉片、萝卜片，呷一口啤酒，十分惬意。桌子上的菜也大都清淡，加上“文昌鸡”、“加积鸭”、“和乐蟹”伴着“东山羊”，海南四大名菜在这里荟萃，让游客大呼过瘾。

实践训练

实训项目：用餐服务的基本程序和旅游团队游客用餐的基本流程

实训设计：

（1）明确训练任务，按每6～8位同学一组分成若干团队。

（2）每个团队选出队长，制订团队训练计划和规则。

（3）将团队进行导游服务中的角色分工：地接、全陪、饭店服务员、游客若干。

（4）按照老师提出的任务进行讨论，每个角色都要收集、提炼当地旅游的餐饮特色知识和用餐服务信息。

（5）每个团队设计“旅游团队用餐服务的基本程序和地方饮食特色导游讲解”。

（6）每个团队进行服务流程与特色餐饮讲解展示（每个团队限时5分钟），教师点评。

考核评价

在线测评 2-2

任务 2

用餐服务技能考核评价见表2-4。

表2-4　　用餐服务技能考核评价表

内容		评价		
学习目标	评价内容	分值	团队成员互评	教师评价
基本知识	旅游团队团餐服务基本程序	15分		
	导游带领旅游团队用餐服务的基本程序	15分		
专业能力	介绍用餐饭店的特色	20分		
	团队用餐服务的讲解技巧	10分		
通用能力	导游语言表达能力	20分		
	导游服务创新能力	10分		
职业态度	勤俭节约意识	5分		
	文化自信	5分		
努力方向：		建议：		

项目小结

本项目主要介绍了入住服务和用餐服务。所入住的饭店主要为游客提供休息及用餐服务，一般包括八个步骤，但由于旅游团入住时实际情况各不相同，导游在提供此类服务时也会根据具体情况而有所调整。同时，导游还要了解饭店用餐基本知识，将知识灵活运用到各种类型的旅游团队用餐服务中，以赢得客人的认可。

综合实训

如果你是一位地接导游，春节期间要接待一个来自黑龙江的16人旅游团，旅游团由4个家庭组成，有老人、孩子、中年夫妇等，在本地旅游3天，团队游客希望能够品尝到当地的特色饮食。请根据以上信息，完成旅游团队入住及用餐服务的语言设计、餐饮介绍、个别游客要求处理（每个团队选出一名代表，在课堂进行5分钟展示）。

价值引领

让"光盘"成为时尚

"不用点太多的主食""厦门的这几款小吃不错，小孩子应该会爱吃"……国庆中秋假期，导游周丹迎接待了一个商务团。一天在用午餐时，周丹迎看到客人点了很多菜，恐怕浪费，就善意地提醒他们少点一些，客人欣然接受了。

一粥一饭，当思来之不易。勤俭节约是中华民族的传统美德，无论何时，这一美德都不能丢。

从事导游服务工作3年来，周丹迎接待的团队类型比较多，包括纯玩定制团、会议团、商务团、研学旅行团等。带团过程中，周丹迎发现有不少餐饮浪费现象。分析原因，大概有以下几方面：

首先，菜品卖相不好，不好吃、不合胃口。比如，团队餐的大锅饭。赶上团队多的时候，厨房做好菜直接盛在塑料盘子里端出来，看上去就没有档次，游客也没有食欲。另外，一些外省市客人不习惯闽菜偏甜偏清淡的特点，觉得没味道，也在一定程度上导致剩饭剩菜。餐厅环境也会影响客人就餐，尤其是旅游旺季时餐厅里人多嘈杂，再加上菜色一般，客人自然更没食欲。

其次，浪费现象跟配菜也有一定关系。比如青椒炒鱿鱼这道菜，一些餐厅的菜品里鱿鱼少、青椒多，最后往往剩下一大盘青椒；回锅肉里肉少葱多，最后剩下一盘葱。总之，像西芹、青椒、大葱、洋葱这类配菜，很多客人都不吃。

最后，浪费现象的发生跟用餐者的素质也有关系。有的人喜欢挑菜、翻菜，或是同一桌用餐的客人中有带小孩的，小孩子一直吵闹，这些都会影响别人用餐，导致浪费。

“历览前贤国与家，成由勤俭破由奢。”厉行节约，应从杜绝餐饮浪费做起，从每个人做起。在带团过程中，周丹迎采取了多种方式，引领游客“文明用餐、以俭立德”，养成厉行节约“新食尚”，拒绝“舌尖上的浪费”。

首先，在行前做好提醒。每次出团周丹迎都会开行前说明会，其中一项内容就是提醒游客用餐时吃多少拿多少，吃多少点多少。尤其是用自助餐的时候，游客喜欢和家人、朋友分享美食，难免会多拿一些。但是，每个人的口味又不同，这就很容易造成食物浪费。尤其是在邮轮上用自助餐时，看到有新鲜的樱桃，有的客人装上满满一大盘，最终却吃不了。这些容易引发浪费的环节，在行前周丹迎会多次提醒游客注意。行程中，在从景点到达餐厅的路上，还会再次提醒。

其次，客人点餐时在一旁提醒要“合理搭配”。闽菜精致清淡、口味偏甜，周丹迎会建议客人先少点一些，合口味的话可以再加菜。

此外，在讲解过程中，也会融入倡导厉行节约的内容。比如，在厦门普陀寺游览时，周丹迎会借讲述宗教故事，告诉客人厉行节约也是一种自身的修行。许多游客听后表示很受触动，在此后的行程中，餐桌上多数会“光盘”，吃自助餐时也是吃多少拿多少，效果很不错。

周丹迎表示，在今后的带团过程中，她会继续引导游客文明用餐，争做“光盘行动”的宣传者、践行者，杜绝“舌尖上的浪费”，让“光盘”行动成为时尚。

资料来源：吴健芳. 让“光盘”成为时尚［N］. 中国旅游报，2020-10-15（7）.

职业素养：勤俭节约　责任意识

学有所悟：“光盘”行动要求个人在饮食消费中拒绝浪费，本质上是对“勤俭节约”传统美德的现代传承。这一行为体现了社会主义核心价值观中“勤俭”对个人道德的要求，导游应引导游客树立正确的消费观、资源观，将“节约粮食”从单纯的生活习惯升华为对自身、对社会的责任意识。

项目三 讲解服务

任务1 景区讲解

任务目标

知识目标：

掌握景区讲解的方法及技巧。

能力目标：

能够依据团队信息，针对旅游景区的特点选择不同的讲解方法和讲解技巧。

素养目标：

1.厚植家国情怀，讲好中国故事，做中华优秀传统文化的传播者。

2.增强文化认同感，促进跨文化交流与理解。

任务情境

昆明的石林风景区世界闻名，黑龙江的一个旅游团来到云南昆明旅游，地陪小刘负责接待，具体游览项目见表3-1。

表3-1 云南昆明五晚六天行程

日期	游览景观	住宿等级
第一天	接团，入住酒店，游览昆明石林风景区的乃古石林、大小石林，观赏撒尼歌舞和斗牛、斗羊表演	三星级
第二天	游览石林风景区，参观大叠水、长湖	三星级
第三天	游洱海，品大理正宗白族“一苦二甜三回味”的三道茶，观歌舞表演，游小普陀、南诏风情岛	三星级
第四天	游览丽江古城——形如官印、权镇四方的四方街	三星级
第五天	游览茶马古道重镇——束河古镇，游览黑龙潭公园，游览生态文化民族村——东巴谷	三星级
第六天	游览昆明世博园，送团	三星级

知识点拨

一、导游景区讲解基本程序

1.介绍旅游行程安排

参观游览活动开始之前，导游应清点人数，向游客宣布日程、时间安排及注意事项。

2.提醒游客遵守游览时间

抵达景点时，导游应向游客重申当日的游览活动及时间安排，讲清并提醒游客参观游览的线路、集合时间及地点、车牌号等事项。

3.做好首次景点讲解

首次景点讲解是导游展示其知识、技能的大好机会，是在游客心中树立良好形象的重要环节。因此，导游应有充分的准备，认真做好首次景点讲解服务。

（1）熟悉游客基本情况。导游应了解要接待的旅游团（者）的基本情况，根据不同的对象和文化层次，因人而异地选择讲解内容。对文化层次高的游客，导游要讲得深一些；反之，导游要讲得浅一点、通俗一点。同时，导游应根据游客的接受能力和需求来讲解，讲解时应采取灵活多样的形式。

（2）进行针对性的知识准备。熟悉线路及景点分布，收集旅游景点知识（包括民风、民俗、趣味传说等），平时还应注意文化、历史等方面的知识积累，这样在讲解中才能做到游刃有余，收到引人入胜的效果。

案例窗 3-1

旅游车正行驶在昆明市官渡区的辖区内。一位游客看到窗外的红土高原，感到疑惑，便向导游小刘提出了问题："东北地区的土地是黑色的，这儿的土地为什么是红色的？"导游小刘针对他的问题，认真耐心地进行了解答。小刘说："云南地处低纬度地区，优越的气候条件和茂盛的植被及特殊的地貌条件给云南高原上的土壤提供了丰富的有机质。由于云南大部分地区地处亚热带、热带，热量丰富、降水丰沛，丰沛的降水不断冲洗着富含铝、铁等金属离子的成土母质，使其中易溶矿物大量分解、流失，湿热的气候加速了土壤中铁的氧化，活动性较差的铁铝氧化物残留了下来，把土壤染成了红色。另外，我国东部土地呈青色，西北呈白色，东北呈黑色，中部的黄土高原呈黄色，因此有'五色土'之说。"

点评：导游小刘由于准备充分，回答详细准确，并根据游客的接受能力和需求进行解答，赢得了游客的信任与支持。

二、导游讲解的艺术与方法

导游作为一种社会职业，在长期的社会实践中逐渐形成了具有鲜明职业特点和倾向的语言——导游语言。它是导游从事导游服务工作的重要手段和工具。导游通过语

在线课堂 3-1

导游引导旅游者审美的技巧

言表达，可使祖国的大好河山更加生动形象，使祖国各地的民俗风情更加多姿多彩，使沉睡了千年的古迹焕发神采，导游语言里流传很广的一句话——“祖国山河美不美，全凭导游一张嘴”。导游掌握的语言知识越丰富，驾驭语言的能力越强，游客就越容易接受。“一年拳，两年腿，十年练就一张嘴”，这是对导游语言能力提升过程的高度概括。

导游语言要做到“八有”：

（1）言之有物。内容充实，有说服力，不讲空话、套话。

（2）言之有理。摆事实，讲道理，以理服人。

（3）言之有据。有根有据，不胡编乱造，不弄虚作假。

（4）言之有情。语言友好，富有人情味，让游客感到亲切、温暖。

（5）言之有礼。语言文雅，谦虚敬人，礼貌待人。

（6）言之有神。语言形象，声音动听，引人入胜。

（7）言之有趣。说话生动、幽默、风趣。

（8）言之有喻。适当比喻、生动易懂、印象深刻。

1.导游语言传播

（1）导游语言传播通畅的条件。

①准确恰当。导游的语言传播是否畅通，在很大程度上取决于用语的准确性。讲解的词语必须以事实为依据，准确地反映客观事实，做到就实论虚，入情入理，切忌空洞无物或言过其实的词语，如把具有“中国半部近代史”之称的旅顺，夸大为具有5 000年的历史；把大连的星海广场称为“世界上最大”“全中国最大”“独一无二”等，这类没有依据的信口开河会使稍有见识的游客产生反感。这就要求导游对讲解要有严肃认真的态度，要讲究字斟句酌，要注意词语的组合、搭配。只有恰当措辞，合理搭配，才能准确地表达意思。

②鲜明生动。在讲解内容准确、情感健康的前提下，导游语言还要求鲜明生动，言之有神，切忌死板、老套、平铺直叙。导游要善于恰当地运用一些修辞手法来“美化”语言，才能把讲解内容亦即故事传说、名人轶事、自然风情等讲得有声有色，产生一种美感。正所谓“看景不如听景”，导游语言能够让导游以强烈的艺术魅力吸引游客去领会所讲解的内容，体验语言所描述的意境。

案例窗 3-2

有人说，白天看广场是一种风格，晚上看广场则是一种文化，也有的艺术家曾将广场比作城市的眼睛或客厅等。如果说城市是本书，那么广场就是这本书中最美的标题。有位作家用女人比喻大连的广场：中山广场好像小家碧玉般温馨而又浪漫；友好广场犹如江湖女郎般洒脱；胜利广场如摩登女郎般给人以虚幻的想象；人民广场如大家闺秀般高贵脱俗；海之韵广场如混血女郎般妩媚新奇。如果说这些比喻恰到好处地衬托出了广场的风格，不妨给它再加些文化的韵味：中山广场——人之乐；友好广场——球之恋；人民广场——水之舞；海之韵广场——海之韵。虽然我不是作家，但依我对大连广场的热爱与了解，也可以用男人来比喻大连的广场：

中山广场——大男孩般青春向上；友好广场——蜡笔小新般俏皮可爱；人民广场——绅士般稳重；星海广场——东北汉子般大气而豪爽。介绍这么多了，下面就请随我一同参观有大气、豪爽之称的星海广场吧。

点评：案例运用生动形象的比喻，把大连城建中的广场文化讲得活灵活现，用语富有文学色彩，具有较强的表现力，不仅向游客们传递了一个城市的信息，而且使人产生美妙的联想。

③风趣活泼。风趣活泼是导游语言生动性的一种表现。导游要善于借题（景或事）发挥，用夸张、比喻、讽刺、双关语等活跃讲解气氛，增强艺术表现力。

案例窗 3-3

有位导游在讲解岳阳楼旁的“三醉亭”（传说神仙吕洞宾曾三醉岳阳楼，故建此亭）时说：“女士们，先生们！岳阳有句俗话叫作‘三醉岳阳成仙人’，各位是不是想成仙？”“成仙？当然想啊！”几个游客兴奋地答道。导游接着说：“大家若想成仙，有两个条件，一是醉酒，二是吟诗。”游客们乐不可支，有的说会吟诗，可惜不会饮酒，有的说会饮酒，可又不会吟诗，气氛十分活跃。这位导游又推波助澜地说：“如果谁既能饮酒，又会吟诗，而且到过岳阳三次，那么就会像吕洞宾一样成仙。如果只会饮酒，不会吟诗，或者只会吟诗，不会饮酒，那就只能半人半仙了。”游客们都笑了起来。

点评：这种机智、风趣的讲解语言，不仅能融洽感情、活跃气氛，而且能增添游客们的游兴，使其获得一种精神享受。

④优雅文明。讲解用语要注意优雅文明，切忌粗言俗语，切忌使用游客忌讳的词语。有的导游由于平时文明修养不够，在讲解时不知不觉地使用一些不文明的用语，如“那个老家伙”“胖得像肥猪”等。如果改用文明词语就会优雅得多，如把“那个老家伙”改称为“那位老人家”；把“胖得像肥猪”改称为“胖得像弥勒佛”等。

⑤浅显易懂。导游讲解的内容主要靠口语来表达，口语声过即逝，游客不可能像看书面文字那样可以反复阅读。只有听得清楚、明白才能理解，所以要根据口语“有声性”的特点，采用浅显易懂的口语化讲解。口语化的句子一般比较短小，虽然有时也有长句，但一般要在中间拉开距离，分出几个短句子来。例如，“这座大佛高 71 米，头发就有 14 米长、10 米宽，头顶中心的发髻可以放一个大圆桌，大佛的脚背有 8 米多宽，站 100 个人，一点也不拥挤”。句子多停顿几次，说起来就毫不费劲，因为一口气不可能说太多、太长，否则，听者也会因句子太长而产生理解上的困难。

⑥清楚圆润。首先，导游在讲解上力求吐字准确清晰，要正确运用自己的发音器官。发音器官是由呼吸喉头声带、共鸣腔和咬字器官组成的。这些器官在发音过程中协调配合得好，才能形成正确清楚的语音，否则就会含混不清。无论是普通话、粤语、闽南语，还是外国语都要力求发音准确、吐字清晰。正确处理好字和声音的关系，是口语表情达意的基本要求。其次，要讲究声音的清亮圆润，避免粗糙生硬、嘶

哑的重喉音、鼻音和气声，正确运用呼吸器官和共鸣腔，使声音和谐、纯正、适度。

（2）导游语言的跨文化传播。导游语言的跨文化传播，是指导游必须全面、综合地把握和运用导游语言，使不同地域、不同民族、不同国家的游客都能够在导游的引导下获得所需要的文化知识。其主要体现在以下几个方面：

① 语域宽广。导游词涉及的语言领域宽广，上至天文地理、古今中外，下至居民生活、逸闻趣事。这就要求导游不仅知识面要广，而且要掌握多种多样的语言建筑材料——词汇及其综合运用。

② 综合性强。综合性突出地表现在对不同类型的导游语言的综合运用上。导游语言包括口头导游语言、书面导游语言、态势导游语言及副语言等。这些导游语言是一个有机结合的整体，不能分割为完全独立的部分来对待。聪明的导游在熟记导游词的同时，也能在实际讲解或进行其他交流时灵活调整自己的语言表达，并辅以体态、表情、眼神等，为交流对象传递完整和准确的信息，以强化表达效果。

知识卡片3-1

导游知识集锦

2. 导游语言艺术

导游语言的艺术性在导游实践中可谓百花齐放，各具特色，具体可分为交际语言艺术、幽默语言艺术等。

（1）导游交际语言艺术。导游在带团中所采用的语言表达内容、方式和方法等，会贯穿导游交际的各个环节，对彼此产生非常重要的影响，进而影响到游客对导游服务的评价。为充分发挥语言交际中的各种表达技巧，营造融洽的交际气氛，取得良好的交际效果，导游应当具备一定的导游交际语言技巧，特别是在见面问候、交谈、道歉、拒绝、劝说等情况下。

①问候用语。导游问候游客时应遵循的原则包括得体的原则、尊重的原则、通用的原则。

②交谈用语。交谈是导游与游客之间增进相互了解和友谊的一条重要途径。导游在安排行程、组织活动、活跃气氛、解决矛盾、处理问题，甚至在打发休闲时间的时候都要与游客交谈，可以说，交谈已经成为导游服务工作中必不可少的一个重要环节。

话题的选择是导游能否顺利与游客展开交谈的前提条件。只有聊到双方都感兴趣的话题，导游才能够引导游客说出心声。话题的选择通常是在旅游活动之初，如与游客谈季节、天气、方言、民俗，与老年人谈养生之道，与女游客谈保健美容、服饰，与西方游客谈中国的风土人情等，都可触景生情，经过层层推演，最后回归到旅游这个话题上来。恰当的寒暄能促使双方产生一种认同心理，使一方接受另一方所传递的情感。

交谈的基本要求：一是自然切入话题，少说多听，活跃气氛；二是建立认同感，与游客广泛对话；三是调节气氛，控制进程，善始善终。

③道歉用语。导游在带团工作中，任务繁重，人际关系复杂，再加上许多因素都可能影响旅游活动的顺利开展，难免说错话和做错事。如果因自己的失误给游客带来了负面影响，导游应及时向游客道歉。

一些情况下，出错的原因不在导游，其他部门的接待和安排也可能是造成失误的主要根源。此时，导游应妥善处理，除原则性问题外，必要时要有替人受过的雅量，主动道歉，以自己的真诚和善意把影响降到最低。

道歉的主要方式有微笑道歉、说理道歉、行动道歉、泪水道歉等。不管采用何种道歉方式，首先，道歉必须是诚恳的；其次，道歉必须是及时的，即知错必改；最后，道歉要勇于自责并把握好分寸。

案例窗 3-4

一个旅游团因订不到火车卧铺票而改乘轮船，游客十分不满，在情绪上与导游形成了强烈的对立。导游面带微笑，一方面向游客道歉，请大家谅解，讲明由于旅游旺季火车票紧张，计划临时改变；另一方面，耐心开导游客，乘轮船虽然速度慢一些，但提前一天上船，并未影响整个游程，并且在船上能够欣赏到两岸的风光，相当于增加了一个旅游项目……

点评：导游成功地运用了说理道歉分析方法，以诚恳、冷静的态度，幽默、风趣的语言，很快化解了游客的不满情绪。

④拒绝用语。拒绝就是向游客说“不”。游客的性格各异，要求五花八门，有些合理要求作为导游应当尽量予以满足，而有些要求却不尽合理，必要时导游也要对客人说“不”。如何让客人在要求得不到满足时又能泰然处之，不至于陷入尴尬境地呢?这就涉及几种符合礼貌服务的拒绝艺术。

一是微笑不语。俗话说：上山擒虎易，开口求人难。遭人拒绝是最令人尴尬、难堪的事，所以不论是何种情况，导游都不应直截了当地拒绝客人的要求。但有时客人提出的一些要求，导游又不得不拒绝，此时，微笑不语可谓最佳选择。满怀歉意地微笑不语，本身就向客人表达了一种“我真的想帮你，但是我无能为力”的信号。微笑不语有时含有不置可否的意味，起到“此时无声胜有声”之效。

二是先是后非。在必须就某个问题向客人表示拒绝时，可采取先肯定对方的动机，或表明自己与对方主观一致的愿望，然后再以无可奈何的客观理由为借口予以回绝。

三是婉言谢绝。这是导游采用的一种以温和的语言进行推托回绝的方式。采用这种方式回绝游客的要求，不会使游客感到太失望，避免了导游与游客之间形成对立状态。运用模糊语言暗示客人，或从侧面提示客人，其要求虽然可以理解，但却由于某些客观原因不便答复，为此只能表示遗憾和歉意，感谢大家的理解和支持。

案例窗 3-5

一位美国游客邀请某导游到其公司工作，这位导游回答说：“谢谢您的一片好意，我还没有这种想法，也许我的根扎在中国的土地上太深了，一时拔不出来啊！”

点睛：这位导游并未明确表示同意与否，却委婉地谢绝了该游客的提议。

运用这种拒绝方式时态度不能含糊，但口气要绝对委婉，坦诚相见地做好解释工作，此时的言行切忌模棱两可，不然会使游客产生误会，以为所求虽有难度但你仍有潜力和可能帮他解决。这样的后果势必给自己带来麻烦，浪费精力，也会使游客不满和反感。

拒绝游客的方法还有很多，如顺水推舟法，即拒绝对方时，以对方言语中的某一点作为拒绝的理由，顺着其逻辑性得出拒绝的结果。顺水推舟式的拒绝，显得极有涵养，既能达到断然拒绝的目的，又不至于伤及对方的面子。

总之，在多数情况下，拒绝游客是不得已的行为，只要措辞得当、表达态度诚恳并掌握适当的分寸，游客是会予以理解和接受的。

⑤劝慰用语。劝慰是指在旅游活动过程中，游客个人的原因或者导游的原因，导致游客情绪低落，导游用语言劝说和安慰的工作。劝慰属于导游的一种情感性服务，也是个性化服务的重要体现。导游的劝慰工作主要有沟通式劝说、迂回式劝说、提醒式劝说、安慰式劝说等。

一是沟通式劝说。导游在原则性问题上要是非分明。游客提出的某些问题涉及一定的原则立场，一定要给予明确的回答，并力求用准确的回答澄清对方的误解和模糊认识。

二是迂回式劝说。有些客人提出的问题很刁钻，使导游在回答问题时左右为难，这种情况下不如以静制动，或以迂回含蓄的语言予以劝说。

三是提醒式劝说。在导游服务中，少数游客会由于个性或生活习惯等原因表现出群体意识较差的行为，如迟到、离团独自活动、走失、遗忘物品等。对于这类游客，导游应从关心游客安全和旅游团集体活动要求出发给予特别关照，在语言上要适时地予以提醒。提醒式劝说主要分为敬语式提醒劝说和协商式提醒劝说，前者是导游使用恭敬口吻的词语，对游客直接进行的提醒式劝说，后者是导游以商量的口气间接地对游客进行提醒，以取得游客的认同。无论何种形式的提醒都应注意三点：首先，应尊重游客，强化服务意识，保障游客安全；其次，要委婉含蓄，融入情感，体现对游客的关心，使提醒能在愉快的气氛中被游客接受；最后，要适度幽默，点到为止。

四是安慰式劝说。安慰是治疗心灵创伤的一剂良药，是所有导游都必须掌握的一种导游交际语言。要以爱心为基础，要求导游设身处地替游客着想，并能换位思考，真正帮助游客排忧解难，雪中送炭，避免雪上加霜。

案例窗 3-6

在承德普宁寺，一位游客非常虔诚地拜菩萨，花钱请了两炷高香，但是在拆开包装的时候，一炷香却折了，游客的心情一落千丈，不知如何是好。导游看见了，上前安慰他："佛家讲'香折免一劫'，你要放宽心。"导游适时的安慰式劝说，让游客心情顿时好了起来。

点睛：导游应善用安慰式劝说，真诚地为游客着想。如果此时导游说出"唉，你这么不走运"之类的话，就会给游客带来心理上的不安。

（2）导游幽默语言艺术

①导游语言幽默。幽默是一种智慧、一种才能、一种技巧。导游的幽默，既是一种导游传递艺术，也是一种导游风格，更是导游聪明才智的表现。在旅游过程中，人们期望轻松愉快。为了活跃气氛，这就要求导游恰当地运用导游幽默语言，使游客获得精神上的快感和享受。幽默语言的运用，至少可以在三个方面取得事半功倍的效果：

一是融洽关系。导游面对的游客大都是初次接触，为了融洽关系，导游必须主动与游客交流，如果此时导游表现得幽默风趣，就能收到良好的效果。幽默就好比是导游与游客关系的“润滑剂”。

案例窗3-7

一个旅行团即将结束在大连的旅游时，导游说：“你们即将离开大连，大连留给你们一样难忘的东西，它不在你的拎包和口袋里，而在你们的身上。请猜一下它是什么？”导游停顿了一下，接着说：“它就是你们被大连的阳光晒黑了的皮肤，你们留下了友情，而把我们大连的夏天带走了！”话音刚落，游客群中响起了热烈的笑声和掌声。

点睛：通过幽默的语言和富有诗意的想象，导游给游客留下了深刻的旅游印象。

二是寓教于乐。导游运用巧妙的、出人意料的幽默语言、动作、表情，能够激发游客的兴趣，让游客在和谐、愉快的气氛中获得知识和体验。获得知识，受到教益，这是游客较普遍的旅游愿望。在导游过程中，导游用幽默的语言进行讲解，能起到寓教于乐的作用。

案例窗3-8

在马来西亚，交通安全标语用亲切幽默的语言向人们宣传着安全行车的道理，导游解读如下：“阁下，驾驶汽车，时速不超过30千米，可以饱览本市的美丽景色；超过60千米，请到法庭做客；超过80千米，欢迎光顾本市设备最好的急救医院；超过100千米，请君安息吧！”

点睛：导游通过对这样一则标语的讲解，既能够活跃气氛，又能够增加游客的交通知识。游客在笑过之余也会格外注意交通规则。

三是调节氛围。在讲解过程中，导游如果把幽默语言作为一种“兴奋剂”，那么游客低落、冷淡、不安的情绪就会得到有效缓解。

案例窗3-9

旅行车在一段坑坑洼洼的道路上行驶，游客中有人发出抱怨。这时导游说：“请大家稍微放松一下，我们的汽车正在给大家做身体按摩，按摩的时间大约10分钟，不另收费。”一席话引得游客哄堂大笑起来。

点评：要经过这样一段道路是不可改变的事实，怎样才能取得游客的谅解呢？导游直接解释不是不行，但效果恐怕很难预料，又有哪位游客愿意花钱买罪受呢？

这位导游通过幽默的口吻把一件本来不轻松的事情化解掉，而且巧妙地给出了经过这段路所需要的时间——10分钟，忍一忍就过去了。可见，幽默而机智的宽慰，要比生硬、笨拙的劝说有效得多，一下子就给客人增添了精神力量。

②导游语言禁忌。幽默导游语言运用得不妥，就会降低幽默艺术的效果，甚至产生“副作用”。因此，在运用幽默导游语言时，必须注意以下几个问题：

一是勿取笑他人。人性中有一种特点，即不愿意当成被取笑的对象，尤其是有生理缺陷的游客在这方面更加敏感。这是导游在导游时制造幽默氛围最忌讳的一点。但如果导游能主动把自己当成取笑对象，比如笑自己的缺点或失误（年轻的导游要慎用这种幽默），就能避免误会，消除隔膜。因为最可靠无误的幽默是把目标对准自己，而且，取笑自己并不伤害自己的尊严，因为幽默本身就是一种有价值的思维品质，它表现为机智地处理复杂问题的应变能力。

二是适度原则。幽默要把握适度原则，要控制好制造悬念的时间，引导好游客强烈的心理期待，然后突然使他们感到大出意料，却又在情理之中；要掌握分寸，注意不要唠唠叨叨说个没完；要注意场合，分清对象，幽默要根据不同人的性别、身份、地位、阅历和文化素养恰当表达。

三是健康有益。正常的幽默应该格调高雅、言行文明、态度乐观、精神健康。那些低级趣味、嘲笑时世和挖苦他人的幽默都不可取。导游词不管幽默与否，都必须注意提高品位，以热爱祖国、热爱社会、热爱生活作为基本的出发点。因此，导游要加强思想道德修养，以阳光、健康的精神面貌面对人生、对待生活、对待游客，用健康的幽默语言来塑造“民间快乐大使”的导游形象。

导游语言艺术风格既是导游语言艺术水平达到成熟阶段的标志，也是导游在语言艺术上应该努力追求的一种境界。

3.导游讲解语言的技巧

无论是口头语言，还是书面语言，都有一个“声音”的问题，即读起来顺口与否，听起来悦耳与否。人们之所以喜欢百灵鸟，讨厌乌鸦，原因就在于百灵鸟的声音欢快、清脆、悦耳，而乌鸦的声音沙哑、沉闷、哀伤。当然，音质是天生的，很难改变，然而，正确运用声音的技巧，却是每个人都可以学到的，有些人还能达到很高的艺术水平。意大利一位著名演员上台表演数数字的节目，从1数到10，当时观众认为这个节目平淡无奇，实在没有意思，可是这位演员一念，竟把全场人都吸引住了。观众听到的仿佛不是枯燥的数字，而是发自内心的倾诉，让人大为感动。这位演员表演成功的诀窍很简单：在数数字的时候，巧妙地运用了声音的技巧，充分发挥了它的传情作用。因此，要使自己的语言收到“声入心通”的效果，就要善于运用声音的技巧。

（1）语速缓急适中。导游在讲解时，如果一直用同一语速，像背书似的，不仅会缺乏情感色彩，而且乏味，令人昏昏欲睡。因此，导游讲解应善于根据讲解的内容、游客的理解能力及反应等来控制讲解语言的速度。

在导游的讲解中，需要放慢语速的场合：需要特别强调的事情；想引起游客注意的事情；严肃的事情；容易产生误解的事情；数字、人名、地名、人物对话等。需要加快语速的场合：众所周知的事情；不太重要的事情；故事进入高潮时等。

讲解语言速度的快与慢是相辅相成的，必须注意掌握节奏，急缓有致。讲得太快，像连珠炮似的，时间一长，听者精神高度紧张，特别容易疲劳，注意力自然就会下降。相反，讲得太慢，不能给人以流利舒畅的美感。要使讲解语言入耳动听，就必须注意控制语速，控制语速的技巧并不难掌握，把音节拉长，速度变慢，把音节压缩，速度变快。

（2）音量大小得当。音量是指声音的大与小。在导游过程中，如何调节好音量，是语言表达的一个技巧。首先，要根据游客多少及导游地点、场合来调节音量。游客多时，音量要以让离你最远的游客听清为度，游客少时音量则要小一些。在室外讲解，音量要适当大些，在室内则要小一些。因此，导游平时要注意练声，从低声到高声分级练习，以便在不同的情况下掌握说话音量的大小。其次，要根据讲解内容调节音量。一是对主要信息的关键词语加大音量，强调其主要语义。例如，“我们将于早上8点50分出发”主要是强调出发时间，以提醒游客注意。二是故意压低嗓门，先抑后扬，制造一种紧张气氛，以增强感染力。例如，“这天晚上，天黑得不见五指，庙里静得出奇，突然，一阵电闪雷鸣划破夜空……”可见，音量大小调节得当，能增强语言的表达效果。但要注意的是，音量调节要以讲解内容及情节的需要为基准，该大时大，该小时小，不然便有危言耸听之嫌。

（3）节奏变化灵活。导游讲解中短暂的中止时间就是节奏变化。导游讲解时，并不是讲累了需要休息才停顿片刻，而是为了使讲解更能打动听众，突然故意中止讲解，暂时沉默下来。假如导游一直说个不停，不但无法集中游客的注意力，也会让讲解变成催眠曲。反之，如果说话吞吞吐吐，半天才说出一句话，或在不该停顿的地方停顿了，不仅会分散游客的注意力，而且容易产生语言上的歧义。

总之，导游讲解时注意节奏的变化，可以使语言变得流畅而有节奏，收到“大珠小珠落玉盘”的效果。

（4）克服不良语言习惯。讲解时使用平时的口头禅，非常影响整个讲解内容的连贯性，游客听起来也很不舒服。

造成不良口语习惯的原因主要有二：一是思维出现障碍，便用废话填空。在说话过程中，由于想的跟不上说的，大脑出现“短路”，不自觉地便重复一些字眼，如“这个”“嗯”“原来呢”“结果呢”等，这些词不表达任何意义，只是用来延长思维的时间。二是用重复的方法填空。由于临时选择词语，寻找用词，或考虑其他因素（如是否得体等），边想边说就容易“卡壳”。导游如果对讲解内容熟悉，自然不会出现这种情况，如果不熟悉，在短时间内要回答游客的问题，就要靠临时调动平时所积累的知识，组合词语来加以表达，在这种情况下，就容易出现习惯的不良口语。

导游必须具有较强的口语表达能力，思维敏捷、口齿清晰、用词准确。即使对游客突然提出的问题不便给予确切的答复，也不要含糊其词，用一些拖泥带水的口头语来应付。

任务实施

一、怎样吸引游客

导游小刘在研究这个黑龙江旅游团的资料时，注意到游客有较高的文化层次，在游览昆明的石林风景区时重点讲解了旅游团内大多数成员感兴趣的内容，用投其所好的讲解方法产生了良好的效果。

(1) 简述概况法。该方法是对旅游城市或景区的地理、历史、欣赏价值等情况进行概括性的介绍，使游客对即将游览的城市或景点有一个初步的印象。

导游小刘首先对昆明的石林风景区进行了概括性讲解，让初来乍到的游客对石林有了一个总体印象。

欢迎大家来到美丽的春城——昆明。下面，我将本团此次的行程介绍一下。

第一天：上午我们将乘车到有“黑松林”之称的乃古石林观光游览，其中还有一座美丽的溶洞——白云洞。中午入住酒店，用餐及稍事休息后到石林景区的精华所在地——大小石林参观游览，我们还将带大家观看具有民族特色的撒尼歌舞和斗牛、斗羊比赛。晚餐后参加大型民族歌舞大联欢——石林之夜，亲身体验一下彝家人的热情。

第二天：用完早餐后，我将带大家一睹珠江第一瀑——大叠水的风采。中午回到石林县城用午餐，然后参观撒尼人的母亲湖——长湖。下午各位将乘火车至大理。

第三天：早餐后乘船游洱海，品大理正宗白族“一苦二甜三回味”的三道茶，观歌舞表演，游小普陀、南诏风情岛。

第四天：早餐后乘车前往丽江。中餐后游览素有“东方威尼斯”“高原姑苏”之称，以“家家流溪，户户垂柳”闻名于世的世界文化遗产——丽江古城。

第五天：游览大玉龙一线，游览茶马古道重镇——束河古镇，游览黑龙潭公园，游览生态文化民族村——东巴谷，领略东巴文化的源远流长。远观神圣巍峨的纳西人心中的神山——玉龙雪山。傍晚车行至大理，晚餐后乘坐火车返回昆明。

第六天：早餐后沿中国第一条穿越热带雨林的高速公路到达4A景点野象谷景区，游览时间2~3小时，游览蝴蝶园、蛇蜥园、猴园、百鸟园。参观树上旅馆，观赏独具特色的大象表演。观赏普洱茶茶艺表演——独树成林或丰源茶艺，时间为20~30分钟。下午游览4A级景点原始森林公园，游览时间约为3小时，参观百米浮雕、孔雀放飞、爱伲山寨，参加具有当地民族特色的泼水狂欢，观赏九龙飞瀑、少数民族乐器表演，漫步热带沟谷雨林。

第七天：早餐后乘车返回昆明，游览世博园，下午结束愉快的旅程，大家将乘飞机返回家乡——黑龙江。

(2) 画龙点睛法。该方法用于总结语或引导语，用精练的语言概括景点的独特之处。导游小刘在游览昆明世博园的时候，就用了这种讲解方法。

纵观昆明世博园，可以用以下几点来概括：一个主题——人与自然迈向21世纪；

两个标志——会徽和吉祥物“灵灵”；三大展区——国际、国内、企业展区；四大广场——迎宾广场、世纪广场、华夏广场、艺术广场；五大展馆——中国馆、人与自然馆、大温室、科技馆、国际馆；七大专题园——竹园、茶园、盆景园、药草园、树木园、蔬菜瓜果园、外花艺石园。

（3）点线面结合法。“点”是景点，“线”是游览线路，“面”就是与景点相关延伸的情况。讲解中既要有“面”的描述和“线”的引导，又要有“点”的说明，利用所讲之事、所见之景进一步延伸，扩展讲解的广度和深度。导游小刘用此讲解方法将游客带到了神奇的“蝴蝶泉”。

小刘在讲解很大的景点时，因为要讲的内容很多，她把导游词分成小块，有主有次，什么地方讲什么，讲多久，有没有高潮，两个景点之间如何过渡都拿捏得很好。

游蝴蝶泉，不能不讲蝴蝶泉的“泉”“蝶”“树”三景。

先说蝴蝶泉水吧，蝴蝶泉最早叫“无底潭”，因为这里有一个动人的“雯姑与霞郎”的爱情传说，这潭爱的泉水才被称为“蝴蝶泉”。大家眼前看到的这一池清澈见底的泉水，就是从苍山山麓的岩缝砂层中渗透出来的，水质特别清冽，一出地表便汇聚成潭，一眼看去，泉水从细沙中的无数个泉眼中涌出，不时升腾起一串串气泡。这泉水奇就奇在冬不枯竭、夏不满溢。泉壁上方的大理石上，刻有一代文豪郭沫若题写的“蝴蝶泉”三个潇洒自如的大字。有意思的是，人们喜欢将蝴蝶泉看成象征爱情的幸福泉，因此，都要将硬币投向池塘中，一试运气，你要是忠贞于爱情的话，那投出的硬币一定会落在那一个个汩汩流出的爱的泉眼之上。

游蝴蝶泉当然要说“蝶”。据科学工作者考证，蝴蝶聚会是自然界生物传宗接代的一种自然现象。在蝴蝶泉景区内，蝴蝶种类繁多，每年3月到5月之间，正是蝴蝶泉边合欢古树开花释放花蜜的季节，也是各种蝴蝶繁殖后代的时间，它们从各处飞来采花蜜，同时雌雄交配，所以出现这种蝴蝶聚会的奇观。蝴蝶大的如巴掌，小的如蜜蜂，成串挂在泉边的合欢树上，如梦如幻。郭沫若1961年秋游蝴蝶泉时，曾写下“蝴蝶泉头蝴蝶树，蝴蝶飞来千万数，首尾连接数公尺，自树下垂疑花序”的著名诗句。当然，到蝴蝶泉看蝴蝶，最好的时节是每年的农历四月十五，这是白族人民自古相传的“蝴蝶会”。这一天，四面八方的蝴蝶都飞到这里来，竞妍争艳。如果你错过了“蝴蝶会”，那也没关系，我们现在就要游览的“蝴蝶馆”里真实地再现了蝴蝶泉边蝴蝶的生态、品种以及与蝴蝶有关的文化，为不能亲临“蝴蝶会”的游客提供了解蝴蝶奇观的珍贵资料。

再说“树”。大家看到的这株横卧于泉池上方粗大古朴的树叫夜合欢树，又叫蝴蝶树，已有200多年的树龄。每当春末夏初时节，古树开花，状如蝴蝶，且散发出阵阵诱蝶的清香味，吸引蝴蝶群集飞舞，一只只连须勾足，从枝头悬至泉面，形成一条条五彩缤纷的蝶串。这些蝴蝶，人来不惊，投石不散，令人称奇。古往今来，很多文人墨客赞美过这株奇树，说这株夜合欢树的花朵是“静止的蝴蝶”。“蝴蝶会”期间，蝶与花争艳，花与蝶共舞，成为蝴蝶泉的一大奇观。

（4）分段讲解法。该方法一般用于对范围大、讲解点多的景点分段分层次地进行讲解。

在前往景点的途中或在景点入口处的示意图前，导游小刘介绍景点（包括历史沿革、占地面积、欣赏价值等），并介绍主要景观的名称，使游客对即将游览的景点有一个初步的印象，并有一睹为快的要求，然后再到现场顺次游览。

各位朋友，现在我们登上了石林另一个览胜点，建在约30米高石峰顶上的望峰亭。此时您是否找到了“会当凌绝顶，一览众山小”的感觉呢？此亭初建于1931年，重建于1971年。

阿诗玛在哪里呢？您别急，阿诗玛就隐藏在这茫茫“林海”中，我们现在就一路寻去。途中还有许多奇景在等着我们。

绕过草坪，沿小路穿行，展现在我们面前的是波光粼粼的玉鸟池，阿诗玛在哪儿呢？各位正前方这尊天公传神杰作就是撒尼人心中的好女儿——阿诗玛。“阿诗玛”的彝语意思是金子般美丽的姑娘。

阿诗玛是撒尼人最尊敬的理想人物。这里的石峰因她而多情，她又因石林而名扬天下。她的美，已化成奇花异景；她的情，已铸成永不衰败的艺术品。这尊石像现已成为我们云南旅游业的标志了。后人在这里刻下了毛主席的咏梅绝唱，陪伴阿诗玛。

（5）触景生情法。借景生情、情景结合，营造气氛，激发游客想象力，将其思绪和感受导入特定的意境，包括两层含义：

第一层含义是利用所见景物，借题发挥，使游客产生联想。

各位朋友，现在我们静观长湖，各位不妨充分发挥自己的想象力，长湖像不像一位身材窈窕的少女静静地躺在青山翠竹的怀抱中？再看湖东北，有一座形似蘑菇的山峰，人称“磨盘山”，它像一尊威严忠厚的守护神，日夜守护在长湖姑娘的身边。隐藏在松林中的众多小湖，在太阳下闪闪发光，仿佛是长湖姑娘佩戴的珠宝首饰。

第二层含义是导游讲解的内容要与所见景物和谐统一，使其情景交融。

关于大理的“风”“花”“雪”“月”四大名景，有一首小诗将其串在一起，便于记忆，亦颇有情趣：下关风，上关花，下关风吹上关花；苍山雪，洱海月，洱海月照苍山雪。说到这里，请各位看一看我们白族姑娘的绣花包头。你可别小看它，它体现了大理四大名景，请看：微风吹来，耳边雪白的缨穗随风飘飘洒洒，显现了下关的风；包头上绚丽多彩的花朵，代表了上关的花；顶端这白茸茸的丝头，远远看去就像苍山的雪；整个包头的形状就如洱海上的弯月一样明丽动人。

（6）引用名句法。引用名言、名句、典故，言简意赅且富有文采。

登上狮子亭，朝南可指点石海惊涛，苍茫浩瀚的大石林尽收眼底；向东可俯视湖光山色，烟波浩渺的石林湖“犹抱琵琶半遮面”。有道是“不登狮子亭，不算游石林；一登狮子亭，全身醉石林”。有人称石林是“中国风景之最”，与长江三峡、桂林山水和吉林雾凇并称为“中国四大自然奇观”，也有人说石林是“中国造园之源”。

（7）突出重点法。讲解时避免面面俱到，做到轻重搭配、详略得当、重点突出。主要突出具有代表性、游客感兴趣的景观，展示景点的新、奇、特的内容。在游览古城丽江的时候，导游小刘就用了这种讲解方法，游客印象很深。

小刘在古城给大家讲了那么多，大家也看了那么多，但是马上就要进入古城了，怎么就没有看到城门呢？其实各位嘉宾是看不到城门的，这也是丽江古城的一奇，既看不到城门，也看不到城墙，因为古城根本就没有城墙和城门，因为纳西族的头领姓“木”，如果建了城墙和城门就变成了“困”字，所以古城没有城墙，也没有城门。

二、怎样与游客沟通

（1）简洁明快的行程介绍，自己制造讲演的氛围。一个良好的氛围会让你越讲越有状态，所以事先应该用一些方法来吸引游客的注意力，提高他们的游览兴趣。

欢迎大家来到美丽的春城——昆明。今天上午我们的游览目的地是呈贡斗南花市，带领大家看花、赏花、购花。中午用餐后，我们将前往昆明市内最大的佛教寺庙——圆通寺游览观光。明日的行程是前往石林，在那里逗留的时间是一晚两天，首先我们乘车到有“黑松林”之称的乃古石林观光游览，其中还有一座美丽的溶洞——白云洞。之后我们先住酒店，用餐后稍事休息，然后到石林景区的精华所在地——大小石林参观游览，届时，我们还将带大家观看具有民族特色的撒尼歌舞和斗牛斗羊比赛。晚餐后参加大型民族歌舞大联欢——“石林之夜”，亲身体验一下彝家人的热情。

明天用完早餐后，我将带大家一睹珠江第一瀑——大叠水的风采，中午回到石林县城用午餐，然后参观撒尼人的母亲湖——长湖，下午各位将乘“石林号”专列返回昆明。

最后一日，我们将游览九乡叠虹桥景区，观赏号称“世界奇观”的溶洞群，下午大家将乘飞机返回家乡——黑龙江。

（2）主动提出问题，寻找能与游客产生互动的话题，调动游览的积极性。

小刘今天要给大家介绍两个数字，一个是“四”，一个是“九”。

先说“四”。站在这里向东望去，眼前一片开阔，这便是中心四方街。四方街是古城的中心广场，占地约五亩，为什么叫四方街？主要有两种说法：一种说法是因为广场的形状很像方形的知府大印，由土司取名“四方街”，取“权镇四方”之意；另一种说法是这里的道路通向四面八方，是四面八方的人流、物流集散地，所以叫四方街。那么，四方街为什么这样有名呢？如果说我国北方有一条世界闻名的贸易通道——丝绸之路的话，我国南方也有一条被称为“茶马古道”的贸易通道，它是运输藏区以及丽江的马匹、皮毛、藏药等特产和南方的茶叶、丝绸、珠宝等商品的一条贸易通道，丽江古城是茶马古道上的重镇，四方街则是这个重镇的贸易中心。从古到今，四方街都是一个露天集市，这个集市从开始至今已有300年的历史。清晨，早起的人们开始买早点，是朦朦胧胧正在伸懒腰的四方街；中午，卖铜、卖山货、卖小吃的商贩组成繁荣的市面，这是精力旺盛的四方街；天刚黑，生意人回家了，又经过一次摩擦的五花石板还有人和阳光的余温，在桥头晒太阳的老人换成了孩童嬉戏，两侧酒吧透出夜色的光晕，这是化了妆的四方街；凌晨2点左右，四方街人去街空，小巷深不可测，只有流水之声高低起伏，这是素面朝天的四方街。

再说“九”。在我们中国，“九”无疑是个有神秘感的数字，天有“九重”，地有“九州”，官有“九品”，人有“九德”，九为天地之圣数。我国一些著名景区也与“九”字相关联，如九华山、九嶷山、九寨沟。

说到这里朋友们可能要问了，你所说带“九”的一些中国著名景区，其“九”都是有来历的，这“九乡”有何来历呢？

各位别着急，请看远方群山拥翠之处，那就是九乡了。九乡何以得名，言人人殊。一说此地原属石林县，行政区划为其第九乡，所以叫九乡。一说此处彝族聚居，彝族兄弟豪爽好酒，每家都酿有美酒——泡缸酒，并喜以酒敬客，宾客盛赞“酒香”，也把此地誉为美酒之乡，谐音便呼作“九乡”。还有说这里有九十九个溶洞，概而称之，就是九乡了。这三种说法您喜欢哪一种呢？

(3) 语言幽默。讲解时在主题内容之外，导游小刘会附加一些幽默风趣的内容活跃气氛。

各位请看，取经路上的唐僧也被石林的美景吸引来了，正在那打坐念经呢，人们称它为“唐僧念经石”。看此石，如一只调皮的猴儿，看那嘴那脸，与真猴子形似神更似，人们称它为“悟空石”，原来唐僧的大徒弟正在此操练呢。沙和尚走得慢还没赶到，而猪八戒嘛，还躲在石林外偷懒睡觉呢。

看过《西游记》的朋友都知道孙悟空大闹天宫吧，当时孙悟空把太上老君的炼丹炉踢翻后，这“八卦炉”落到了乃古石林。各位请看，丹炉就在这儿，炉子底部还坏了一个角，这想必就是孙大圣踢掉的。

(4) 制造悬念。讲解时提出让游客感兴趣的话题，导游小刘故意引而不发，引起游客强烈的兴趣。

不同的寺庙有不同的特点，圆通寺就有三个与众不同的特点。第一个特点就是圆通寺的前身——补陀罗寺是中国最早的观音寺。另外两个特点是什么呢？待会儿到了圆通寺我会告诉大家。现在圆通寺到了，让我们进去看看吧。

(5) 虚实结合。导游小刘经常在讲解中穿插与景点有关的民间传说、神话故事或历史典故，提高讲解的趣味性。

彝族的密枝林是一个神秘的地方，它类似汉族的宗庙，可它又是一片非常茂密的树林，彝族先民们就在这里祭祀神灵。

这是一片枝繁叶茂的树林，也是彝族祭祀神灵的地方。彝族先民以捕猎为生，他们视虎为图腾，自称是虎的后代。彝族以捕猎为主，因而在他们每次打猎前都要祭密枝、祭猎神。彝族祭密枝、祭猎神的时间各地不同，而九乡彝族的祭密枝、祭猎神一般是在农历的二月初一、初二。在祭祀这天，彝族同胞们身穿虎皮，肩扛刀、叉、猎枪，聚集到密枝林，由毕摩诵读经文并献酒，据说这样神灵就可以保佑他们如愿以偿。猎神节还有一些活动，如摔跤、斗牛表演以及彝族传统的花灯节目。

(6) 以熟喻生。小刘在讲解时以游客所熟悉的事物来介绍、比喻参观的事物，使游客产生熟悉感、亲切感，从而留下较深的印象。

说到长湖，看过中国第一部音乐电影《阿诗玛》的朋友应该还记得，电影中有这样一首插曲："阿着底是个好地方，高高的青松树长满了山岗，长湖的湖水哟，又清又亮，湖边的翠竹修又长……撒尼人哟，勤劳而坚强，高山上放牛又放羊，湖边采麻哟，田地里插秧忙，嘹亮的歌声传四方……"歌声中美丽的长湖就在我们眼前。"那……阿着底呢？"这位朋友问得好。在撒尼人的传说中，"阿着底"是个美丽的天堂，在远古的时候，撒尼人就无忧无虑地生活在那里，撒尼人心目中"金子般美丽的姑娘阿诗玛"就出生在那里。

（7）调动游客互动。导游在讲解的时候要随时留意游客的反应，发现有人注意力不集中的时候就问他问题，"×××大家知道吧？""您听说过×××吗？"谁不注意就问谁！讲的时候要兼顾大家的感受。根据讲解内容，导游小刘经常引导游客参与，让游客自己去做、去思考，体验讲解的内容。

参观石林，随时间的不同，角度的变化，光线的强弱，会产生不同的景观。还要提醒大家，游览石林您可一定要发挥想象力。

各位请看，这是个小小的池塘，大家发现池塘里有何物？两头小水牛正在嬉戏，脊背时隐时现，一派田园情趣。这就是石林中的一景——青牛戏水。

这是"千年龟"，撒尼人说，见了它能"心想事成"，摸摸它会"长命百岁"。大家不妨一试，求得健康平安。

三、怎样回答游客的问题

在旅游过程中，游客出于各种动机，经常会提出各种各样甚至有一些难度的问题，需要导游给予回答，遇到这种情况该如何应对呢？

首先，态度认真。对于游客提出的问题，导游应认真对待，耐心回答，表示对游客的尊重与重视，并要善于有选择地将提问和讲解有机结合起来。

其次，是非分明。回答提问时，能够给予明确回答的，就要有理有据，毫无避讳地予以回答，澄清对方的误解和模糊认识。

再次，以问为答。对客人的有些问题，不直接给予肯定或否定的回答，而是以反问的形式，使对方从中得到答案。

最后，若对游客提出的问题导游一时回答不出，导游不要紧张以及流露出尴尬的神态，也不要望文生义或胡编乱造地瞎说一气，而应实事求是地向游客解释清楚，并及时查找答案，尽快答复客人。

实践训练

实训项目：景区导游讲解训练

实训设计：

（1）将同学按每6～8人一组分成若干团队。

（2）将团队成员按角色分配为地接、全陪、游客。

（3）组织团队进行导游服务中的角色分工，按照教师提出的任务进行讨论，每个角色都要收集、提炼本地旅游景点的特色知识及游览服务信息。

（4）每个团队都要设计“旅游团队进入景区景点讲解的基本程序”。角色轮流互换训练，每个团队抽出1名同学汇报景区景点讲解的基本程序，选出1名同学作为团队导游词讲解较出色的代表，展示团队导游词讲解训练成果。教师按照测评标准进行点评。

考核评价

在线测评3-1

任务1

景区讲解技能考核评价见表3-2。

表3-2　　景区讲解技能考核评价表

内　容		评　价		
学习目标	评价内容	分　值	团队成员评价	教师评价
基本知识	导游景区讲解基本程序	10分		
	导游讲解的艺术与方法	10分		
专业能力	吸引游客的技巧	5分		
	与游客沟通的技巧	10分		
	回答游客问题的技巧	5分		
通用能力	导游语言表达能力	10分		
	团队应急问题解决能力	10分		
	导游服务创新能力	10分		
	导游的沟通协调能力	10分		
职业态度	家国情怀	10分		
	文化认同	10分		
努力方向：		建议：		

任务2　自然景观讲解

任务目标

知识目标：

1. 了解自然景观的类型及特点。
2. 掌握自然景观的讲解方法。

能力目标：

能够运用自然景观讲解的方法和技能，完成带团过程中的自然景观讲解。

素养目标：

1.树立导游职业的自豪感，展现热情、专业的服务态度，维护目的地形象。

2.树立生态保护意识，尊重自然，文明出游。

任务情境

2024年“五一”期间，18名游客从北方城市到黄山旅游，地陪小李负责接待。游客希望此行能够体会到“登黄山，天下无山”的感觉。

知识点拨

一、自然景观讲解的一般程序

1.旅游目的地自然景观特色概括

（1）自然景观的历史。

（2）自然景观的地位。

（3）自然景观的热点。

2.山体自然景观导游讲解要点

（1）针对外观特征讲解。

（2）针对地质构造讲解。

（3）针对文化内涵讲解。

3.水体自然景观导游讲解要点

（1）注重景观类型讲解。

（2）针对造景功能讲解。

（3）注意时代变迁讲解。

4.植物自然景观讲解要点

（1）针对资源分布讲解。

（2）注重美的内涵讲解。

（3）注重品质的内涵讲解。

二、自然景观的特色要点

1.自然景观的概念

自然景观是指一切具有美学和科学价值、具有旅游吸引功能和游览观赏价值的自然旅游资源所构成的自然风光景象。简单地说，自然景观就是大自然形成的自然风景，如地貌景观、水体景观、生物景观以及天气景观等。

2.自然景观的特点

（1）天赋性。一切自然景观都是大自然的鬼斧神工雕刻而成的。

（2）科学性。自然景观是由自然地理环境的各个要素组成的。自然景观的具体成因、特点、分布，都具有科学根据。

（3）审美性。一切自然景观都具有自然属性特征的自然美。

3. 自然景观的类型

自然景观的组合形式复杂多样，不同的景观类型在讲解时要突出其独具的特色。

（1）原始自然美景观。包括山体景观、水体景观、动植物景观等，这类景观大部分分布在我国的西部和边境地区，深藏于崇山峻岭之中，不易被发现，才使其原始风貌保存至今，像珠穆朗玛峰奇景、世界第一大峡谷——雅鲁藏布大峡谷等。

（2）人文点缀自然美景观。其主要分布在我国东部地区，这类景观大都经过了人类的加工，如黄山、峨眉山、齐云山、鄱阳湖、杭州西湖等。

4. 自然景观欣赏的三个层次

（1）自然景观美首先体现在形式上，包括自然景观的形体、线条、色彩，观之能令人产生视觉美；对风声、雨声、涛声、鸟鸣声等各种声响，听之能令人产生听觉美；对植物花卉散发出的各种气味，嗅之能令人产生嗅觉美；对植物果实等特产，尝之能令人产生味觉美；对自然景观，触之能令人产生十分惬意的触觉美。

（2）自然景观美其次体现在独特的内容上，就是由具体的物体形象所表现出来的人类文明程度。许多风景区的名称如神女峰、老人山、夫妻岩、望儿峰，一些风景区的有关典故、传说，如登封嵩阳书院内“汉武帝封将军柏”的传说故事等，都蕴含着前人的审美情感，都是人类文化发展的产物，在内容上给人以启迪，同时也具有了文化美。

（3）自然景观美的最后一个层次是通过形式所表现出来的某些物体形象或意境的象征意义或象征美。象征是一种寓意或隐喻，如牡丹象征富贵，莲花象征高洁，竹子象征刚直、虚心，苍松象征刚强、长寿……象征美处于自然景观美的最深层次上。

导游的任务就是要在认识和掌握自然景观美的三个层次的基础上遵循形式美—文化美—象征美的思路去进行审美活动的讲解。

三、自然景观的讲解技巧

1. 山体自然景观的讲解技巧

（1）总体概括山体自然景观美讲解。山体自然景观美主要可用七个字来概括：雄、险、秀、幽、旷、奥、奇。

山体高大、岩石陡峭，则产生雄伟之美感，如泰山。山体高陡，山峰座座如立，则产生险峻之美感，如华山。山势起伏蜿蜒，山体线条柔和，则产生秀丽之感，如峨眉山。山体山环水复，植被茂密，环境寂静，则产生幽静之美感，如张家界风景区。地貌平坦无垠，视野开阔，则产生旷远之美感。空间景观显得很封闭，四周崖壁环列，曲折而出，则产生神秘莫测的美感，如中岳嵩山自古就有“嵩山天下奥”和“奥岳嵩山”之称。景观为本身独有，独具一格，则产生奇特之美感，如黄山，以泉、云、松、石为特色，被称为“震旦国中第一奇山”。

知识卡片3-2

五岳名山

（2）突出山体自然景观独特美讲解。

①色彩美。山岳景观除了以上七种形态之美外，还有附着于形态之上的色彩美。

所谓“春山如翡，夏山如翠，秋山如金，冬山如银”便是自然景观的季节变化所呈现出来的色彩美。再如岱岳泰山的四大景观“东看旭日东升，西看晚霞夕照，北望黄河金带，南看云海玉盘”。

②动态美。山岳自然景观的动态美，主要由流水、飞瀑和云雾等要素组成。例如“船上看山如走马，倏忽过去数百群”，这是动态美的一种表现。山中观瀑，远望如匹练垂空，似为静态，近而观之，又如龙飞凤舞，充满活力，这也是动态美的一种表现。云在山谷升起，风吹云动，云动似乎山也在动，这种“云飞而地摇，车行而地转”的现象，构成“山在虚无缥缈间”的意境。

2.水体自然景观的讲解技巧

（1）明确水体自然景观类型讲解。水体自然景观类型主要有海洋景观、江河景观、湖泊景观、泉水景观、瀑布景观等。

（2）突出水体自然景观特色讲解。

①海洋景观。我国的海洋景观除了台湾岛东岸直接濒临太平洋外，还拥有渤海、黄海、东海、南海四个海域，北起鸭绿江口，南至北仑河口，大陆海岸线全长18 000多千米。我国沿海岛屿约有6 500个，海岸线纵跨温带、亚热带、热带三个气候带。海滨景观多姿多彩，其中最富代表性的海滨景观有北戴河海滨景观、大连海滨景观、青岛海滨景观、三亚海滨景观、厦门海滨景观等。

②江河景观。江河景观的特点由于其所处的地理环境特点和社会历史背景不同而不同。其中，以长江、黄河、珠江、黑龙江、富春江和京杭大运河等为我国著名的江河景观。

③湖泊景观。按照湖泊所含的盐分，分为淡水湖、咸水湖和干盐湖三大类。鄱阳湖、洞庭湖、太湖、洪泽湖、巢湖是我国五大淡水湖。青海湖是我国最大、最著名的咸水湖。察尔汗盐池是我国具有代表性的干盐湖。知名的湖泊景观还有杭州西湖、滇池、洱海、日月潭等天然湖泊以及人工建造的千岛湖等。

④泉水景观。泉水是造景育景的重要条件，给人带来幽雅、秀丽的景色，大理的蝴蝶泉、桂林的岩溶泉等都是代表。

温泉：水温超过20 ℃的泉水称为温泉。我国著名的温泉有北京小汤山温泉、南京汤山温泉、鞍山汤岗子温泉、西安骊山温泉、云南安宁温泉、广东从化温泉、重庆南北温泉、台湾北投温泉等。

冷泉：凡是水温等于或低于该地年平均气温的泉水称为冷泉。著名冷泉有镇江中冷泉、庐山古莲泉、北京玉泉、济南趵突泉。

矿泉：凡是泉水中富含有益于人体健康的矿物质成分和气体的泉水，称为矿泉。我国著名的矿泉有五大连池的药泉、崂山矿泉、三门峡温塘村的温泉、内蒙古阿尔山温泉等。

泉城：泉水可转化为溪、涧、河、湖，造就出更大的风景特色。在地下水—泉水—河水—湖水的转化过程中，形成了济南市的千佛山—趵突泉—大明湖三大主要景区，济南市也因此被誉为“家家泉水，户户垂柳”的“泉城”。

⑤瀑布景观。从河床纵断面陡坡或悬崖处倾泻下来的水称为瀑布。瀑布最大的特

点是山水完美结合、融为一体。瀑布有三种状态：一是瀑布形态；二是瀑布声态；三是瀑布色态。三种形态所表现出来的意境是最具吸引力的旅游资源，瀑布既表现了力量，又体现了柔美；瀑布既粗犷，又细腻；瀑布既磅礴大气，又潇洒活泼，使整个景区充满了活力。

导游讲解3-1

盘锦红海滩

我国最具代表性的瀑布除黄果树瀑布、壶口瀑布和吊水楼瀑布外，还有雁荡山瀑布，云南大叠水瀑布，黄山的人字瀑布、九龙瀑、百丈瀑三大瀑布，庐山的三叠泉瀑布、香炉峰瀑布，九寨沟的诺日朗瀑布以及台湾的乌来瀑布等。

宋代著名画家郭熙曾写道："山无云则不秀，无水则不媚……山得水而活，得草木而华，得烟云而秀媚。"说明了山景水色和谐的必要性。

3.植物自然景观讲解技巧

（1）明确植物自然景观功能。

①植物美化风景区的功能。植物自然景观在风景区具有美化环境、分隔空间、塑造意境的功能。号称"地球之肺"的森林，不但自然景观丰富多彩，而且在涵养水源、调节气候方面有着特殊的作用。

②植物的造景功能。造景功能主要体现在"形、色、香、声、古、幽、光、影、奇、寓意美"等方面，能给游人带来极大的吸引力。

（2）突出植物寓意特色的讲解。有些植物富有深刻的寓意，容易使人体会到丰富的意境和多种美感。我国自古就有人通过植物来寄托自己的情感和理想，如借苍松表示高洁、刚强、长寿，用竹表示刚直、清高、虚心，以梅表示坚强，以荷表示洁身自好等。

另外，人们将松、竹、梅誉为"岁寒三友"；将玫瑰、蔷薇、月季誉为"园中三杰"；将报春花、杜鹃花、龙胆草誉为"三大名花"；将山茶花、梅花、水仙花、迎春花称为"花中四友"；将山茶、蜡梅、水仙、迎春花称为"雪中四友"；称兰花、菊花、水仙、菖蒲为"花中四雅"；称梅、兰、竹、菊为"四君子"。

中国的名花还有各种誉称。例如，牡丹——花王；梅花——花魁；芍药——花相；兰花——空谷佳人；月季——花中皇后；水仙——凌波仙子；菊花——花中隐士；莲花——花中君子；海棠——花中仙女；山茶——花中妃子；桂花——花中月老；吊钟——百花盟主等。

案例窗3-10

牡丹在历史上逐渐成为我国传统的观赏名花，是由其所独具的风采美和深刻的寓意美所决定的。牡丹的风采美主要指它的姿容（形）、色相（色）、幽香（香）等外在的美学特征；牡丹的寓意美是指超越花本身的象征美，这主要是指它内在的美学特征。

内外兼修的牡丹在历史上获得了许多高雅的称号，如"国色天香""富贵花""花王"等。从唐代开始，牡丹名扬四海，唐高宗曾召集群臣宴赏牡丹；武则天下令将牡丹佳品移植至内宫供其欣赏；唐玄宗与杨贵妃夜游牡丹园，还招来李白赋诗助兴。在北宋时，牡丹获得最高推崇，有"花王"之称。

点评：花有花的精神内涵，花有花的生命寓意。牡丹的寓意美深受人们的喜爱，今天河南的洛阳、山东的菏泽均以牡丹为市花。

我国流行将农历十二个月以花名做代称的用法，正月——梅花，二月——杏花，三月——桃花，四月——蔷薇，五月——石榴，六月——荷花，七月——葵花，八月——桂花，九月——菊花，十月——芙蓉，十一月——山茶，十二月——腊梅。

我国的花木中，有传统的“花木五果”——桃、李、杏、梨和石榴，也有传统的四季花卉。例如，春季开花的春梅、桃花、海棠和牡丹，夏季开花的石榴、荷花、紫薇和百合，秋季开花的菊花、芙蓉、桂花和玉簪，冬季开花的腊梅、天竹等。

4.融入山、水、植物等自然景观和谐美讲解

山与植物配合，就可以“山借树为衣，树借山为骨”。例如，由花岗岩组成的黄山，与植物、水景交相辉映，奇石、青松、云海、温泉形成黄山独特的风景特点，被称为“黄山四绝”。“黄山四绝”因黄山而产生，黄山因“黄山四绝”而闻名。站在泰山顶峰，东看“旭日东升”，西看“晚霞夕照”，南看“云海玉盘”，北望“黄河金带”，正是这四种自然景观，组成了“泰山四大名景”。这些都是山、水、植物等自然和谐的物象。

（1）用人文因素激活自然景观生命的讲解技巧。

①要恰当使用神话传说。神话传说与自然风景是相互依存的，一则好的神话传说能够帮助人们加深对自然景观美的认识，使自然景物通过神话传说而富有美的意蕴。

②要适当联系历史典故。历史典故能够帮助人们加深对自然景观美的欣赏，丰富自然景物美的意境，使人们从单纯的自然景色中体会到一种诗情画意，看到其中的历史文化美，给人以知识的启迪。

③要巧妙联系宗教传说。中国多名山，名山多古寺，素有“天下名山僧占多”和“有寺则有名”之说。因此，在中国旅游，必须游山，而游山又往往要游寺。寺因山而雄、险、奇、幽，山因寺而气象高古。

一是佛教、道教所追求的境界，有利于保护自然环境，优化生态环境，如泰山岱庙的壁画、石刻、碑、塔、窟、龛等构成了与自然景观和谐交融的人文景观。二是寺庙多因山就势、因境而成能够调动游人的审美视觉，充实游人对自然景观的审美感受。例如，九华山的天台、峨眉山的金顶、泰山的南天门，都有高屋建瓴之势，从而增加了山的雄伟；临崖而建、凭险而居的华山南天门、下棋亭、长空栈道和以奇、悬、巧著称的恒山悬空寺，无不渲染出山的险峻；而有“进山不见寺，入寺不见山”之称的鼓山涌泉寺，又平添了山的幽奥。

旅游就是向人们打开一个新世界。在自然景观美和历史文化艺术美的感受中，人们获得审美品位的提升。这种富有中国山水风韵和文化特色的景致，成了中国传统旅游的一种模式，至今仍吸引着众多游人。

（2）用象征的寓意来激活自然景观生命的讲解技巧。水是柔弱的、透明的，是人们生活中用途最广的。例如，“久旱逢甘霖”“春雨贵如油”表达的是人们对水的渴

望；“洪水猛兽”“水火无情”表达的是人们对水的恐惧；“鱼水情深”表达的是感情至深；“落花流水”表达的是几多无奈。水是有情的，水是浪漫的，水是纯洁的，水是生命的源泉。水的文化已深深扎根在人们的思想里。

在讲解中，导游可多角度为游客讲解，深刻挖掘自然景观中所蕴含的力量，通过传神的语言和丰富的导游方法，把不同的寓意信息传达给游客。例如，孔子说的“仁者乐山，智者乐水”，老子说的“上善若水。水善利万物而不争，处众人之所恶，故几于道”。

用自然景观的意韵，引导游客进行人文精神的体验。例如“问君能有几多愁，恰似一江春水向东流”（南唐·李煜《虞美人》），引导游客在游览中把旅游和景物自然结合起来，使旅游活动丰富而充满人情味。

任务实施

一、导游小李介绍黄山风景游览行程

黄山两日游。

第一天：早晨8点乘空调旅游车赴黄山风景区，从前山的玉屏乘缆车上山，游黄山的“代表松”（迎客松、送客松、陪客松等十大名松），远眺莲花峰。经八百级莲花阶至玉屏峰，看狭窄陡峭的一线天，仰望天都峰，游光明顶至百步云梯等。晚上在山顶客舍住宿。

第二天：清晨起来饱览日出奇观，游始信峰风景区。在这里，可以欣赏“不到始信峰，不见黄山松”之美景，欣赏黄山黑虎松、连理松、龙爪松等奇松，观赏观音漂海、十八罗汉朝南海等景观。继续步行可到清凉台，欣赏到仙人下棋、丞相观棋、仙人进宝等景观，接着游西海排云亭等常规景点，后步行或自费乘云谷缆车下山，当日返回黄山市。

二、旅游景区的特色介绍

导游小李对本次的接待任务做了充分的准备，根据游览的旅游景区的特点，选择不同的讲解方法来提高游客游览的质量。

（1）概括法讲解黄山特色。在前往景点的途中和在景点入口处的示意图前，导游小李用概述法介绍景点，主要包括黄山的占地面积、欣赏价值、主要景观的名称等，使游客对即将游览的景点有一个初步的印象，使之有“一睹为快”的需求。

导游小李在带领团队进入黄山自然景区的时候，紧紧抓住“黄山集各名山之长”的特色，突出对具有代表性的“黄山四绝”进行概括讲解，突出景点的独特之处，有的放矢，而不是面面俱到。

黄山风景区是我国著名风景区之一，世界游览胜地。泰山之雄伟，华山之险峻，峨眉之秀丽，衡山之烟云，庐山之飞瀑，雁荡山之巧石，黄山无不兼而有之。明代旅行家、地理学家徐霞客两游黄山，赞叹说：“登黄山天下无山，观止矣！”又留下“五

岳归来不看山，黄山归来不看岳”的赞誉。可以说，黄山无峰不石，无石不松，无松不奇，并以奇松、怪石、云海、温泉“黄山四绝”著称于世。黄山还兼有“天然动物园”和“天下植物园”的美称，有植物近1 500种，动物500多种。黄山的美，就是在这无穷无尽的变化中让游人着迷。您想了解黄山的全貌，那么，小李就在这春的季节，在这自然造化中带您去领略黄山，感受黄山。

导游介绍黄山特色时，能够抓住重点，分别从审美角度、文化角度以及生态角度来展现黄山一枝独秀的形象美，并巧妙运用类比、突出重点、引用名句等讲解方法，突出黄山鲜明的特色。

（2）虚实结合法讲解黄山自然景观的历史文化。一切自然景观都是大自然长期发展变化的产物，是大自然的鬼斧神工造就的结果。景观的历史典故，能够帮助游客加深对自然美的理解，丰富自然景物美的意韵。所以，景观的历史往往关系到景观的科学价值和欣赏价值，这也是吸引游客的重要因素。然而客观的历史陈述通常枯燥乏味，需要导游通过讲解语言进行艺术渲染，讲述时力求准确生动，自然流畅地带领游客由古至今穿越时空隧道。

做好黄山自然风景名胜区的历史讲解可用到以下方法：

①从名称解释来突出特色。解释好景点名称，可以树立总体印象，起到提纲挈领的作用。例如黄山的名字，小李是这样介绍的：

黄山在古时被称作黟山，黟是黑色之意，因为山上岩石多为青黑色，古人就给它起了这样一个名字。相传中华民族的先祖轩辕黄帝在完成中原统一大业、开创中华文明之后，来到这里采药炼丹，在温泉里洗澡，因而成仙。唐朝著名的皇帝明皇李隆基非常相信这个说法，就在天宝六年（公元747年）下了一道诏书，将黟山改名黄山。从此以后，黄山这个名字就一直用到现在。

导游将地名解释、传说、史实灵活运用于讲解中，采用虚实结合的手法，由传说巧妙过渡到史实，既体现了黄山历史的悠久，又引发了游客思古之情，从而加深了其对黄山的感情。

②用虚实结合法介绍黄山自然景区历史文化。文化不但塑造了中国名山，同时也是我们了解名山的有效手段，游览中国山岳离不开文化。中国名山所承载的文化内容齐全，类型多样，主要包括中华传统历史文化、宗教文化、文学艺术等。其表现形式有传说故事、名人行迹、碑碣艺术、摩崖石刻、诗词歌赋、建筑、书法、寺观庙堂等。

导游小李这样介绍黄山历史：

黄山看起来年轻、清新，却有着悠久的历史，古代的书籍、诗歌、绘画和雕刻都是很好的证明。李白并非歌颂黄山的唯一诗人，明朝伟大的地理学家和旅行家徐霞客专门写了两本关于黄山的游记，清朝的大画家石涛留下了许多幅关于黄山的画。一代又一代人的题词随处可见，如“千姿百态黄山云”“清凉世界”“奇美”“独具魅力的奇景”等，这些诗一般的词汇配上优美的书法不仅装饰了黄山自然景区，而且它们本身就是一道道迷人的风景，给黄山增添了文化生命的活力。

③将典故、传说与现实介绍有机结合。所谓“实”是指景观的实体、实物、史

实、艺术价值等，而“虚”则指与景观有关的民间传说、神话故事、轶闻趣事等。导游讲解中将典故、传说与景物介绍有机结合，即编织故事情节，从而产生艺术感染力，使气氛变得轻松愉快。

导游小李向游客讲述了关于“猴子观海”的传说：

猴子观海也叫猴子望太平，猴子为何要望太平呢？这里面有个故事。

原太平县城，有个仙源村，村中有一户叫赵德隆的书香人家，女儿名叫掌珠，生得聪明美丽。离仙源村不远的黄山北海深处有一个山洞，住着一只灵猴，在山中修炼了3 600年，会三十六变。一天，灵猴见掌珠生得俊俏，顿生爱慕之心，便变成一个白面书生，自称是黄山寨的孙公子，傍晚来到赵家门前，以天色已晚为由，要求借宿一夜。赵家老夫妇见他长得俊秀，斯文有礼，便高兴地留他住宿，并设宴招待。酒饮三杯后，孙公子向老夫妇陈述对掌珠的爱慕之情，央求老夫妇纳其为婿，发誓侍奉二老颐养天年，老夫妇一听心中非常喜悦。将此事告诉女儿后，掌珠对才貌双全的孙公子也很中意。次日一早，老夫妇回了孙公子的话，孙公子听了欣喜若狂。灵猴回洞，思念掌珠心切，急忙把大小猴子都变成人，组成了一支浩浩荡荡的队伍，去仙源赵家迎亲。掌珠被抬到洞府，只见陈设富丽，宾客满座。夜深宴席散，孙公子被宾客拥入了洞房。一觉醒来，掌珠发现孙公子长了一身绒毛，大吃一惊。原来，孙公子酒醉，现出了猴子原形。掌珠非常恼恨，乘灵猴烂醉熟睡之机逃走，直奔家中。灵猴酒醒后，知道自己露出了原形，惊逃了掌珠，便喝令众猴出洞寻找，追到山下芙蓉岭，也不见新娘的影子。灵猴自从失去了掌珠，朝思暮想，但又无计可施，只得每天攀上洞后的悬岩，坐在石上，朝着东北方向的太平县仙源村呆呆地望着。年深月久，便变成了黄山如今这一石景。

导游小李以“实”为主，以“虚”为辅，通过对“猴子观海”的讲述，将无情的景物变成有情的讲解。

④制造悬念讲解热点。导游讲解时常提出某些令人感兴趣的话题，但又故意引而不发，引起游客急于想知道答案的欲望，从而产生悬念的方法即为制造悬念法，即“欲知后事如何，且听下回分解”。

导游小李在结束第一天的行程前告诉游客：

黄山日出景观别具一格。黄山距东海400千米，山势高峻，云海常铺，是游人观日出的绝好地方。根据住宿地不同，可选择曙光亭、清凉台、狮子峰顶、丹霞峰顶、光明顶、玉屏峰为观日出的最佳位置。

凌晨，在上述位置上遥望东方，天空像抹上了几笔白色的油彩，继而天边渐红，曙光妆露，丹霞辉映。渐渐地，烟云悄悄隐退，山形树影，时隐时现，天边已是火红一片，彩霞万象，有的像奔驰的骏马，有的像仙女飘荡，有的像玉树琼宫……千姿百态，令人遐想无穷。此时，游人屏住呼吸，架好相机，等待着激动人心的时刻。忽然间，从海天相接处跃出一个红点，继而变成弧形光盘，在冉冉升起中变为半圆。刹那间，金光四射，一轮红日喷薄而出，霞光瑞气，照彻天宇，山峦、树木都沐浴着朝阳的金辉，闪烁异彩，令人眼花缭乱。

只要选择一个最佳位置，伸出你的手掌，借位让冉冉升起的太阳在你伸出的手掌上面，瞬间就会抓拍到世界上最大的一颗“珍珠”为你所拥有的影像。游客们的兴奋情绪被调动起来，相互帮助，只为留下这美好的一瞬。

导游小李制造的悬念，吊足了游客的胃口，使游客对第二天清晨的“观日出”充满期待，并且产生了不虚此行的效果。

（3）准确定位法讲解黄山景观的地位。导游在介绍景观地位时，要力求正确清楚、准确、鲜明、生动，既可从宏观到微观介绍其地位，也可由远及近来讲解其地位，让游客产生不虚此行的满足感。

导游小李在讲到黄山的地位时说：

黄山雄踞于风景秀丽的皖南山区，以奇松、怪石、云海、温泉“四绝”享誉世界。黄山气候宜人，夏季平均气温18 ℃，空气负氧离子浓度达3 490个/立方厘米以上，是得天独厚的避暑胜地。1982年，黄山被国务院列为首批国家级重点风景名胜区；1985年入选全国十大风景名胜；1990年12月15日，被联合国教科文组织列入《世界自然与文化遗产名录》；2004年2月入选世界地质公园；2007年5月8日，获批为国家5A级旅游景区。2024年黄山风景区接待游客353.5万人次。文旅产业成为黄山市经济支柱，并率先推进数字化转型，成为国内首个“全程AI伴游”景区，持续巩固其国际旅游目的地地位。

导游用一系列事实说话，没有生搬硬套地讲述黄山有多奇特，而是开门见山地列举事实，并运用突出重点的讲解方法，让游客从心底接受黄山的声望与地位。

（4）突出重点法讲解黄山自然景观的“四绝”。游览一处景观，必然会介绍热点景观，热点景观是景区的灵魂，是整个游览活动的高潮部分，游客通常为此慕名而来。这时，导游要善于把握语言，讲解时应把最有价值的东西体现出来，让游客觉得物有所值，不虚此行，坚信自己的选择是正确的。为了能够充分调动起游客的审美兴致，导游应把握好审美角度，活用语言修辞。欣赏自然景观主要从造型、色彩、听觉、嗅觉、动态、形象等几个方面捕捉审美特性。讲解时常用的修辞手法有比喻、比拟、引用、映衬等。

例如，“看，那山上的迎客松正在微笑着，向我们伸出热情的手，欢迎远道而来的客人呢”就把迎客松比拟成人物，赋予了人的思想感情，增添了形象性。

导游小李这样介绍“黄山四绝”：

说起“黄山四绝”，排在第一的当是奇松，黄山松究竟在什么地方出奇呢？首先，它无比顽强的生命力，你见了不能不称奇。黄山的松树，长在峰顶，长在悬崖峭壁，长在深壑幽谷，郁郁葱葱，生机勃勃。千百年来，它们就是这样从岩石中钻出来，深深扎根在岩石缝，不怕贫瘠干旱，不怕风雷雨雪，潇潇洒洒，铁骨铮铮，你能说不奇吗？其次，黄山松特有的天然造型令人称奇。每一处，每一株，在长相、姿容、神韵上，各不相同，都有一种奇特的美。人们根据它们不同的形态和神韵，分别给它们起了自然而又典雅有趣的名字，如迎客松、黑虎松、卧龙松、龙爪松、探海松……

怪石是构成黄山胜景的又一绝，在黄山到处都可以看到奇形怪状的岩石，这些怪石的模样千差万别，有的像人，有的像物，有的反映了某些神话传说和历史故事，都活灵活现，生动有趣……有些怪石因为观赏位置和角度变了，模样也就有了变化，成了一石二景，如在这边看这块石头叫"金鸡叫天门"，您站在那个方向看它就变成了"五老上天都"，而那个角度的"喜鹊登梅"，换到这个角度就变成了"仙人指路"，就是移步换景的缘故。

云海是黄山的又一奇观，黄山自古就有"黄海"之称。山以海名，谁曰不奇？奇妙之处，就在似海非海，山峰云雾相互幻化，意象万千，想象更是万万千千！黄山云海不仅本身是一种独特的自然景观，还把黄山峰林装扮得犹如蓬莱仙境，令人置身其中，神思飞越，浮想联翩，仿佛进入梦幻世界……当云海上升到一定高度时，远近山峦，在云海中出没无常，宛若大海中的无数岛屿，时隐时现于"波涛"之上。对于身在其中的我们来说，这是一种奇巧美妙的幸运偶遇……

黄山的奇峰、怪石只有依赖飘忽不定的云雾的烘托才显得扑朔迷离，怪石愈怪，奇峰更奇，使它们增添了诱人的艺术魅力。

导游把黄山的奇松人格化，生动、鲜明、贴切，紧紧地抓住了游客的兴致，并分别从黄山松的生命力、造型来突出黄山松的奇秀。在介绍怪石时，善于引导游客选择观赏位置，调整观赏角度和距离，既加深了游客的审美体验，又强化了黄山怪石的怪与绝。导游适时捕捉黄山云海的动态美，并在讲解过程中适当地留白，给游客更多的遐想空间，增添了黄山云雾的神秘、奇幻感。

（5）总结提炼法讲解黄山自然景观的意义。中国历来讲究"师法自然"，充分体现了自然山水的育人作用。导游身兼知识的教导员角色，工作中强调求知和传知。在向游客介绍自然风貌的景观时，应尽量避免空洞的说教，要积极营造轻松愉快的环境和气氛，调动游客情绪，将游客已经游览过的景色进行总结提升，寓教于导。

黄山之美，是一种无法用语言来表述的意境之美，有着让人产生太多联想的人文之美。黄山之美，是艳阳高照下显现出的铁骨铮铮之阳刚美，是云遮雾绕下若隐若现的妩媚之美，是阳春三月里漫山遍野盛开的鲜花透出的浪漫之美，是雪花纷飞时银装素裹下的圣洁之美。黄山是大自然给予我们的礼物，是造物主给予我们的恩赐，所以我们在欣赏它、赞美它的同时，别忘了珍惜它、爱护它，让它成为历史的传承，成为子孙后代的遗产。

导游在此处成功地塑造了传播的角色，能够含而不露，因势利导，无形中把黄山的教育意义传播给游客。

实践训练

实训项目：旅游景区讲解服务训练

实训设计：

（1）将同学按每6~8人一组分成若干团队。

（2）每个团队选出一名团长，对团队成员进行导游、游客的角色分配。

（3）每个团队依据导游服务景区讲解的基本程序和讲解技巧，设计自然景观讲解词，运用不同的讲解技巧进行训练讲解。

（4）每个团队成员在寝室或其他地方进行现场轮流演练。

（5）专业教师组织同学进行抽签讲解。

考核评价

在线测评3-2

任务2

自然景观讲解技能考核评价见表3-3。

表3-3 自然景观讲解技能考核评价表

内 容		评 价		
学习目标	评价内容	分 值	团队成员评价	教师评价
基本知识	导游带团游览自然景观的基本程序	10分		
	导游自然景观景区讲解方法的运用	10分		
专业能力	介绍典型自然景观的特色	10分		
	团队讲解服务的技巧	10分		
通用能力	导游语言表达能力	10分		
	团队应急问题解决能力	10分		
	导游服务创新能力	10分		
	导游的沟通协调能力	10分		
职业态度	职业自豪感	10分		
	生态保护意识	10分		
努力方向：		建议：		

任务3 人文景观讲解

任务目标

知识目标：

1. 了解人文景观讲解的基本程序。
2. 掌握人文景观讲解的要素和方法。

能力目标：

能够运用人文景观讲解技巧，高质量地完成人文景观讲解。

素养目标：

1.强化文化遗产保护意识。

2.坚定文化自信，更好传承文化遗产。

任务情境

2024年7月21日，导游小张接待了从桂林来北京的18人团队。该团队来北京的行程是5天4晚（行程表见表3-4），参观的景点有世界上最大的城市中心广场天安门广场、世界上保存最完整及规模最大的皇家宫殿建筑群故宫、世界七大奇迹之一的长城等历史人文景观，也有鸟巢和水立方两个著名的奥运场馆建筑等现代人文景观。最后参观的是中国国家博物馆。

表3-4 北京5天4晚行程

日期	游览景观	住宿等级
第一天	接团，入住酒店；游览北京藏传佛教最大的也是唯一由王府改建的寺院雍和宫	谭家酒店（三星）
第二天	游览世界上最大的城市中心广场天安门广场、世界上保存最完整及规模最大的皇家宫殿建筑群故宫、鸟巢及水立方这两个奥运场馆建筑	谭家酒店（三星）
第三天	游览世界七大奇迹之一的长城、埋葬古代帝王最多的明十三陵，参观清代专为皇家御药房进药和提供医疗服务的北京同仁堂	谭家酒店（三星）
第四天	游览清代皇家园林的典型代表颐和园，参观中国最具皇家特色的典型工艺产品景泰蓝的制作	谭家酒店（三星）
第五天	游览世界上最大的皇家祭天场所天坛，参观中国国家博物馆，送团	
备注：北京地接价格××××元，包括旅游景点第一道门票，9正4早的餐费（餐标为早餐××元、正餐××元），三星级酒店4晚住宿、豪华空调旅游车、导游服务等		

知识点拨

一、人文景观讲解的一般程序

1.人文景观游览的一般程序

（1）游览的准备阶段。根据人文景观的特点、游客构成、时间要求正确选择游览线路。

（2）游览的初级阶段。运用导游技巧，选好合适的位置引导游客游览。

（3）游览的高潮阶段。把握时间、调整游客情绪，运用精彩、流畅、幽默的语言讲解。

（4）游览的享受阶段。留下时间让游客体味，适时引导游客学会赏景。

（5）游览的升华阶段。在适宜的场合，引领游客忆景。

2.正确、有效地讲解景观信息

（1）向游客传达的信息要正确、有效，并且是游客乐意听或喜欢听的信息。

（2）向游客讲解时要把握人文景观的历史文化，突出时代特征。

（3）要抓住景观的热点展开讲解，激发游客听景的兴奋点。

二、人文景观讲解的要点

1.人文景观的历史

人文景观的历史，就是景点何时所建，当时的社会状况如何。人文景观是千百年来劳动人民智慧的结晶，是人类社会发展历史的特征，其内容、形式、结构、格调、布局和风格无不带有深深的历史烙印，对游客具有强烈的吸引力。例如，万里长城是历史上我国各族人民抵御“外族”侵扰而兴建的防守工程；丝绸之路反映了我国与西域各国进行经济往来、物资交流的历史要求；古运河则反映了当时我国东部地区的经济发展和南粮北运的历史事实。因此，在导游讲解过程中，必须突出人文景观鲜明的地域性和时代性，使其成为现代游客了解历史和民族文化的一个窗口。

2.人文景观的地位

人文景观的地位，是指景点在世界上以及在国内、省内、市内处于何种地位，是国家哪一类的文物保护单位。人文景观既包括有形的事物，同时也包括无形的精神，它是人类历史的见证，其发展是随文化的发展、变迁而发展的。人文景观正因为独特的民族性、地域性和文化传承性，使其具有了独特性，在人们心中占有独一无二的地位。例如中国的长城、兵马俑、北京故宫以及埃及的金字塔等。因此，应通过独特性的介绍，向游客介绍景观的价值所在。

3.人文景观的热点

俗话说：看景不如听景。随着社会经济的发展，游客的旅游动机进一步向社会情趣、获取异地知识等方面转化。如何将祖国的美丽风光、文化古迹等景区的热点通过导游展现出来，让游客慕名而来，满意而归呢？这就需要导游善于捕捉旅游景区、景点的热点及焦点，经过有的放矢地渲染，将景观热点转化成精神财富，让其焕发新的生命力。

三、人文景观特色讲解

1.人文景观的概念

人文景观又称文化景观，是指人们在日常生活中为满足其需求，利用自然界所提供的材料，在自然景观的基础上叠加了自己所创造的文化产品所形成的景观。人文景观是人类社会生产、生活等活动所留下来的具有观赏价值的艺术成就和文化结晶，是人类对社会发展过程所创造的文化产品的美感展现，是一定的地理条件和社会环境下人类政治、经济、军事等各项文化活动的积淀与遗存。

2.人文景观的特点

人文景观可供人们游览、观赏、猎奇，更可以作为考古、教学和科学研究的对象。一个国家或地区独特的民族状况、历史发展、文化艺术以及物质文明、精神文明等内容，都可以构成人文景观。人文景观具有明显的历史性、民族性、地域性、科学性和继承性，具有顽强的生命力。

（1）历史性。人文景观多体现了人类社会发展过程中的生活事物和行为特征，其内容、形式、结构、格调、布局和风格无不带有深深的历史烙印。

知识卡片3-3

中国地域特色文化

（2）民族性。人文景观是在特定的地理环境和特定的历史时期形成的。就其自身文化和观赏价值而言，不同的民族具有不同的生产生活方式、不同的价值观，所以不同民族所创造的民居、服饰、礼仪、歌舞、生产工具等人文景观必然要反映本民族的特色和意志。因此，各国、各地区的人文景观具有自身的独特性，也具有民族性。

（3）地域性。人文景观的地域性，一方面是指在特定民族区域内人文旅游资源景观表现不同，另一方面是指自然环境的差异，导致人文景观的不同。

（4）科学性。人们在自然环境的基础上创造的文化景观具有严谨的科学性，表现为地理环境与区域文化景观的和谐。例如，北方居民考虑干旱、风沙、强日照等影响，房屋多南向；南方居民考虑气候湿润的影响，多建“干栏式”房屋。人文景观的科学性还表现在工程和造型的合理性与艺术性的有机结合上，如宫殿建筑群的主从、高低、造型、色彩等方面都十分和谐。

知识卡片3-4

中国地理谜语

（5）继承性。人文景观的发展是随着文化的发展、变迁而发展的，每一个社会都有与其相适应的文化，并随着生产的发展而发展。文化的发展有其历史的连续性，物质生产的连续性是文化发展的历史基础。在不同的环境背景下，人类创造了灿烂、辉煌的文化景观，并在发展中不断地累积、革新。

3. 人文景观的类型

导游讲解3-2

旅顺日俄监狱旧址博物馆

人文景观包括建筑、城市、村寨、园林、陵墓、遗址等可触、可视的物质景观，同时也包括山水文学艺术作品、民风民俗、民间传说、戏曲、社会风情、少数民族文化等抽象的非物质人文景观。按类型，人文景观主要分为历史遗迹景观、宗教文化与艺术景观、建筑与园林景观、社会风尚与传统节庆景观以及现代人造景观等。

（1）历史遗迹景观。历史遗迹是人类文明活动的踪迹，反映了不同历史时期的文化和事件，包括古人类遗址、陵墓、古城等类型。

（2）宗教文化与艺术景观。宗教建筑是在人类发展历史中逐步积累形成的，世界上各地区的宗教建筑保存相对较为完好，往往体现着各时代的建筑艺术高峰，宗教建筑的艺术成就及宗教活动对游客都具有较强的吸引力。

（3）建筑与园林景观。建筑是文化景观中最具说服力和代表性的因素之一。建筑成为历史文化的重要承载体，具体内容包括古代建筑、大型工程、民居建筑、园林建筑等。

（4）社会风尚与传统节庆景观。社会风尚与传统节庆景观是人类文明的重要组成部分，社会风尚是一个地区民族在特定的自然和社会环境下，在生产、生活和社会中所表现出来的风俗习惯，反映了社会风貌、社会教育情况，能使游客获得与众不同的感受，满足其猎奇心理。

（5）现代人造景观。随着现代旅游业的发展，游客对景观的需求也在不断产生新的变化。在科学技术高度发展的今天，人们可以通过不同的手段和方法，创造性地建

设一些具有特殊吸引力的景观，如代表性的人造公园、主题乐园及娱乐活动场所等。

4.人文景观美的欣赏

人文景观是千百年来劳动人民智慧的结晶，在赏析过程中，除了要对其显性形象直观欣赏外，更多的是要对其中的文化内涵、历史价值等隐性因素进行准确的揭示。

（1）协调美。人文景观的美不是孤立的，它与其他景观的有机配合、与自身的各种景观形式的合理协调，构成了丰富多彩的表现形式，形成了与众不同的艺术魅力。

（2）统一美。人文景观是整体统一的，是由各式各样的单体组成的一个整体。人们在欣赏过程中，既可以将其中的单体作为审美对象，欣赏单体的特色及文化内涵，也可从整体的角度来欣赏其深刻的艺术内涵。

（3）艺术美。人文景观的艺术美主要表现在其造型美、装饰美、表现美等方面。在对人文景观欣赏的过程中，要注意各类艺术美的表现形式、内在含义及象征意义。

（4）创造美。人文景观无一不凝结着劳动人民的聪明智慧，体现了人类在生产、生活和艺术实践中的无穷创造力。

四、人文景观讲解的技巧

（1）分段讲解法。对于次要的景点，导游可以采用点到为止的讲解，但对于重点游览的景点就应采用分段讲解法。分段讲解法是指将一处大的景点分为前后衔接的若干部分来分段讲解。导游在快要结束这一景区游览的时候，适当地预告下一个景区的情况，目的是引起游客对下一个景区的兴趣，并使导游讲解环环相扣。例如，旅游团队游览颐和园的参观路线一般由东宫门进，从如意门出，所以通常导游分三段进行讲解，即分为以仁寿殿为中心的政治活动区、以慈禧的寝宫乐寿堂和戊戌变法失败后的“天子监狱”为中心的帝后生活区、以昆明湖和前山（长廊、排云殿至佛香阁的中轴线和石舫）为主要对象的游览区。

（2）有针对性的讲解。在导游过程中，导游对景观的热点、景观的特色、景观的独到之处，进行有针对性的讲解，便于画龙点睛地探索其中美的内涵。对于人文景观而言，不像自然景观那样可以直观赏析，那些景观所包含的、游客不可能直观看到的内容，才是人文景观最大的特点和吸引人之处。

①要针对景点热点进行讲解。

一是突出代表性。对人文景区游览规模较大的景点，导游要做好前期讲解的计划，确定重点讲解的景观。这些景观既要有自己的特色，又要能概括景区全貌。

二是突出与众不同之处。同为佛教寺院，其历史、宗派、规模、结构、建筑艺术、供奉的佛像各不相同，导游在讲解时应突出介绍其与众不同之处，以有效地吸引游客的注意力，避免产生雷同的感觉。

②要针对游客进行讲解。

导游在研究旅游团的资料时，要注意游客的职业和文化层次，以便在游览时讲解旅游团内大多数成员感兴趣的内容。投其所好的讲解方法往往能产生事半功倍的效果。例如，游览故宫时，面对以建筑业人士为主的旅游团，导游除了介绍故宫的概况外，还可重点讲解中国古代宫殿建筑的布局特征、故宫的主要建筑及其建筑艺术，以及介绍重点建筑物和装饰物的象征意义等。将中国的宫殿建筑与民间建筑进行比较，将中国的宫殿与西方宫殿的建筑艺术进行比较，不仅能引起游客极大的兴趣，而且也使导游讲解的层次大为提高。如果面对的是以历史学家为主的旅游团，导游应更多地讲解故宫的历史沿革及在中国历史上的地位和作用，以及在故宫发生的重大历史事件等。

（3）触景生情法。触景生情法就是见物生情、借题发挥的一种导游讲解方法。它包含两层含义：其一是导游不能就事论事地介绍景物，而是要借题发挥，利用所见景物使游客产生联想；其二是导游讲解的内容要与所见景物和谐统一，使其情景交融。

（4）问答法。在导游讲解中，导游应根据不同的情况，有意识地创造一些情境，提出一些问题，激发游客一探究竟的强烈愿望，使游客由被动地听变成主动地问，使景物在游客的脑海中留下深刻的印象，同时也使导游的讲解过程生动活泼。

①自问自答法。自问自答法是由导游提出问题并适当停顿，让游客猜想，但并不期待他们回答。这样做只是为了吸引游客的注意力，引起游客的兴趣，然后通过简洁明了的回答或生动形象的介绍，促使游客思考，给游客留下深刻印象。

案例窗 3-11

刚才有的朋友问西湖的水为什么这样清澈纯净？这就要从西湖的成因讲起：在12 000年以前，西湖还是与钱塘江相通的浅海湾，西湖周边的吴山和宝石山是环抱这个海湾的两个岬角。潮水的冲击导致泥沙淤塞，海湾和钱塘江逐渐分隔开来，西湖的湖形在西汉时期已基本固定，到了隋朝真正固定下来，地质学上把这种由浅海湾演变而成的湖泊称作潟湖。此后，西湖通过山泉水的冲刷，再历经五次大规模的人工疏浚治理，终于从一个自然湖泊发展成为风光秀丽的半封闭的浅水风景湖泊。

点评：这是一种典型的自问自答法，简洁明了的回答使游客对西湖的水留下了深刻的印象。

②我问客答法。我问客答，即由导游提出问题，导游引导游客回答或讨论的方法。第一，这种方法要求导游善于提问题，游客对所提的问题不会一无所知，但会有不同的答案。第二，通常要回答的内容不会很难，只要导游稍加提示，游客就可以回答出来。第三，导游要诱导客人回答，但不要强迫其回答，以免尴尬。第四，游客的回答不论对错，导游都不应打断，要给予鼓励，最后由导游讲解。

③客问我答法。客问我答，即游客提出问题，导游回答游客问题的方法。第一，导游要欢迎游客提问，这样可以不让导游演“独角戏”，增加与游客交流的机会。第二，当游客提出某一问题时，表示他们对某一景物产生了兴趣，导游对游客提出的问题不能取笑，更不能显出不耐烦，而是要善于有选择性地将提问和讲解有机地结合起来。第三，导游要掌握主动权，不要让游客的提问干扰了导游的讲解，一般只回答一些与景点相关的问题。在引导游客提问时要巧妙地设定问题的范围。

④客问客答法。客问客答，即游客提问，由导游引导其他游客回答问题的方法。当游客提出某一问题的时候，导游不必立即做出回答，而是把这个问题转给其他的游客来回答，这样能调动游客的积极性。当然，导游要扮演好“导演”的角色。

（5）制造悬念法。导游用制造悬念来吸引游客的注意力，最后才把悬念揭开，使游客由衷地发出“原来如此”的感叹。

案例窗 3-12

在介绍少林寺塔林时，导游说：“当年乾隆皇帝游历少林寺时，500多名侍从也没能查清楚少林寺到底有多少座塔！”说到这里，导游没有继续向下说，给游客留下一个问号。游客不禁暗自猜想：到底有多少座塔呢？为什么500个人也没有数清楚呢？塔林游览完毕，导游补充说：“大家数清楚了吗？现在塔林有255座塔。当年乾隆皇帝来时这里古木参天、野草丛生，皇帝让一人抱一塔，有的两三人抱的是同一座塔而不知道，所以最终也没弄清楚到底有多少座塔。”

点评：导游通过制造悬念，不仅吸引了游客的注意力，也使讲解更加生动。

（6）类比法。类比法就是以熟喻生，达到类推比较的导游手法。导游用游客熟悉的事物与眼前的景物相比较，会使游客感到亲切，可以达到事半功倍的导游效果。

①同类相似类比。将相似的两事物进行比较。导游在实际讲解中，针对不同国家的游客，可将北京的王府井大街比作日本东京的银座、美国纽约的第五大街、法国巴黎的香榭丽舍大街；把上海的城隍庙比作日本东京的浅草；参观苏州时，可将其比作威尼斯（马可·波罗将苏州称为“东方威尼斯”）；讲到梁山伯与祝英台或《白蛇传》中的许仙与白娘子的故事时，可将其比作中国的罗密欧与朱丽叶等。

②同类相异类比。将两个同类事物比较出在规模、质量、风格、水平、价值等方面的不同。例如，在讲解中，有的导游将唐代的长安城与东罗马帝国的首都君士坦丁堡在规模上相比，将秦始皇陵地宫宝藏同古埃及第十八王朝法老图坦卡蒙陵墓的宝藏在价值上相比；将北京的故宫和巴黎的凡尔赛宫在宫殿建筑、皇家园林风格艺术上相比；将颐和园与凡尔赛宫花园相比。

对同样的两种景物，如果要比较的是相同之处，则可以选择同类相似类比；如要比较的是不同之处，则可选择同类相异类比。这两种方法可以同时使用，并不矛盾。

③时代之比。导游在讲解时，可进行时代之比。由于各国计年方式不同，在介绍历史年代时应注意游客的理解程度，要采用游客能理解的表述方式。

案例窗 3-13

以故宫的建设年代讲解为例。

第一种介绍：故宫建成于明永乐十八年。

第二种介绍：故宫建成于1420年。

第三种介绍：在哥伦布发现新大陆前72年，莎士比亚诞生前144年，中国人就建成了大家面前的宏伟建筑群——故宫。

点评：第一种介绍游客听了效果不会好，因为不会有多少游客知道这究竟是哪一年。第二种介绍的效果比第一种好一些，这样说起码给了一个通用的时间概念，给人历史久远的印象。第三种介绍方法效果最佳，不仅便于游客记住故宫的修建年代，留下深刻印象，还会使游客产生中华文明历史悠久的感觉。

④换算比较。换算就是将抽象的数字换算成具体的事物，这样方便游客理解。

案例窗 3-14

在介绍故宫的时候，如果导游直接说故宫的房间相传有9 999间半，这个数字太过于抽象，不太好理解。可以进行这样一个换算："如果让一个婴儿从出生的第一天开始就每天晚上住一间，等他将全部房间都住完，他已经27岁了。"

点评：换算比较使讲解直观明了，游客会发出由衷的感叹。

（7）画龙点睛法。用凝练的语句概括所游览景点的独特之处，给游客留下深刻印象的导游手法，称为画龙点睛法。游客听了导游讲解，观赏了景观，既看到了"林"，又欣赏了"树"，一般都会有一番议论。导游可趁机给予适当的总结，以凝练的语言，甚至几个字，点出景物精华之所在，帮助游客进一步领略其中奥妙，获得更高的精神享受。

案例窗 3-15

游览颐和园时，导游既要讲解张扬之美——佛香阁之高、长廊之长、昆明湖之宽阔、四大部洲之神秘，也要描绘颐和园的含蓄之美——灵秀的园中之园、神奇的岛中之岛、美妙的太湖奇石、造型各异的大小桥梁以及点缀在园中各处的亭台楼阁。

导游如能将颐和园如盛宴般介绍开来，游客产生的就不仅是对园林之美的感受，而是对中国文化博大精深的感叹了。游客听完这样的讲解，除了会对颐和园大加赞赏外，一定会议论纷纷，这时导游可以指出，中国古代园林的造园艺术可用"抑、添、对、借、障、框、漏"七个字来概括，并帮助游客回忆在颐和园中所见到的相应景观。

点评：这种方法能起到画龙点睛的作用，不仅加深了游客对颐和园的印象，还可使其对中国园林艺术有初步了解。

任务实施

一、介绍北京之行第一天游览安排

导游小张这样介绍：

各位游客朋友，我们所在之处就是北京的心脏地带、世界上最大的城市中心广场——天安门广场，我们背后的这座高耸的碑柱就是人民英雄纪念碑，今天的北京之旅就将从这里开始。在正式游览之前，我先介绍一下行程安排。我们将先参观毛主席纪念堂、人民大会堂，接下来游览世界上保存最完整、规模最大的皇家宫殿建筑群——故宫；午饭在故宫里解决；下午从故宫出来后，我们去参观堪称“世界之最”的两个奥运场馆建筑——鸟巢和水立方，切身感受一下奥运气息。

（1）介绍行程安排的内容。如果当天游览多个景点，在游览之前要向游客介绍大致的行程安排，有助于游客做到心中有数，心怀憧憬；如果是游览一处旅游景点，游览之前也要向游客介绍景点概况和独特的空间布局等，有助于游客尽快进入情境，并且带着好奇心一探究竟。

（2）介绍行程安排的技巧。北京的人文景观创造的是一种意境、一种气势，需要游客全面体验，才能见其宏伟。所以，在介绍行程安排和景点概况时，强调每一处人文旅游景观最大的特色，讲解时运用修饰语加以说明，这样既锻炼了语言表达能力，也提高了游客的积极性。

二、北京故宫景观的历史

导游小张针对北京故宫这一规模较大的人文景点，从故宫的历史背景入手，按照故宫的结构、格调、布局和风格逐一展开，每一处景观的讲解无不带有深深的历史烙印，对游客具有强烈的吸引力。

相传故宫始建于公元1406年，1420年基本竣工，为明朝皇帝朱棣始建。它又名紫禁城，今天人们称它为故宫，意为过去的皇宫。从清朝末代皇帝爱新觉罗·溥仪被迫宣告退位，上溯至1421年明朝第三代皇帝朱棣迁都于此，先后有明朝14位、清朝10位共24位皇帝在这座金碧辉煌的宫城里统治中国长达5个世纪之久。帝王之家，自然规模宏大、气势磅礴，而其正是几百年前劳动人民智慧和血汗的结晶。

故宫初建时，被奴役的劳动者有工匠十万、夫役百万。在当时的社会生产条件下，能建造出这样宏伟高大的建筑群，充分反映了中国古代劳动人民的智慧和创造才能。同时，为了保证修建故宫所需的原材料供应，耗用了大量的人力、物力。如所需的木材，大多采自四川、广西、广东、云南、贵州等地，无数劳动人民被迫在原始森林的崇山峻岭中伐运木材。所用石料多采自北京远郊和距京郊二三百里的山区，每块石料往往重达几吨甚至几十吨、几百吨，如现在保和殿后檐的台阶，有一块云龙雕石重约250吨。下面，请大家把思绪拉回现实来游览这座宫殿吧！

（1）导游小张很好地把握了人文景观的历史，讲解中突出了时代特征，有助于理解人文景观本身和探寻人文景观所蕴含的历史文化底蕴。

（2）导游小张在讲解中除了涉及景观本身，还讲到了人文景观背后的故事或传说。这样不仅体现了文化内涵的延伸性，也增添了趣味性。

（3）导游小张在讲解中联系当时劳动人民的血汗和智慧，将其内容口语化。口语化的东西让人听着舒服，拉近了游客与故宫的心理距离感与时空感，通俗易懂，不会使游客觉得索然无味。

三、北京故宫人文景观的地位

北京故宫人文景观规模宏大，它是人类历史的见证，在人们心中是独一无二的。因此，导游讲解比较特殊，有很大的发挥空间。小张在带领游客游览中，灵活运用讲解技巧，不失时机地向游客讲解景观地位的价值所在。

导游小张这样介绍：

帝王之家，自然规模宏大，气势磅礴。时至今日，故宫（如图3-1所示）是世界上规模最大、保存最完整的古代皇家宫殿建筑群，被誉为“世界五大宫之首”。故宫集中体现了我国古代建筑艺术的优秀传统和独特风格，在建筑史上具有十分重要的地位，是建筑艺术的经典之作，1987年已被联合国教科文组织评定为世界文化遗产。有的游客会问，那其他四大宫殿是哪里呢？嗯，有人已经说了几个，法国凡尔赛宫、英国白金汉宫、美国白宫、俄罗斯克里姆林宫。想必大家已经等不及一览这座世界宫殿的真面貌了，请跟随我继续往前走。

图3-1 故宫

（1）导游小张在讲解故宫的历史地位时，注意突出景观的独特地位，句句紧扣故宫的特征，自豪地从世界范围、建筑史、文化艺术方面讲解出故宫的地位无可替代。

（2）灵活运用导游讲解方法。“有的游客会问，那其他四大宫殿在哪里呢?”小张在讲解中运用的“提问法”取得了很不错的效果，一是拉近了与游客的距离，二是活跃了气氛，同时扩展了游客的知识面，他们会从心里更加认同导游的讲解。

四、现代人文景观的热点

现代人文景观的特色和独到之处，也是景观讲解的热点。了解这些特点，便于画龙点睛地讲解其中“美”的内涵。在讲解现代人文景观鸟巢（如图3-2所示）时，既要突出鸟巢景观本身最大的特点，又要使游客对鸟巢景观有一个全面的了解。在这里，导游小张运用类比法，将其与类似的典型景观或景物进行对比讲解，先说明其共同点再突出其差异性，在突出特色的同时增强了说服力。

图 3-2　鸟巢

大家现在看到的就是目前世界上跨度最大的钢结构建筑、第29届奥林匹克运动会的主会场、国家体育场——“鸟巢”。虽然第29届奥运会早已闭幕，大家对于鸟巢已经耳熟能详了，但想必大家一定想身临其境地感受一下它吧！接下来，大家就跟随我进去看看吧……鸟巢举办过多场演唱会，你们知道鸟巢一天的运行费用是多少吗？(游客相互猜着）大约70万元人民币。

我先来讲讲鸟巢的基本情况吧。鸟巢的建筑面积是25.8万平方米，占地面积20.4万平方米，能容纳观众10万人。它与国家游泳中心（俗称“水立方”）分列于北京城市中轴线北端的两侧，共同组成相对完整的北京历史文化名城形象。这两个堪称“世界之最”的场馆建筑，无疑为世界留下了崭新的“奥运建筑遗产”。只有近距离观察鸟巢，才能体会到工程建设的复杂与精密。

鸟巢的特殊结构在于：鸟巢钢结构所使用的钢材厚度可达11厘米，以前从未在国内生产过。另外，在鸟巢顶部的网架结构表面还贴上了一层半透明的膜。使用这种膜后，体育场内的光线不是直射进来的，而是经过漫反射，光线更柔和，既解决了照明问题，又解决了场内草坪的维护问题。更独具匠心的是，在建造时把整个体育场室外土地微微隆起，将很多附属设施置于地下，这样避免了下挖土方所需要的巨大投资，而隆起的坡地在室外广场的边缘缓缓降落，依势建成热身场地的2 000个露天坐席，与周围环境有机融合，节省了投资。从外观上看，其仿若树枝织成的鸟巢，其灰色矿质般的钢网以透明的膜材料覆盖，其中包含一个土红色的碗状体育场看台。在这里，中国传统文化中镂空的手法、陶瓷的纹路、热烈的红色与现代最先进的钢结构设计完美地融合在一起，赋予体育场不可思议的先进性和无与伦比的震撼力。

大家知道鸟巢的象征意义吗？还是让我来告诉你们吧！许多看过鸟巢设计模型的人这样形容：那是一个用树枝般的钢网把一个可容纳10万人的体育场编织成一个温

馨鸟巢！用来孕育与呵护生命的“巢”，寄托着人类对未来的希望。这种均匀而连续的环形也使观众获得最佳的视野，带动他们的兴奋情绪，并激励运动员向更快、更高、更强冲刺。在这里，“人”被真正赋予中心地位。鸟巢被《泰晤士报》评为全球“最强悍”工程……

导游小张通过生动的讲解激发了游客的想象力，使游客的思绪进入导游安排的特定的意境中，达到探寻历史、体悟文化的境界。在游览讲解过程中，导游小张主动去引导游客审美，使景点特色贯穿于讲解中，使游客对“热点”的期待得到满足。

五、人文景观的价值

同自然景观一样，人文景观可供人们游览、观赏、猎奇，更可以作为考古、教学和科研的对象，具有很大的历史、文化、旅游欣赏价值和意义。其中，教育功能比较突出，尤其是通过对人文景观的讲解，可以发挥人文景观的延续教育性。因此，导游在讲解中要能客观地介绍历史，并恰当地结合现实，做到借题发挥，有的放矢，把人文景观的学术价值、思想价值充分地展现在游客面前，使游客的思想得到升华。

对于中国国家博物馆，导游小张这样介绍：

中国国家博物馆位于天安门广场东侧，与人民大会堂遥相呼应。中国国家博物馆在2003年2月由中国历史博物馆和中国革命博物馆合并组建而成，以历史与艺术并重，集收藏、展览、研究、考古、公共教育、文化交流于一体，隶属于中华人民共和国文化和旅游部。

中国历史博物馆的前身是1912年7月9日成立的“国立历史博物馆筹备处”。1949年10月1日，在中华人民共和国成立的同日，其更名为“国立北京历史博物馆”，1959年更名为“中国历史博物馆”。中国革命博物馆的前身为1950年3月成立的“国立革命博物馆筹备处”。1960年正式更名为“中国革命博物馆”。1959年8月，位于北京天安门广场东侧的两馆大楼竣工，为中华人民共和国成立10周年十大建筑之一。同年10月1日，在国庆10周年之际，开始对外开放。

中国国家博物馆坚持“以人为本”的建设发展理念；以“贴近实际、贴近生活、贴近群众”为原则；坚持“与我们这样一个大国地位相称，与中华民族悠久的历史和灿烂的文明相称，与蓬勃发展的社会主义现代化事业相称，与广大人民日益增长的精神文化需求相称”的建馆方向；以“国内领先、国际一流”为建馆目标；坚持“人才立馆、藏品立馆、业务立馆、学术立馆”的办馆方针。

中国国家博物馆是世界上建筑面积最大的博物馆，将会在保护国家文化遗产、展示祖国悠久历史、弘扬中华文明、进行爱国主义教育、开展对外文化交流、体现中华文化软实力等方面发挥积极而重要的作用。为适应构建公共文化服务体系和建设学习型社会的需要，中国国家博物馆成为广大公众特别是青少年学习历史和文化知识、接受文明熏陶、进行终身学习的文化阵地和课堂。中国国家博物馆作为北京的标志性建筑之一，在相当长时期内，将成为参观浏览的热门景点。

2007年3月至2010年年底，中国国家博物馆进行了改扩建工程。改扩建后的馆舍总建筑面积近20万平方米，硬件设施和功能为世界一流，藏品数量为106万件，展厅数量为48个，设有“古代中国”“复兴之路”两个基本陈列馆，设有十余个各艺术门类的专题展览及国际交流展览。

当您徜徉于历史与艺术的长河中，一定会惊叹五千年中华文化的辉煌和灿烂，赞美世界文明的流光溢彩，感受艺术的纯真与大美，获得身心的愉悦。

导游小张规范、准确地给游客介绍了场馆的人文思想，讲解内容联系时代发展主题和热点，突出了中国国家博物馆重要的珍藏功能和文化艺术价值。

实践训练

实训项目1：导游解说词创编训练

实训设计：下面给出一段介绍大连旅顺白玉山景区的导游解说词，每一位同学必须熟记此段导游词，并对此段导游词中所包含的知识点和人文景点讲解内容进行提炼，根据提炼的关键词对大连其他人文景观导游解说词进行创编。

导游讲解3-3

白玉山

白玉山景区位于大连旅顺口区中心，是国家4A级景区、省级文物保护单位、大连十大风景名胜区之一。白玉山塔是白玉山景区的主要景观，原名为“表忠塔”。日俄战争结束后，为祭祀侵略者亡灵，美化侵略战争，欺骗日本国内民众，侵略战争头目乃木希典和东乡平八郎发起并强抓了2万多名中国劳工，于1907年6月开始修建该塔。该塔修建历时2年半，耗资25万日元，于1909年11月建成。与此同时，塔北侧还建有一座“纳骨祠”，祠内原存有2万多箱日军骨灰。景区内保存了一门德国克虏伯兵工厂生产的口径为210毫米的加农炮，这是1881年清军从德国购进的老铁山备炮，后被日军搬运至此。景区内的奇石馆展示的500多块奇石大都是本地特有的鹅卵石，形态各异，令人叹为观止。百鸟园里“斗鸡”和“孔雀放飞”的表演项目别具情趣。海军兵器馆馆藏600多种、千余件展品，堪称“近代兵器世界”。登上白玉山举目远眺，旅顺口的旖旎风光以及新老市区全貌可以尽收眼底。

实训项目2：人文景观讲解技能训练

实训设计：

（1）将学生按每6～7人一组分成若干团队。

（2）每个团队选出队长，将团队成员进行分工，按角色分为地接、全陪、游客。

（3）组织团队中各角色按照教师给出的任务进行讨论，每个角色都要收集、提炼并编排北京五日游线路的景点导游词，总结讲解知识和讲解方法。

（4）每个团队选一名代表现场讲解，注意突出人文景观的讲解要素以及多种讲解方法的综合运用，最后由老师点评。

考核评价

在线测评3-3

任务3

人文景观讲解技能考核评价见表3-5。

表3-5　人文景观讲解技能考核评价表

<table>
<tr><th colspan="3">内　容</th><th colspan="3">评　价</th></tr>
<tr><th>学习目标</th><th colspan="2">评价内容</th><th>分　值</th><th>团队成员评价</th><th>教师评价</th></tr>
<tr><td rowspan="3">基本知识</td><td colspan="2">人文景观讲解要素</td><td>10分</td><td></td><td></td></tr>
<tr><td colspan="2">人文景观讲解方法</td><td>10分</td><td></td><td></td></tr>
<tr><td colspan="2">相关景点历史文化知识</td><td>10分</td><td></td><td></td></tr>
<tr><td rowspan="2">专业能力</td><td colspan="2">景点轮廓介绍能力</td><td>10分</td><td></td><td></td></tr>
<tr><td colspan="2">景点实景讲解能力</td><td>10分</td><td></td><td></td></tr>
<tr><td rowspan="3">通用能力</td><td>导游语言表达</td><td>准确适中
通俗流畅
生动灵活
正确运用体态语
符合游客语言习惯</td><td>15分</td><td></td><td></td></tr>
<tr><td>导游语言规范</td><td>发音准确
用词达意
符合语法</td><td>10分</td><td></td><td></td></tr>
<tr><td>导游讲解能力</td><td>准确性
针对性
生动性
多样性
灵活性</td><td>15分</td><td></td><td></td></tr>
<tr><td rowspan="2">职业态度</td><td colspan="2">文化遗产保护意识</td><td>5分</td><td></td><td></td></tr>
<tr><td colspan="2">文化自信</td><td>5分</td><td></td><td></td></tr>
<tr><td colspan="3">努力方向：</td><td colspan="3">建议：</td></tr>
</table>

项目小结

本项目主要介绍了导游景区讲解、自然景观导游讲解和人文景观导游讲解三方面内容。导游景区讲解基本程序包括介绍旅游行程安排、提醒游客遵守游览时间和做好首次景点讲解。自然景观导游讲解应注重自然景观的历史、地位和热点，掌握山体、水体、植物自然景观的讲解要点。人文景观的导游讲解应注重向游客传达正确、有效的信息，把握人文景观的历史特征、突出时代特征，激发游客听景的兴奋点。

综合实训

学生团队进行导游词讲解实践训练，以自己的家乡为例，分别选取一处自然景观和一处人文景观，带领游客游览观光，完成游览服务流程、导游词设计及讲解的任务。每个团队选出一个人，进行课堂展示。

价值引领

导游芥末：把兵马俑讲活了

“很多人说兵马俑全部都是单眼皮，确实是这样……”身着西装外套、头发挽在脑后、讲解时眼睛会放光，这位身型小巧的年轻导游就是王钰，网名“芥末”。

从兵马俑酷似关中人的脸型特色，到清一色的单眼皮之谜；从遵循“人体工程学”的铠甲设计，到兵马俑手掌上的事业线，甚至鞋底上的针眼都在芥末生动的讲解中纷纷呈现。

视频中芥末常常表情严肃、语气铿锵、引经据典，用网友的话来说“一个导游硬生生干成历史专家了”。游客和网友的喜爱与期待进一步激励着芥末深入研究历史，在她看来，导游就像是连接传统文化和公众的桥梁。

芥末2020年毕业于旅游管理专业，一开始做周边游导游，对讲解方面的要求不太高，后来她又担任地接导游讲解与华清池、兵马俑等景点相关的唐文化与秦文化。为此，她通过多种渠道摄入专业知识，“刚开始大量看关于秦代、唐代的历史书还有相关纪录片，以此为基础再延伸，比如通过秦去了解西汉”。2021年，芥末接触到网上直播，由此进行线上讲解。她的账号名叫“西安导游芥末”，目前已拥有近350万粉丝。为了讲得更好，她更加努力地补充历史知识，在她的手机备忘录里有16个文件夹，记录了所有工作笔记与灵感来源。名为“兵马俑”的文件夹里有56个文件，包含将军俑、一号坑、三棱箭、青铜剑等具体文物的知识。大量的专业知识储备让芥末成为导游群体中“颜色不一样的烟火”。芥末说，自己想做“专家型导游”，希望给游客提供更好的文化体验和专业服务。

“我们来看兵马俑的意义是什么？”芥末认为看的就是中华民族的文化自信，还有文化传承背后的国家力量，“秦始皇统一了文字才有了文化上的认同感和归属感。从此，每一个人都认为自己是中华儿女，中华民族始终都是一个统一的整体”，芥末认为，导游不仅仅是一个工作，她是真正喜欢这个行业，能从中实现自我价值。“外地游客如果能通过我的讲解喜欢上了兵马俑，喜欢上了秦朝或者喜欢上了西安的历史文化我就觉得挺自豪的！”

资料来源：佚名. 为何兵马俑都是“单眼皮”？这位导游讲全了历史、化学、哲学［EB/OL］.［2024-04-02］. https: //www.peopleapp.com/column/30044191213-500005275780.

职业素养：爱岗敬业　文化传承

学有所悟：王钰（芥末）以导游之职，担文化传播之责。她凭借对兵马俑等历史文化的深入钻研，用生动讲解让游客感受中华文化魅力，尽显敬业精神。她不满足于常规讲解，不断学习拓展，通过线上直播创新文化传播形式。在她身上，我们看到对传统文化的热爱与自信，她让更多人领略到中华历史的厚重。我们应如她般，立足岗位，传承弘扬优秀传统文化，以创新助力文化传播，实现自我价值。

项目四 购物及娱乐服务

任务1 购物服务

◎ **任务目标**

知识目标：

掌握导游购物讲解的内容和技巧。

能力目标：

能够运用导游购物讲解的基本知识和基本技能完成旅游团的导购服务。

素养目标：

1. 培养实事求是、诚实守信的职业道德。
2. 树立“游客为本、服务至诚”的旅游行业核心价值观。

◎ **任务情境**

大连假日旅行社的导游小李接待了一个黑龙江旅游团，在团队离开的前一天，有人提出想购买一些大连的海鲜和其他土特产带回家。

知识点拨

在线课堂4-1

购物服务

购物是旅游过程中的一项重要活动，也是游客的重要需求。游客每到一地，都希望购买当地的一些旅游纪念品和土特产，或馈赠亲友，或自己保留。游客购买到了自己满意的物品，就会得到一种心理满足。然而，如何能购买到满意的物品，导游自然就成了游客最直接的咨询与依赖对象。只要导游服务好，游客一般并不排斥购物。因此，导游在满足旅游团购物方面具有十分重要的作用。

一、旅游团购物的形式

旅游团在旅游地购物主要分三个方面。

1. 计划内购物

计划内购物是指在旅游团的接待计划中明确规定的属于旅游团旅行计划内的购物。这种类型的购物在合同中已经注明，游客对这种安排事先知晓，一般购买的都是当地最知名、最有特色的商品或旅游纪念品。计划内购物是旅游团活动内容的重要组成部分，对商店的要求是规模大、价格公正、质量有保证。

2.计划外购物

计划外购物是指在旅游团的接待计划中没有明确规定或限制的情况下，为满足游客的需求而临时安排的购物活动。这种类型的购物灵活性较大，导游可以根据旅游行程时间的松紧程度、游客要求的强弱程度和购物商店的分布情况灵活安排。导游在安排计划外购物时，要征求领队或全陪的意见，在领队、全陪同意的情况下，按大多数游客的要求，认真地安排好购物，以满足游客的需要。

3.自由活动购物

每一个旅游团都会安排一定的游客自由活动时间，而游客常常利用这段时间购物。当导游安排游客在自由活动时间购物时，一定要提醒游客注意保护自己的人身和财产安全，讲明注意事项，规定详细的集合时间与集合地点，尤其是在景点周围购物时，导游要密切注意游客的动向，如发生纠纷，导游应立即前去解决处理，确保游客的利益，避免麻烦。

二、导游购物讲解服务技巧

其实，只要导游服务质量好，游客并不一定排斥购物。但是如果导游服务态度不好，又强行要求游客购物的话，游客肯定特别反感，更别提配合导游去购物了。如果在介绍景点的同时巧妙地融入购物内容，就会让游客自然地产生购物的需求。所以，导游在引导游客购物过程中，要严格地按照导游服务程序执行，真正做到既满足游客需求，又保障游客的利益。

1.做好知识储备，突出对商品文化内涵的介绍

首先，在进行导购讲解时，导游除了要了解物品的名称、品牌外，还应了解其品牌内涵，若有可能还应了解生产企业的基本情况。

案例窗 4-1

在某次云南玉溪的会议上，会议主办方安排大家到云南红塔集团香烟生产基地参观。导游说："我们这个团里有吸烟的吗？"游客回答说有。"家人有吸烟的吗？"游客也回答说有。这个时候，导游的表情很严肃，放慢语速说："好，回去告诉家人，吸烟危害健康！"游客都笑了。导游接着说："有段顺口溜是这样说的，'买了山水画，增长新文化；买了西瓜霜，不怕嘴长疮；要想家业兴，多买真水晶；披金显富贵，戴玉保平安；买了好珠宝，好运跟着跑；请上玉貔貅，出门不会忧；工艺品银饰，摆设上档次；攀比不会输，最好选南珠；平时喝好茶，绝对保护牙；经常喝好酒，精神好抖擞；香烟不离嘴，思考是大事！'大家知道香烟是怎样生产出来的吗？今天带领大家去看的这个香烟工厂的现代化生产线会让你们大吃一惊的！"

点评：导游对香烟危害健康的提示让游客会心一笑，将一个严肃的问题用一段顺口溜变成娱乐话题，激发了游客想去一探究竟的好奇之心。

其次，导游要了解商品的历史、文化承载和动人传说。因为中国的一些传统旅游商品都有悠久的历史，是在历史的长河中千锤百炼而成的，如中国的丝绸、刺绣产品等。在中国，特色传统旅游商品往往都附载着动人的传说故事，同时承载了不同时期

人们的美好愿望和文化特色，如中国传统的陶瓷制品、玉器、绣品等。例如，佛界有三宝：佛、法、僧。佛教还有七宝：金、银、琥珀、珊瑚、砗磲、琉璃、玛瑙。民间还有一种传说，国得三宝而国泰，民得七宝而民安。

导游讲解4-1
普洱茶

最后，导游要了解一些旅游商品生产制作的工艺特色，如中国传统的风筝的制作，功夫茶、普洱茶的工艺特色以及民间谚语等。例如，关于茶的民间谚语有："酒吃头杯，茶吃二盏；好茶一杯，精神百倍；茶水喝足，百病可除""吃生萝卜喝热茶，大夫改行拿钉耙""春茶苦，夏茶涩；要好喝，秋露白；隔夜茶，毒如蛇""晚餐少喝水，睡前不饮茶"。

在讲解过程中既要掌握商品的优点，又要了解商品的缺陷。特别是在向游客介绍食品和保健品时，一定要实事求是，最好请专家指导。

知识卡片4-1
中国各地工艺品介绍

同时，导游在导购讲解中要了解商品的品质、商品使用及保养的基本方法和技巧。所以，导游必须学习很多知识，不能一问三不知，让游客产生不信任感，如大连的导游要学会海参、鲍鱼的甄别，云南的导游要学习翡翠、玉石的鉴别，北京的导游要学习景泰蓝的知识，杭州的导游要学习丝绸的鉴赏，东北的导游要学会人参的挑选等。

案例窗 4-2

中国最大的钻石产地在哪里？在我们大连！亚洲最大的钻石产地在哪里？还是我们大连！在大连下辖的瓦房店市，那里有一个亚洲最大的钻石矿，储量占全国一半以上。该矿所产的钻石无色透明，多呈八面体和十二面体，也有世界上罕见的四面体，且纯度和刚度均为世界一流。产品主要用于首饰加工，在国内很少见。

我们中国人有一种崇尚舶来品的心理，买钻石首饰喜欢到意大利、法国等发达国家，殊不知，这些国家的女士们佩戴的首饰有很多是我们大连的产品呢。

关于钻石的价值，钻石以克拉（1克拉=0.2克）为计量单位，比同等质量的黄金价格要贵几倍甚至几十倍。钻石之所以如此珍贵，首先是因为它具有非凡的特性。钻石在希腊语中是"不可摧毁""不可战胜"之意。现已证明，它是世界上已发现的最坚硬耐久的物质。同时，它又以晶莹剔透、光泽神奇和完美无缺的表征，被人们赋予爱情、自信和成功的寓意，是尊贵和富有的标志。

近年来，人们又发现了一个秘密：宝石含有对人体有益的物质，譬如水晶能使人的肌肉和精神放松；蓝宝石可以缓解人的呼吸紧张；红宝石和绿宝石可以提高人的生育能力，并使人的精力旺盛等。

那么，如何判断钻石的优劣呢？评判钻石的优劣有四个基本标准，行话叫"4C"。4C指重量、净度、色泽和切工。判断切工优劣的方法是拿起钻石，凝视跳动在顶面的光芒，切工精美的钻石辉煌炫目，不会因镶嵌或款式不同而隐没华彩；钻石的净度是指内含杂质的多少，净度最高的为S级，放在放大镜下很难看到内含物。

一位著名的鉴赏家指出，一个人喜欢什么样的钻石，与他的性格有关——喜欢圆形钻石的人，委婉贤淑，属贤妻良母型；喜欢梨形钻石的人，性情活泼，勇于创新；喜欢心形钻石的人富于幻想，具有艺术细胞；喜欢方形钻石的人，处事严谨，有领导才能；喜欢楔尖钻石的人，魄力十足，事业心强；喜欢卵形钻石的人，个性独立，与众不同……

点评：导游时而是样样通的杂家，时而是心理学家，时而是艺术品鉴赏家，时而是营销专家。上得厅堂，侃侃而谈国家事；下得民间，柴米油盐酱醋茶。购物介绍对导游的基本素质要求很高。

2.合理安排购物时间

无论是计划内购物、计划外购物，还是自由活动购物，导游对购物的安排都不能过于频繁。导游的导购服务必须建立在游客“需要购物、愿意购物”的基础上。安排购物的最好时间是整个行程快结束的时候，因为一般情况下此时游客的购物兴趣最大，在这个时候促销的效果最好。所以，事先做出安排，充分利用这个情绪阶段是导游导购成功与否的关键。另外，已经安排好的游览行程顺序最好不要因为入店购物而更改，否则可能会引起不必要的投诉。

案例窗4-3

某旅游团在大连游览时，导游先安排该团进行了2个小时的购物，然后才带团来到大连老虎滩海洋公园游览，到达时已接近下午4时。由于该时段园区部分场馆的动物表演已经临近最后一场，也就意味着游客不可能看到园中所有场馆的表演，游客们感到游览时间太少，而购物时间太长，这完全是导游的责任，于是向旅行社投诉，并强烈要求第二天重游老虎滩海洋公园。

点评：这种结果的出现，完全是因为导游在时间安排上存在失误。失误主要有两点：第一，在没有完成主要游览行程时就安排购物；第二，购物时间过长，影响了正常的游览。一般情况下，游客通过游览获得了审美享受，心情舒畅，然后安排购物，自然会使旅游更为圆满。购物与游览对于旅游团来讲，都是重要内容，但是从游客的角度看，购物一般都是依附在游览的基础上，因此要分清主次、先主后次。

3.慎重选择购物商店，协助办理大件托运服务

导游应该为游客选择正规的、货真价实的购物店，帮客人挑选满意的商品，以免发生不必要的投诉、退货、赔款等情况。另外，当游客挑选并购买了自己比较满意的商品时，导游一定要提醒游客索要发票。对于不好随身携带的大宗物品，导游可协助游客办理相关托运手续。

三、导游导购时应注意的问题

1.导购前后态度要一致

导游无论是在车上、景点、餐厅，还是在购物中心，服务质量和服务态度要一致，不论游客购买与否，买多买少，都要把细致的服务贯彻到底，不能用是否给自己带来“好处”作为衡量标准。

案例窗 4-4

某市导游王某在一次接团过程中，说话很少，从机场到酒店的过程中总共就讲了5分钟。下午到一个市内景点也没讲多少，游客对此有点不满。第二天，旅游团计划去本市一个较有名的景点，上车之后王某介绍了几句当天的行程就坐下了。但到了半路接近一个休息区购物点的时候，王某却突然来了精神，拿过话筒第一句话就是："你们想买玉吗？"游客都不吱声，本来大家就对购物反感，王某之前也根本没和游客建立感情，加上突然这样一问，游客对王某的印象更差了。看游客没反应，王某接着说："我带你们到前面一个店去买玉，那里特别便宜。"游客还是都不吱声，车内气氛紧张。有游客就打圆场说："还是先去景点吧，回来有时间再去看看。"王某却说："那是休息点，不去也得去！"车里顿时鸦雀无声。到了休息点司机要停车的时候，旅游团的全陪突然大声说："我们不要休息，全体不上厕所，往前开！"结果可想而知，这个团的全程购物记录为零。

点评：在现代社会中，很多游客都有着丰富的旅游经历，对旅游购物已经比较敏感，导游在导购时应该严格按照规范做好服务工作，讲解景点和讲解购物应同样热情，认真负责，否则游客会产生不满情绪。在本案例中，导游在介绍景点时简单冷漠，谈到购物就激动热情，当然会引起游客的不满，所以做好导购工作的前提是讲解景点也应周到细致，前后态度要一致。

2. 导购讲解要把握时机

导游在讲解购物前要有铺垫，以吸引游客的注意力，给游客一个自由想象的空间，不能在导购开始的时候才进行讲解。

案例窗 4-5

北京的一位导游接团后从机场到市区一个多小时的时间里一直不停地讲解北京的风土人情，赢得了游客的一致好评。在讲到当地的风物特产时，他穿插介绍了些北京的特色物件，使得游客在不知不觉中对北京独特的工艺品有了好感，有了一睹为快的冲动。例如讲到景泰蓝，他完全是以一种介绍北京的历史文化的态度讲解景泰蓝制作的神奇过程，包括一些历史上的传说故事，都讲得绘声绘色，游客恨不得马上一睹真容。

过了两天，旅游团去长城的时候路过景泰蓝购物店，他先问客人："我们马上要经过景泰蓝厂的门市了，大家有没有兴趣看看？"因为他前两天讲得很好，客人都极有兴趣，于是纷纷表示要去。下车以后，他不是急着让客人买，而是说："我带你们去开开眼，见识见识景泰蓝中的珍宝，一个花瓶就要几十万元！"大家听了，觉得自己不可能买几十万元的东西，所以也不会被宰，开开眼谁不想啊，于是就纷纷跟着他进了商店。进去的时候，他会偶尔停下来，指着某件商品对大家说："还记得我给你们讲过，景泰蓝特别讲究掐丝工艺吗？看，这样的掐丝做得就不太好，一定是新手做的。看！旁边这件就比较好。"众人都聚拢过来议论纷纷。然后他又指着另一件说："看，这个花瓶上面这一块色彩很少见啊，大家都知道陶瓷釉彩烧制后会变色，有时会出现出人意料的少见色泽，这一块就比较稀罕了，我来了这么多次都很少见到啊！”刚说完，就有游客跑去问这个小花瓶的价格了。

他对于团里的阿姨们也很有一套，看她们在柜台前犹豫不决，就走过去说：“你们不要买太重的东西啦，路上拎得太辛苦，我带你们看些小东西。”然后带着她们到景泰蓝首饰柜台，那里有很小的鸡心挂件，一个才几元钱，哪有阿姨会不舍得花几元钱给女儿、孙女带去一件小礼物呢？而她们一旦放开了手，常常就收不住，接着就手镯啊、项链啊、头花啊，呼啦啦买了一大堆。而一旦有人开买，其他人也就忍不住了，而且相互比较价格，见对方某物买得便宜就立即拉着她去帮自己也照那个价钱买一件。

到了最后，导游拼命叫大家出发，拉回了这个，那个又回去了，在店里足足逗留了2个多小时。在车上，大家都在分享着购买到喜欢的物品的喜悦，相互传看，相互比较，心情好极了！虽然晚饭时间都推迟了，大家却很开心。

点评：导游在为游客进行导购服务时一定要有责任心和耐心，要从游客的角度出发考虑问题，转移话题时要不露痕迹，在潜移默化中培养游客对当地特产的兴趣爱好，而不是急于求成，为推销而讲解。

3.客观介绍导购商品

导游将旅游团带进购物店门口的时候，购物店的工作人员一般会发给每个团队成员一张所谓的“优惠卡”，其实就是旅游企业给导游的购物提成卡，大部分游客都心知肚明。进去后，导购员会给游客讲解店内物品的各种好处、妙处、神处。有的游客受不了导购员这样的“狂轰滥炸”，买了，上当了。理性消费在这里就成了“理想”消费。因此，导购的口碑越来越差。有的游客把怒气都发泄到导游身上，甚至这样来调侃：“旅游路上要防火、防盗、防导游。”

案例窗4-6

某旅游团在新疆旅游，当团队行程进行得差不多的时候，导游对游客说：“大家都知道天山雪莲，我们这里有一个研究所专门研究它的药用价值，就算不买也可以见识一下雪莲的真面目，大家有没有兴趣？”如果行程安排较轻松，一般大家都会抱着去看看的心态去研究所。

到了研究所，导游请来一位老教授给大家讲雪莲的药用价值。老教授一开口就说：“有些人把天山雪莲讲得像天上的灵药一样，什么病都治，但是我告诉你们，它只治一种病，那就是风湿性关节炎。另外，它对痛经有一点点效果，其他吹嘘的作用都是假的！”他这个开场白把大家都给镇住了，也把游客的注意力都抓住了。原来以为又是常规的狂吹产品效果的推销，谁知这样让人耳目一新。他又说：“另外，我要告诫各位游客，你没有这两种病请不要买我们的雪莲，因为雪莲来得太不易了，给没有这两种病的人买了去，而真正得病的人就买不到药了，请你们不要浪费我们天山的宝贝！”哇！又是一语惊人，很多游客走了这么多地方真是第一次听到让顾客不要买产品的。

接着他又说："大家知道吗，一定要生长在4 800米雪线以上的雪莲才有这样的药效，在这条线以下的虽然样子长得一模一样，但药效却完全不同，或者说基本上没有药效。我们去采的雪莲才是正品。那里海拔高、气温低，有冰缝，会雪崩，雪莲又极少，它的种子在零度时发芽，幼苗能经受零下20摄氏度的严寒，5年才能开花。有时我们跑好几天才能采到几朵，真的不想把它们浪费在没有这种病的人身上。另外，没有这个病的人吃了雪莲，治不好他的病，就到处去说雪莲没有效，这也是我们搞雪莲研究的人不想看到的，所以我真诚地告诉大家，只有患这两种病的人才能买。"

然后他说："下面请大家举手，我数数想要的有几位，再让工作人员去拿几盒，价钱是比较贵的，全株两棵为一盒，×××元。吃的方法是把全株在盒子里揉碎，用纸分包成20小包，每天煲一包，连吃20天为一个疗程，一般的病情就好了。如果是病程较久或较重的吃两个疗程，也应该好了。如果有人还没好，那就是你的病不适合用雪莲治，就请不要再吃了。"由于游客都已被他的话打动，所以举手的人很多。他说："怎么这么多人，不会一个团有一半人都得了风湿性关节炎吧？"于是就有游客连忙辩白说是帮亲戚买的，然后他才让人去拿。

盒子拿来打开一看，果然是整株的干品，连梗带叶带花瓣，约有40厘米高，一朵花大约有一个男人的拳头那么大，白而薄的花瓣，与四川等地卖的毛茸茸的雪莲完全不一样。原来雪莲分好多种，有绵头雪莲、水母雪莲、毛头雪莲等，这种是其中最出名的"大苞雪莲"。于是游客们纷纷开始掏钱，当时没有举手的人现在也开始不安起来，觉得自己没买实在是错过了一个宝贵机会。

点评：导购在讲解过程中全面介绍了商品的优缺点，抓住了一些游客的心理，因此游客对导购和产品都产生了信任，所以促销的效果较好，这样的导购方式非常值得推广。

4.向游客介绍一些防骗防宰的窍门

导游应充分利用自己是当地人的优势，给游客介绍一些防骗防宰的小常识。例如有些地方的小摊贩会把已损坏的商品掩饰好，放在最前排然后冤枉游客。导游应提醒游客不想买的不要动手，想买的让摊主拿给你看；不想买的东西千万不要去还价，还了价再不买是很麻烦的，当地小贩常常成帮结派，游客没必要惹麻烦。另外，如果发现有商贩跟着走，千万不要与其交谈，他们会很乐意给你介绍景点，做你的"义务"导游，当然，最后你就要付出代价。

另外，各地还有许多花样各异的小骗局需要游客注意。例如，现在有些地方兴起一种"认老乡"的骗局，有时连全陪都会上当。要特别提醒游客在当地单独行动时保持警惕，比如许多客人喜欢晚间出去活动，跳舞、按摩、喝咖啡，都有可能遇到陷阱。还有一些骗局，如一些寺院门边上放上一个内有清水并摩擦起浪的铜盆，没有人看着，等游客摸了几下，旁边就会跳出人来强行收钱；还有一些照相景点，竖起一块牌子写上景点名称，客人都喜欢在旁边留影，照完后也会跳出人来收钱。在一些地方游玩时，会有一些人主动前来为你拍照，如果你不婉言谢绝，那么，当离开观光场地时，这些人就会把有你头像小照的钥匙圈交给你，当然，索价也会吓你一跳。不论从工作的责任心还是从做人的良心方面，导游都应事先提醒游客，让游客感觉到导游是真心实意为他们着想，从而增加游客对导游的信任感。

案例窗4-7

在云南的某购物店，游客们刚抵达，彬彬有礼的礼仪小姐就把大家带到了一间独立的包厢，开始了珠宝知识的介绍。她“不经意”地询问游客从哪里来，如果有心直口快的游客回答了这个提问，礼仪小姐就会惊喜地说：“真巧，我们商场经理也是那里人。”不一会儿，“老乡”经理出现了，这时有游客向他试探情况，“老乡”经理均能准确地说出游客居住地区的主要城市标志和街道名称。游客们认为远在他乡遇上熟人，顿时深信不疑，气氛十分融洽。这时的“老乡”经理格外热情，带着大家在店内参观，并承诺可以给老乡们大打折扣。一位游客看中了一枚标价为9 000元的“铂金翡翠钻戒”，但因价格惊人不敢买。经过“老乡”经理打折和半卖半送，游客以900元的价格买走了该钻戒。该游客回到家乡后一鉴定，发现这枚所谓的钻戒竟是用玻璃做的，其实际价格不足9元。游客们评价说：“老乡”是假的，珠宝也是假的，只有宰客是真的！

点评：地陪应提前尽到提醒和告知义务，不要参与这种欺骗性的购物活动，因为这已是国家明令查禁的行为，不要让游客在“老乡”的一片亲情中被狠狠地“宰”一刀。

任务实施

据大连假日国际旅行社的导游小李了解，其所接待的黑龙江旅游团中年人较多，大部分游客经济条件都比较好，游客很想购买一些大连的海鲜和其他土特产带回家。

一、分析需求，满足游客

对于应该建议游客购买什么样的纪念品带回家，以及如何安排游客购物，小李事先对游客的需求进行了分析。第一，由于地区差异，他们会对大连这个“浪漫之都”的服装感兴趣；第二，要满足他们品尝和购买大连海鲜的需求，建议他们去大型超市购买大连海参、鲍鱼等海珍品；第三，大连地产的苹果皮薄、甜脆，是馈赠亲友的好礼品，建议他们带些回去。

知识卡片4-2

祖国处处有三宝

二、热情导购，责任第一

在结束旅程的前一天从景点返回酒店的途中，小李这样给游客们介绍大连的购物特色。

各位游客朋友，经过这两天的游览，大连给您留下了一个怎样的印象呢？从总体来看，大连是东北地区对外开放的窗口，是东北亚国际航运中心，是东北地区经济腾飞的龙头，更是大家旅游、度假、休闲、养老的风水宝地。

通过这两天的游览，大家看到了吧，大连的女孩敢穿、会穿，穿出了时尚，穿出了浪漫。在这儿，小李要说说这个城市的浪漫。不知道各位游客朋友是否发现了大连的浪漫之处呢？浪漫的广场、绿地、喷泉，浪漫的建筑，浪漫的大海，浪漫的金石滩、旅顺，浪漫的大型旅游节庆活动，浪漫的市民，处处都是浪漫所在。有关领导在视察大连旅游工作时曾评价，浪漫大连最有特点的就是“浪漫的市民”。同时，小李也希望各位朋友能把浪漫大连的服装带回家乡，建议大家明天自由活动的时候可以去大连著名的商业中心——青泥洼桥商业圈、西安路购物中心逛逛。

大连有代表性的旅游纪念品有贝雕、玻璃制品、海鲜、钻石等。小李在进行购物讲解时也特别突出了这几类商品，但他讲解的侧重点是让游客了解旅游商品本身的文化内涵以及鉴别方法。在给客人介绍大连的海产品时，小李说了下面一段话：

各位朋友，今天大家在海边看到海面上那一排排的就是养殖海带的筏子。海带含碘量很高，韩国国民把它当成珍贵的补品，只有过生日那天才能吃到。在大连，海带的养殖户很多，他们秋天把海带苗夹在绳子上，然后系在浮在海面的筏子上养殖，第二年5月就可以收割了。所以，海带又被称作海里的“庄稼”，这片海域就叫“海田”，海带的产量很高。

大连的海里还盛产一种很有名的菜，叫裙带菜，因菜叶形状似妇女的裙带而得名。裙带菜中含有对人体有益的无机盐、蛋白质及多种维生素，具有防病、美容等功效。大连的裙带菜产量占全国90%以上，大部分都出口到国外。

俗话说“靠山吃山，靠海吃海”，大连由于三面靠海，所以种海田的人不比种农田的人少，海产品也不比农产品少。一望无际的海田里不但盛产海菜，还出产虾、鲍鱼、扇贝、海参和海胆等海珍品。有人说了，为什么大连的海产品有名气，告诉您，因为这里跨两海呀，生产的“混血鱼”味道好呀！开玩笑，其实这与大连海域的位置、含盐量和水温有关系，大连地处北温带，近几年平均水温在10 ℃，年降水量在550~950毫米，海水含盐量为30‰左右。据水产专家研究，含盐量在24‰~35‰海域的海产品，营养最为丰富，味道最为鲜美。大连周边海域完全符合这个条件，这也就是大连海鲜享誉海内外的原因。大连是中国最大的海珍品基地，其中对虾、扇贝、海参和海胆的产量占全国90%以上，鲍鱼占60%以上。

鲍鱼是一种单壳软体海洋贝类，形似人的耳朵，所以外国人又叫它“海耳朵”。鲍鱼不但味道鲜美，营养价值极高，而且具有药效——鲍鱼壳药名石决明，可以舒肝明目；鲍鱼肉含有一种鲍灵素，对抑制肿瘤有明显的疗效。鲍鱼最大的出口市场是日本和我国香港地区，大连出产的鲍鱼是这两个市场中最受欢迎的，主要是因为大连鲍鱼生长在较冷的北方海域，肉嫩可口。为了满足日益增长的市场需要，大连从20世纪80年代末期开始大力发展鲍鱼养殖，目前无论是养殖技术还是单亩产量，均达到了世界先进水平。

与鲍鱼齐名的海珍品还有海参，大连产的海参因背上有一排软刺，因此被称为刺参，是我国可食用的20多种海参中最名贵的一种。尤其是大连獐子岛海域出产的海参，优越的自然环境成就了天然好海参。别看它个头小，但含有极丰富的蛋白质、钙、磷、铁等营养成分，肉嫩挺拔，参体壁厚，而且脂肪含量低，极易消化，是理想的滋补品。经过多年的发展，目前形成了“獐子岛海参”“棒棰岛海参”“晓琴海参”“三山岛海参”等著名品牌。

我先不说大连的鲍鱼有多好，反正日本人、韩国人都挺认可大连皱纹盘鲍的，他们还编了一首歌，您想不想听？想听就鼓鼓掌。这首歌是这样唱的：小时候，妈妈对我讲，大连鲍鱼味道香，虽然它看来不漂亮，常吃身体会健康。大连的大海，七月流霞鲍鱼肥，无论鲜货、干货或冷藏，味道绝不会失望，啦……

其实大连的海鲜不是只有这两种，只不过这两种特有名气，虽然价格昂贵，但物有所值！大连沿海有鱼类280多种，主要有小黄花鱼、带鱼、鲅鱼、黑鱼、黄鱼等；蟹类有三疣梭子蟹、赤甲红、花盖蟹等；有海洋无脊椎动物400多种，营养价值较高的有对虾、毛虾、海蜇、香螺、海虹、牡蛎等。除了刚才介绍的皱纹盘鲍、刺参，对虾、大连紫海胆、栉孔扇贝等海产品也很名贵，是享誉海内外的珍品。

如果大家想购买这些海产品，小李建议各位朋友明天去信誉比较好的大型商场购买，别忘了索要发票。不论是孝敬父母还是馈赠亲朋，海珍品都是最佳的选择！更重要的是，别忘了善待自己，每天吃一个海参，能够健康长寿也是你带给家人的福气呀！

好了，车就要到达我们入住的酒店了，请各位带好自己的物品，准备下车。今天的晚餐就安排在我们入住的酒店，希望大家回到酒店休息一下，6点钟开始就餐。

为了打消游客的顾虑，小李在导购讲解中更侧重于介绍特色商品的内涵及特色，而不是一味地推荐购买。同时，小李没有给游客推荐小的购物店，而是推荐了注重货物品质的大型商场。赢得游客的信任，才能受到游客的欢迎。

实践训练

实训项目1：团内一位老年游客向地陪小李提出购买中药材和中成药的要求

实训设计：由1名同学模拟地陪小李，1名同学模拟团内老年游客，1名同学模拟购物店服务员，其他同学模拟团队游客。考察重点在于地陪处理游客单独要求事件的能力，以及我国海关对中药材、中成药购买和携带出境的规定。

实训项目2：团内一位女性游客在买完珍珠后发现其有瑕疵，要求地陪小李带其去购物店退货

实训设计：由1名同学模拟地陪小李，1名同学模拟团内女性游客，1名同学模拟购物店服务员，其他同学模拟团队游客。考察重点在于地陪处理游客单独要求事项的能力，以及对相关旅游法规的掌握程度和与购物店服务员的沟通能力。

考核评价

在线测评4-1

任务1

购物服务技能考核评价见表4-1。

表4-1　　购物服务技能考核评价表

内容		评价		
学习目标	评价内容	分值	团队成员评价	教师评价
基本知识	旅游购物相关法律法规知识	10分		
	购物讲解要领	10分		
	中国各地主要土特产、工艺品知识	15分		
专业能力	熟练完成当地特产导购	15分		
	协助游客解决退货、换货等问题	10分		
通用能力	导游语言表达能力	10分		
	团队应急问题解决能力	10分		
	导游的沟通协调能力	10分		
职业态度	诚实守信的职业道德	5分		
	游客为本的服务意识	5分		
努力方向：		建议：		

任务2　娱乐服务

任务目标

知识目标：

掌握娱乐活动的类型和服务技巧。

能力目标：

能够根据不同的接待情境，设计出合适的娱乐活动，调动游客情绪。

素养目标：

1.提高艺术修养，发展多方面技能与才艺。

2.提高创新意识，能够提出新颖独特的娱乐活动策划方案。

任务情境

导游除了要把景点内涵“讲透”“讲活”以外，还要依据旅游团队类型的不同设计娱乐活动。大到国家、民族的节日，小到游客生日，都可以在车上、景点、酒店等不同的场所进行适当的娱乐活动，让旅途变得轻松起来。

知识点拨

在线课堂 4-2

娱乐服务

一、娱乐活动的服务特点

人们外出旅游，通过观赏和参与娱乐活动，要获得新的体验和了解更多的异地文化，更重要的是可以通过娱乐和休闲真正地让自己得到放松。所以，导游对娱乐活动的设计与组织要注重其健康性、教育性、娱乐性、趣味性，以此来保证娱乐活动组织与实施的质量和效果。

1.娱乐活动的类型

（1）欣赏性娱乐活动。欣赏性娱乐活动以观赏表演为主，例如欣赏地方戏曲（北京的京剧、安徽的黄梅戏、上海的沪剧、杭州等地的越剧、四川的川剧、河南的豫剧等）、历史性的歌舞（仿唐乐舞等）、民族歌舞、民间娱乐表演（武术、杂技等）。

在观看表演时一般不便于临场讲解，为了让游客（尤其是海外游客）尽兴，满足其对地方、民族特色文化的好奇心，导游要事先对表演和剧目的内容、特色有一个详尽的了解（剧种、历史背景、人物刻画、场景布局、服装道具、故事情节等），同时还应该在恰当的时机向游客介绍。通常情况下，导游在带团看节目途中先概述，待游客看完节目后进行总结讲解，同时回答游客的相关问题。

（2）参与性娱乐活动。

①休闲娱乐项目。这类项目通常在游客时间较为充裕时安排，如骑马、参与民族节庆活动、参与民族体育项目、垂钓等。对于这类娱乐活动，导游要提前重点提示游客注意事项，如安全保障、活动技巧、民族习俗等。

②特种娱乐项目。主要是一些寻求刺激、挑战自我的项目，如攀岩、蹦极、跳水等。这样的娱乐项目一般需要特殊的装备和技巧，不是所有游客都能尝试的。导游一定要提醒游客签订保障合同、买好意外保险。

③游客自娱活动。一些旅游团的成员来自一个单位、一个地区，或者是熟悉的亲朋好友组成的团队，游客可能会自行组织聚餐和舞会等娱乐活动。对于这样的娱乐活动，在不影响正常旅游行程和不违背法律法规的前提下，导游要尽可能协助游客安排相关事宜。

2.娱乐活动的组织安排

导游要根据计划周密安排娱乐活动。在为游客提供欣赏性娱乐活动时，要做好为游客购票、与司机约定行程、防止游客走散、保障游客安全等工作安排。

3.娱乐活动的导游讲解服务

在组织娱乐活动的过程中，导游一人身兼多种角色，可以说是集说书人、相声演员、独角戏演员和综艺节目主持人于一身。在车上活跃气氛时，导游应具备演员的素质；在专项节庆娱乐活动中，导游应具备导演的组织和策划素质，充分调动团队内部人员的积极性，发挥他们的特长；在特殊的生日娱乐活动中，导游要显示出一名主持人的灵活机智。

二、娱乐活动的服务技巧

在导游过程中，适当组织各种娱乐活动，不仅可以增加导游的语言魅力和亲和力，而且能够满足游客求新鲜、求奇特、求快乐的需要。

1.娱乐服务态度要积极

在旅游途中，游客都希望在心情愉悦的同时增长见识，所以娱乐精神与知识素养对导游来说同样重要。

有的导游导游词解说得不是很精彩，导游技巧也不是很高，可服务很到位，结果客人自然满意。所以，话说得再好听，也不如做得好来得实在，导游服务就是要去拼态度。游客最后能给你写表扬信、做锦旗，肯定是你的服务态度让他感动了。这就是态度决定一切的魅力。

导游在做接团前的准备时，要做物质上的准备，而精神上的准备更重要。要根据团队的不同类型以及不同游客的需求特点，进行娱乐活动前的准备。哪怕是一张小小的卡片，都要让游客感觉到你对这个团队的用心态度。

2.娱乐话题讲解特色要突出

导游对于娱乐话题的讲解，往往会因从业积累的差异而呈现出不同的讲解风格。每个人的知识结构、语言表达方式不同，表达的语境存在差异，客人的需求也各不相同，如果一味地照搬照套，往往会使导游讲解显得程序化，没有特色。就像“请喝水”三个字，一百个人会有一百种说法。导游应根据自己的特点，形成适合自己的娱乐讲解特色。

案例窗4-8

“俗话说：导游上知天文地理，下知鸡毛蒜皮；上山能够擒鸟，下河能够摸鱼。导游小张就给各位朋友讲讲今天的娱乐新闻吧！看，我在今天带团的空隙买了一份报纸，你们先看看报纸上这两张图片，然后再告诉我，图片上的两个女人谁更好看？”这一问，立刻引起了大家的兴致，车上的男男女女七嘴八舌地讨论起来，欢声笑语充满了车厢。

点评：生活中的话题是说也说不完的，要活跃旅途的气氛，没有必要刻意去寻找话题，只要用心就会发现身边其实有很多的娱乐话题能与游客分享。

很多资深的导游习惯运用发散性思维，只要抓住一个起点，就可以把娱乐话题延伸到任何方向。娱乐话题通常是在旅游活动刚开始，导游与游客之间尚不熟悉时采用的话题，主要包括普遍性娱乐话题，如与游客谈天气、方言、民俗，与老年人谈养生之道，与女性谈保健、美容、服饰，与西方游客谈中国的风土人情等。与游客熟悉了之后，导游还可以从自己身边的事情讲起，讲幼儿园、中小学九年制义务教育，讲学校的课程安排和中考、高考制度，讲大学的经历、职场的见闻；从北京人的平均工资讲到商品房的价格，从8小时工作制讲到医疗保险退休福利，从计划生育讲到当代人的爱情观……如此一来，生老病死、社会万象就统统包括在娱乐讲解中了。

只有聊到双方都感兴趣的娱乐话题，导游才能够引导游客说出自己的心声。在选择娱乐话题时应尊重对方的习俗，不能涉及对方的禁忌。另外，娱乐话题一般不要涉及疾病、死亡等不吉利、不愉快的事情，忌说他人坏话，禁谈有损国格、人格的事情。

3.导游在娱乐中要有绝活

在娱乐活动中，导游还应该有自己的“绝活”，关键的时候要有出彩的地方，唱歌、朗诵、舞蹈或者表演，必须有自己擅长的一方面。

导游在车上搞活动，一般需要游客参与，也确实有不少客人愿意唱歌、讲笑话、讲故事等；也有的客人比较腼腆，导游百般劝导也请不动，结果搞得冷场，甚至很尴尬。其实遇到腼腆的客人，就不必请他们参与，导游可以唱“独角戏”。

要唱好“独角戏”，导游必须有丰富的表演储备，这样才能从容应对。所以，做导游一定要有自己的拿手好戏，有能够“震住”游客的节目，这样就可以调动游客的兴致和积极性，游客在这种氛围中也愿意表演自己的节目，让愉快伴随着行程。

案例窗4-9

在去往九寨沟的旅途中，从致欢迎词开始，导游小潘那极富川味特色的讲解就吸引了游客。导游小潘一会儿说笑话，一会儿讲传说，一会儿讲民俗故事，真是一路欢歌笑语，不知不觉就过去了3个小时。这时，坐在前排的一位游客站起来说：“导游你歇一会儿吧！我来唱一首歌！”这位游客的歌唱得很好，赢得了大家一阵阵的喝彩！受到鼓舞，他情绪更高涨了，一首接着一首唱……

点评：俗话说：榜样的力量是无穷的。导游小潘唱的歌好听，讲的故事感人，3个小时的讲解没有间断。他的敬业、乐业精神感动了游客，游客真心想为他分担一下，积极参与进来，这也算是导游带团的最高境界了。

4.要把握好娱乐活动的时机

娱乐活动的开展要注意场合，分清对象，掌握分寸。任何娱乐活动都要把握好时机，一旦你发现这种娱乐活动能令大家高兴，或者把别人带到愉快的气氛里，你就要毫不犹豫地展现出来，而一旦发现周围的气氛不适合娱乐活动，就要收住。娱乐活动在什么时候开展、如何开展，时机和技巧同样重要。导游可以结合时下一些收视率较高的娱乐节目来开场。

案例窗4-10

某单位组织了一个由大人和孩子共40多人组成的团队去承德避暑山庄旅游，车程需要五六个小时。跟团的是一位年轻女导游，大家兴致很高，对导游也充满了期待。但是这名导游简单地介绍了本次行程后，就没有了下文。大家一看没戏了，还是自娱自乐吧，于是就开始张罗打扑克。就在大家都准备“组团”打扑克的时候，女导游想起了还有一个笑话没讲，就说：“你们等一会儿再打扑克，等我讲完了笑话再打。”有一位游客漫不经心地说：“导游你说吧！”导游说：“从前有两个和尚……”这时有一个学生插话说：“谜底我知道！是……”导游很尴尬地说：“你知道了？那我再说下一个笑话吧！”这时候，有一个游客说：“导游你歇着吧！”

点评：如能事前做好准备，扬长避短，充分调动一个单位中能人的积极性，设计一些有意思的趣味活动，会让旅途充满愉快气氛。很显然这名导游事前没有做好功课，没有考虑到如何调动团队的娱乐气氛，讲笑话的时机也不合适，只是为了完成任务而完成任务，不会收到好的效果。

5.娱乐活动设计要有趣

（1）歌曲要活学活用。每个时代的歌曲都有其特色，对不同的游客，表演的内容也要有所不同。例如，对年龄大的游客不能只唱那些最新的流行歌曲，因为他们可能接受不了这样的风格。所以，导游必须学唱一些老歌，以便满足服务老年游客的需要。

案例窗 4-11

在从绵阳机场去九寨沟的路上，旅游团大巴遇到了一个搭车的藏族女孩，她背着一个大旅行包，据说要到其他地方换酥油茶。看样子她是经常搭便车的，导游小潘当然不能放过这样一个能帮助他活跃气氛的机会。藏族女孩大方地唱了一首又一首藏族歌曲，甜美的嗓音征服了车上所有的游客，大家不约而同地和这个藏族女孩聊起了地方风俗、特产等，女孩用不太熟练的普通话一一解答了游客的问题。从闲聊中得知，女孩没有上过学，不识字，她唱的歌都是跟着录音机自学的。真令人佩服啊！

点评：导游在旅途中应充分利用一切可能的条件活跃旅途气氛，如果实在不会唱歌，也可以多准备各种类型的歌曲，在行车时根据游客类型来播放，这样既调节了气氛，也让自己顺便学习了这些歌曲。

在旅游车上可以放音乐，可以命名为“音乐欣赏会”；导游组织大家献歌，可以叫“歌曲演唱会”。不论是放音乐还是献唱，导游都要精心准备，让游客感觉到这是你设计的“快乐旅途”中的一部分内容，不能让游客感觉你是随意放一段音乐来应付他们。另外，导游不但要有几首拿手的好歌，还可以将不同年代的歌名编成一篇文章，给不同年纪的游客说歌、朗诵歌，这也是个不错的选择。

（2）引出话题的顺口溜。由于顺口溜用字精练、合辙押韵、通俗易懂、易记易传、幽默风趣，因此颇受游客的欢迎。使用顺口溜，不仅可以增加导游的语言魅力，更能调动和调节旅游团的游览气氛。同时，还可以引出系列话题，调动游客参与话题的积极性，让旅游能够“轻松学知识，快速长技能；脱口讲故事，潇洒做导游”。

案例窗 4-12

游客朋友们，我做导游的工作目标是：“每天早晨早早起，读书数页心有底，知识渊博不怕比，力争做到总经理。”给我点儿掌声！谢谢鼓励！

今天带领各位可亲可敬的朋友游览大连，我先表达一下心情：“人生就像一出戏，有缘千里来相聚。赵钱孙李是一家，东西南北是兄弟。能为大家做导游，实属我的好福气！”

（游客鼓掌）

游客朋友都说导游能说会道，其实每个地方的导游都有自己的绝活，我说出来你们听一听："广东导游夸美味，云南导游赞翡翠。上海导游多长辈，杭州导游诗相随。新疆导游歌甜美，济南导游咏泉水。西安导游一张嘴，北京导游走断腿。"

（这段顺口溜是对全国各个主要景区导游讲解特征的概括，既突出了各个景点的特点，又强调了各地导游的讲解特点，形象而又贴切地反映了各地导游的基本工作状况）

游客朋友们走过的地方很多，感受到各地城市的不同特色了吗？我这有篇《"头"字篇歌》将全国各主要景观特点用顺口溜的形式总结了出来："入境广州观车头，飞抵桂林观山头，转至西安观坟头，游览北京观墙头，过往天津观码头，远足青海观源头，参拜西藏观佛头，故都南京观石头，盛装上海观人头，莫忘杭州观丫头，入住大连观日头，北方明珠观龙头。"

这后两句啊，是我根据家乡大连的旅游特色添加的，各位朋友，你们看是否形象生动呢？

（游客鼓掌，刘导此时引导游客说出自己家乡的旅游特色）

各位朋友游览过不少名山大川吧，刘导再给大家说一段《江水歌》吧！

（因游客对这部分的内容不太熟，刘导朗诵的速度较慢）

"九州大地，江水旖旎。河川众多，各奔东西。水饶四门，富饶美丽。历史典故，不乏传奇。今朝国盛，旅业兴起。漂江赏色，猎奇探秘。"这是前奏，下面开始正式的讲解，各位朋友看看你们家乡的水是否也涵盖在里面呢？

"大鳇传名黑龙江，抗日圣地松花江。中朝友谊图们江，抗美援朝鸭绿江。民族风情澜沧江，欲往九寨上岷江。润之昔年渡湘江，水美洞奇游漓江。省名简称因赣江，船工号子嘉陵江。百色起义在右江，柳州自然有柳江。人口稠密环珠江，景美名美富春江。年年观潮钱塘江，上海依恋黄浦江。凌云大佛拢三江，屋脊雅鲁藏布江。伟岸江河谁之最，华夏儿女颂长江。"

（刘导一气呵成地朗诵完了）

怎么样，给点掌声好不好！

（游客鼓掌）

说完了水，该说说山了。人们都说山水相依，是啊，水依山而灵，山得水而活。"有山无水单调，有水无山枯燥。有山有水奇妙，自然和谐美妙。"

（刘导开始慢速地朗诵）

"中华多山，最有奇观。春夏秋冬，万般变幻。文稿所限，罗列难全。诸君欲往，快马加鞭。"这也是一段前奏，去过诸多名山的游客朋友们，下面请细细品味。

"飞雪长白山；避暑往庐山；日出伫泰山；晚霞岳麓山；奇秀峨眉山；奇险数华山。

道场武当山；寺群五台山；水中普陀山；迷地虎丘山；少林卧嵩山；伟人出韶山。

探宝祁连山；仙水落天山；云海恋黄山；红叶赏香山；世界最高点：喜马拉雅山！"

（又是一气呵成的朗诵，最后一句刘导语调提高，伸出双臂，将游客的情绪调动起来，车上响起热烈的掌声）

点评：在这次的大连游览中，刘导用顺口溜将团队的快乐气氛调到高潮，游客非常开心、满意。这既显示了导游的才气，又让游客从中体会到旅游就是向他们打开一个崭新的世界。

（3）点到为止的幽默和笑话。导游巧妙运用出人意料的语言、动作、表情，以激发游客的游览兴趣，让游客在和谐、愉快的气氛中获得知识和经验。笑话和幽默不仅有助于消除旅途疲劳，还能够化解矛盾，在导游中发挥“润滑剂”的作用。

因此，一位有幽默感的导游总会受到游客的欢迎。即使导游没有幽默的潜质，又无法在较短时间内培养出卓越的幽默才能，只要有意识地学习、掌握一些幽默故事和笑话，若旅途中有合适的场合，均可以拿来向游客“兜售”一番，这往往也能达到较好的效果。

但是，导游讲解的笑话不管幽默与否，都必须注意提高品位，以热爱祖国、热爱社会、热爱生活作为基本的出发点。

案例窗 4-13

朋友们都知道，人生在世多说也就90年，0岁闪亮登场，10岁好好学习，20岁蒸蒸日上，30岁远大理想，40岁再创高峰，50岁年过半百，60岁告老还乡，70岁儿孙满堂，80岁还能溜达，90岁挂在墙上。每个年龄段都有任务，我们不能只是一味地赚钱，忘记停下来欣赏一下路旁的风景。

点评：导游要以阳光、健康的精神面貌面对人生、面对生活、面对游客，用健康幽默的语言来塑造“民间快乐大使”的导游形象。

（4）古为今用讲故事。讲故事是一个很好的选择。故事好背，不需要花费太多的精力，有足够的时间让导游去发挥，一个小的历史典故可以从古至今地演绎半个小时，让游客联想起各种各样稀奇古怪的故事。例如，讲一个《三国演义》中“青梅煮酒论英雄”的故事就能从古讲到今，还能让游客听得高兴，何乐而不为呢？

案例窗 4-14

“凤兮凤兮归故乡，遨游四海求其凰”，这是西汉辞赋名家司马相如为表达对“巴蜀第一美女”卓文君的爱慕之情写下的千古名句，至今读来仍能感觉到司马相如对卓文君的款款深情。几经周折，司马相如与卓文君终成眷属，回到成都。不久，汉武帝下诏来召司马相如，司马相如与卓文君依依惜别。岁月流逝，不觉过了5年。文君朝思暮想，盼望丈夫的家书，没料到盼来的却是写着“一、二、三、四、五、六、七、八、九、十、百、千、万”13个数字的家书。文君反复看信，明白了丈夫的意思。数字中无“亿”，表明已对她无“意”。文君苦苦等到的是一纸数字，知其心变，悲愤之中，就用这数字写了一封回信：

“一别之后，两地相思，说是三四月，谁知五六年，七弦琴无心弹，八行书无可传，九连环从中折断，十里长亭望眼欲穿，百般怨，千般念，万般无奈把郎怨。

万语千言道不尽，百无聊赖十凭栏，重九登高看孤雁，八月中秋月圆人不圆，七月半烧香秉烛问苍天，六月伏天人人摇扇我心寒，五月榴花如火偏遇阵阵冷雨浇花端，四月枇杷黄，我欲对镜心意乱，三月桃花随流水，二月风筝线儿断。噫！郎呀郎，巴不得下一世你为女来我为男。"

司马相如一连看了好几遍这首用数字连成的诗，越看越感到惭愧，越觉得对不起对自己一片痴情的妻子，终于亲自用驷马高车把卓文君接往长安。

故事讲完后，导游又说："有人说是司马相如娶卓文君的动机不纯，还有人说司马相如很虚伪。大家是怎么看的？"很多游客都发表了自己的观点。

点评：故事最大的特点是贯通古今，谈资丰富，就看导游如何把握、调控，让游客有话说、有事做。这样的旅途是快乐的！

（5）妙用古诗词对联。对联艺术是中华民族的文化瑰宝，它言简意赅，对仗工整，平仄协调。作为独特的艺术形式，对联艺术千百年来流传甚广。

案例窗 4-15

在去成都武侯祠游览的大巴车上，林导对游客卖起了关子，说一会儿到了武侯祠，大家寻找一下能够概括诸葛亮一生丰功伟绩的对联，找到了有奖！

在武侯祠，游客对每副对联都看得非常认真，有的游客不停地记，有的游客不停地找，有些游客还不断地找林导询问他们找的对不对，林导笑而不语。

回到车上，林导让游客汇报寻找的成果。有的游客说喜欢国家领导人董必武同志撰写的一副对联。

上联：三顾频烦天下计；

下联：一番晤对古今情。

还有的游客推崇冯玉祥将军撰书的对联。

上联：成大事以小心，一生谨慎；

下联：仰风流于遗迹，万古清高。

大部分游客都说是武侯祠诸葛亮殿正中的一副楹联，其被推为武侯祠诸联之冠。

上联：能攻心则反侧自消，从古知兵非好战；

下联：不审势即宽严皆误，后来治蜀要深思。

林导对这副对联进行了解释，上联说能使用攻心战术，如诸葛亮对孟获七擒七纵那样使其心服，则一切怀异心、图反叛的阴谋就自会消失，所以古来懂得用兵之道的军事家并不是单凭武力取胜。下联着重指出审势是为政的关键，意在劝勉后来治蜀的人，要深思熟虑，如诸葛亮那样谨慎地审时度势，当宽则宽，当严则严，才能建功立业。这副对联意义深远，可供后人借鉴，所以受到毛泽东等领导人的高度赞赏。林导说，这副对联总结了诸葛亮在军、政两方面的经验，但它没有概括诸葛亮一生的功绩。

接着，林导给出了一副对联，它不在武侯祠里，却在民间广为流传。

上联：取西蜀，定南蛮，东和北拒，中军帐里，变金木土爻神卦，水面偏能用火攻；

下联：收二川，排八阵，七擒六出，五丈原前，点四十九盏明灯，一心只为酬三顾。

横批：鞠躬尽瘁，死而后已。

林导把诸葛亮一生用对联上的每一句进行详细讲解，游客受益匪浅。

点评：游览武侯祠的重点是欣赏对联，这就要引导游客细心地品味。林导用的这招就是欲擒故纵，先是出一个题目来引起游客的兴趣，当游客对这些对联产生兴趣的时候，他再细细地讲解，自然会收到事半功倍的效果。

知识卡片 4-3

各地之“怪”风俗

当今社会由于网络发达，各种信息畅通，历史上一些比较经典的对联也被现代人大胆地改编了，笑话百出。作为导游也可以有选择地进行真假、虚实等比较讲解，以增加其趣味性。

案例窗 4-16

（一次在海南旅游，旅游团的兼职导游是一名语文教师，游客都称其为聂老师。他文采很好，思路清晰，一路上给游客讲解，仿佛是在上一节一节的故事课，深深地吸引了游客。聂老师在讲解中不是背诵对联，而是将一些对联通过名人故事来讲解，很有意思）

一年新岁，蔡大人邀郑板桥同往街巷观赏奇联巧对。二人走到一偏僻处，见一户人家门前所贴春联与众不同，只见写着：

二三四五，

六七八九。

郑板桥一看，顿起怜悯之心，对蔡大人说：“请稍等片刻，我去去就来。”说完，不等蔡大人开口，转头就走了。蔡大人望着他匆匆而去的背影，莫名其妙。

不一会儿，郑板桥回来了，只见他夹着几件衣服，肩上还扛着一袋大米。他敲开了那家的门，只见一家老小都坐在炕上，灶里冷冰冰的。郑板桥说：“穿上衣服，煮饭吃吧！”那家主人感激涕零，千恩万谢。

出了门，蔡大人不解地问：“老兄，你怎么知道……”郑板桥一笑，指了指那家的门联，解释了一番，蔡大人才恍然大悟，原来此对联是取谐音，说明他们缺衣（一）少食（十）。

（聂老师又问大家，你们熟悉的清朝比较有名的文人墨客是谁？游客异口同声地回答说是纪晓岚。聂老师接着就说了一段纪晓岚和乾隆的拆字对联的故事）

纪晓岚长年在京城为官，日子久了，不免思念家乡，因此闷闷不乐。乾隆皇帝看出了纪晓岚的心事。一日，退朝后，乾隆对纪晓岚说：“爱卿这几日气色不好，朕出一上联，猜猜。”

（聂老师一边讲解一边用手比画字的形状来提示游客）

口十心思，思妻，思子，思父母。

纪晓岚连忙跪下，对道：

言身寸谢，谢天，谢地，谢君王。

乾隆皇帝顺水推舟地准了纪晓岚的探亲假，也留下了这副巧妙的合字联。

（聂老师还给大家说了一段“唐宋诗词之最”）

世上最厚的冰——瀚海阑干百丈冰，愁云惨淡万里凝。

世上最深的情——桃花潭水深千尺，不及汪伦送我情。

世上最高的楼——不敢高声语，恐惊天上人。

世上最快的船——两岸猿声啼不住，轻舟已过万重山。

世上最深的雪——夜来城外三尺雪，晓驾炭车碾冰辙。

世上最大的瀑布——飞流直下三千尺，疑是银河落九天。

世上最长的头发——白发三千丈，缘愁似个长。

世上最远的邻居——海内存知己，天涯若比邻。

世上最倒霉的船——沉舟侧畔千帆过，病树前头万木春。

世上架子最大的人——天子呼来不上船，自称臣是酒中仙。

世上最长的脸——去年一点相思泪，至今流不到腮边。

点评：在带团过程中，聂老师充分发挥了自己的特长，将知识与趣味情景交融。游客处在欣赏美景与品味美词的喜悦中，觉得旅游真是一种精神上的享受啊！

任务实施

一、旅游车上的娱乐活动

导游除了要把景点内涵讲得丰富、活灵活现以外，还要会组织车上的活动。一些有实力的导游会组织一些故事会、对联鉴赏会、顺口溜主题会、歌曲演唱会、音乐欣赏会等，但一般的导游还没有这种水平。有些游客不想听太多的讲解，还有些游客需要的是听听笑话、唱唱歌、猜猜谜语、做做游戏，开心一下。

刘导接待了来自广东的旅游团，依据他的经验，广东客人比较活跃，一般喜欢在车上进行活动，这点可能不同于其他地方的客人。刘导为带好这个广东团做了充分的准备，如准备了唱歌、猜字谜、故事接龙、脑筋急转弯、幽默笑话、学说绕口令等活动，以保证车上的娱乐活动不仅搞笑，而且有含金量。刘导在车上用自嘲方式介绍自己的工作：

“我觉得我们导游的工作，有时候比美国总统还难做，我们没有他的顾问团、智囊团，没有他的竞选班子。我们导游就是一个人，要面对形形色色的客人，处理方方面面的事情，解决大大小小的问题。游客对我们的工作要求也是综合性的，更重要的是美国总统可以犯错，说是一场误会就解决了，我们导游敢犯错吗？旅行社、客人、市场给我们犯错误的机会吗？不给！导游的心理承受力比总统还强。所以说导游比美国总统厉害！我们不做总统了，来做导游！今天我们有理由为自己的选择、自己的伟大而鼓掌！”

（游客鼓掌）

接着，刘导在车上开始了已经准备好的娱乐活动。

“今天在车上的娱乐活动的开场，不像春晚的开场——永恒不变的喧天的锣鼓之后大腕开唱，今天由我一个名不见经传的帅小伙刘导给你们清唱一曲韩红的《家乡》，大家来点儿掌声给我鼓鼓劲儿。”

（游客鼓掌）

刘导边唱边模仿韩红闭着眼睛的动作，很投入，赢得游客一阵阵掌声和叫好声。唱完一曲后，游客喊：“再来一首！”刘导又唱了一首阿牛的《浪花一朵朵》。

（掌声热烈）

刘导接着说：“都说抛砖引玉，我这块砖头抛出去了，砸到哪块玉了？”接下来先是导游和游客对歌，之后又找出来一组男女对歌，相互配合得很默契，游客们被逗乐了，气氛很活跃。

“歌唱得很好，大家很开心啊！是不是把今天我们坐的车牌号给忘了？刘导带领大家做个小游戏，就叫猜车牌号。我们这辆车的车牌号尾数是几？对，记住后三位数，就是518。用你们广东当地话就叫‘我要发’！多么吉祥的数字啊，一定要记住了，你要发了。”

“再让大家做一个游戏：车上跳舞。别惊讶，我们还是以安全为第一！这里说的跳舞是坐在座位上，我伸左手，大家就得伸右手，无论我做什么动作，如果有客人和我一样了，就输了，要相互监督啊！”刘导一边表演着，一边喊着口令：“一、二、三、四、左、右、上、下。”游客们做得很认真，既放松了身体，也感到很高兴。

“通过这个游戏，我发现大家的反应很快啊，真是应了那句话——广东人用灵敏引导潮流。接着，为了把大家平日的智慧和想象力都发挥出来，我们进行故事接龙，刘导选好了一个大家感兴趣的故事：‘我涨工资了！’当我说出开头部分后，后面就由大家每人一句往下接，如果没接上就需要表演节目，看看涨工资后的故事会发展到什么结果！”

游客很配合地进行着这样的接龙，最后这个故事在笑声中被游客接得已经完全和故事的开头不搭了！

（游客笑爆了）

刘导针对广东团做了充分的娱乐活动方案准备，将日常积累的各种娱乐素材在车上恰到好处地一一展示出来，丰富了这次旅游活动的精神层面，既愉悦了游客的身心，也赢得了游客的信任。

二、景区景点娱乐活动

特色和个性是旅游景观的生命，在旅游景区里的娱乐活动主要以观赏为主，如观赏景区中少数民族的舞蹈表演、民俗展示等，但在景区有的导游会组织游客即兴参与娱乐活动，也会产生很好的娱乐效果。下面我们通过五种常见的景区景点娱乐活动的案例来切实地体验一下。

1.赛诗会

一次去山东旅游，导游说，好客山东欢迎你！拿什么欢迎呢？就用一山、一水、一圣人欢迎各位来自五湖四海的朋友们。“一山”就是五岳之首的泰山，登上泰山之巅，看到群山都在你的脚下，五岳之尊的感觉是不是油然而生呢？登上泰山之巅后我们举行一场自由创作的赛诗会，看看哪位游客能把自己的豪情壮志发挥到极致！

登上泰山后，一些游客放声大喊：“会当凌绝顶，一览众山小”“一览众山小，全家都吃饱”“会当凌绝顶，我要去攀登”“山高人为峰，一人登绝顶”“泰山，我来啦……”这真是一场分不出伯仲的赛诗会啊！

在泰山景区进行赛诗会，看似游客即兴、随意，其实是导游有心设计的，就是为了让游客抒发登上泰山的情怀，这样的活动能在不经意间让游客体验到旅游的快乐！

2.学跳舞

一个旅游团在夕阳的映照下到达了昆明石林景区，看到当地的女孩身着民族服装翩翩起舞，有些游客按捺不住了，手脚不由自主地打起了拍子，这一切被导游小杜看在眼里。当走到石林景区一块空旷的草地上时，小杜说：“来到阿诗玛的家乡，带不走阿诗玛，可以把阿诗玛的舞蹈带回家，我们一起来学个舞蹈好吗？”大家游兴正浓，都称好，但是又怕学不会。小杜安慰大家说没问题，每个人都可以学会。在小杜的号召和指导下，大家手拉着手，围起的圈子越来越大，舞步一致，跳得高兴、跳得尽兴！

杜导最初并没有这方面的活动设计，看到游客的兴致这么高，杜导趁机发起的这个学跳舞蹈的活动让整个团队很快融为一体。组织这样的娱乐活动是对导游的基本素养和灵活性的考验。

3.寻宝藏

夏之河旅行社接待了一个企业团到城市近郊爬山游，这个团队负责人希望能够在旅途中搞些娱乐活动。导游小张接到这项任务后，认真地对这项活动进行了设计，活动主线以寻宝为主。小张将本次旅游的娱乐活动方案发给团队负责人，团队负责人看后很高兴，又增设了活动的奖品。

为完成这项任务，小张提前去大黑山景区踩点，将设计好的宝藏藏在登山的沿途中。

带领团队进入景区后，小张介绍了宝藏的特点和寻宝的要求，并叮嘱游客：本着安全第一的原则，各位要寻找的宝藏一定在安全的地方。找到宝藏后，到山顶上的一块空地集合，颁发奖品。

考虑到这次娱乐活动的参与热情，小张设计的得奖面比较广，几乎每个人都能够得奖。凡是寻到一、二、三等奖，除了颁发不同的奖品之外，得奖者还要一起表演节目，节目内容、形式不限，以游客的掌声和叫好声的分贝来计算，据此再评出一、二、三等奖。

领奖者表演了各种类型的节目，讲笑话、猜谜语、绕口令、唱歌、诗朗诵、跳舞……

导游小张从设计、组织到实施，将这次爬山游娱乐活动的每一个环节都做得很到位，在进行“奖中奖”的过程中把活动推向高潮，既愉悦了身心，又增进了团队的凝聚力。

4.赏美文

一次在庐山旅游，车快到庐山的时候，导游站起来说：庐山快到了，大家第一次来吧？我对庐山的一草一木太熟了，眼中也就没有美了，心也不激动了！为了让游客朋友们先耳听庐山的美，再眼看庐山的美，我给你们念一篇前几日一名游客给我发来的文章。

庐山，太美了

暑假的一天，我们来到风景秀丽的庐山游玩。要上庐山，首先得“爬”上庐山。导游在车内说得滔滔不绝，可我早就没心思听了。我望着高耸入云的盘山公路，不知不觉已身在云雾中——面对蜿蜒曲折的道路，我头昏脑涨，不禁想到毛主席描写庐山的一首诗中说道：“一山飞峙大江边，跃上葱茏四百旋。冷眼向洋看世界，热风吹雨洒江天……”四百旋，也就是四百个弯！其实只有396个，可也够我受的了。

一上庐山，迎面而来的清风，把我们一路上的疲劳一扫而空，坐在大巴里竟一点也没有闷热的感觉。导游在车上讲述着庐山的故事，讲到庐山三怪的时候，我来了精神。

庐山有三怪，一怪是屋顶铁皮盖；二怪是汽车开飞快；三怪是导游满山带。另外，这儿的庐山大剧院天天放电影《庐山恋》，创造了吉尼斯世界纪录！后面的我也没听清楚，因为我们进了山，正在观赏庐山的云雾呢！

庐山的雾，时聚时散，茫茫的雾海，就在山中，就在你的身旁。树上的小鸟、知了也在不停地歌唱着。望着一望无际的云雾，你会瞬间感到一种心灵的净化。雾气伴随着清凉的山风来到你的身边，好似仙境一般，让你腾云驾雾地穿梭于庐山的青山绿水中。在这里，云好像不是那么遥不可及了，好像你一伸手就能抓到似的。依山傍水之间，伴随着云雾，游览庐山是多么美好的享受啊！

时间过得真快，上午的行程已经结束了，我欣喜地等着下午的行程。此时，我真想大喊一声：庐山真美啊！

导游将这篇美文与游客一同欣赏，这在景区导游讲解中很少见。但是，导游的坦诚和引导游客欣赏美景的用心，让游客感同身受。不得不说这名导游实在高明。

5.模仿秀

导游在带团的空闲翻翻报纸，绝对是一个很好的习惯，一名优秀的导游常常能从报纸中找出一些有用的东西来增加与游客的谈资。

一位导游带领一个欧洲旅游团去西安旅游，他买了几份当地的报纸，翻着翻着就看到了一条很有意思的消息：西安正在搞一个模仿秀活动，寻找长得最像兵马俑的人，很多人报名参加，他们按照陶俑的仪态姿势拍出来的照片被刊登到了报纸上。这位导游立刻把这张报纸收藏了起来。

在秦始皇兵马俑景区，导游让游客仔细观察那些陶俑的外貌和姿态，等大家回到车里，他便从包里掏出那份准备好的报纸给他们看。这下欧洲游客全都来了兴致，对照图片上的陶俑和参赛的选手，津津有味地研究起来。报纸在他们手里传了一圈后，不需要导游开口，游客们就能总结和模仿出兵马俑的外形特征了。

更巧的是，离开西安的前一天，导游又读到了另一条消息，一项新的模仿秀开始报名了："寻找你心目中的杨贵妃。"在此之前，他总是跟客人们调侃说，在我国唐代都是以胖为美，这跟欧洲人高高壮壮的风格颇为接近。这些欧洲游客听说选"杨贵妃"的事，立刻回应说，应该让车上的女士们集体去报名参赛，车上的气氛顿时热烈起来。

"从生活中找语言，语言就有了根"，生活是语言最为丰富的源泉，导游要使自己的知识和语言更加丰富，就应深入生活、了解生活，与时代同步，紧跟时代潮流，这样就会更新一些知识。导游在带团的时候翻翻当地的报纸、看看当地的新闻，就能够发现和捕捉到许多与游客沟通的娱乐话题，让游客参与其中是一件很愉快的事情。

三、游客生日娱乐活动

人们对自己的生日一般都很在意。在旅行中，有时为了增加旅途的娱乐性，给恰逢生日的游客过生日，也是一件很有意义的事情。好的导游一定是语言高手，在特定场合，能够煽情、动情，将团队的气氛活跃起来。这需要平日的积累，导游要注意培养自己的即兴表达能力。

四、节日旅游娱乐活动

中国历史悠久，节日众多，节日文化内容丰富。

中国的传统节日主要分为两大类：一是全民性的节日，如春节、清明节、端午节、中秋节；二是地区性的民族节日，如泼水节、火把节、那达慕大会等。导游在带团旅游过程中，应该对各地的节日及擅长的娱乐活动有所了解。俗话说：入境而问禁，入国而问俗，入门而问讳，入乡而随俗。十里不同风，百里不同俗。

一次去九寨沟景区游览，导游带领游客去参加一场在喜来登酒店举行的民俗歌舞晚会。在路上，导游说了下面的话：

各位游客朋友，今天我们去喜来登酒店观看晚会，大家都见过或都体验过双"囍"临门的幸福快乐吧！今天我们观看晚会的节目里就有个节目叫"抢亲"，仪式很特别，不论未婚和已婚的男同志都可以积极参与啊！还有奖品，千万别错过了！如果已婚的男同志把新娘子抢到了，那可就"双喜临门"了呀！不过这个"双喜"还真有点麻烦！对了，历史上的"双喜"临门的故事你们听说过吧？

有这样一个传说，与宋朝的王安石有关。王安石21岁去赶考，在马家镇遇见员外家的走马灯上闪出"走马灯，灯马走，灯熄马停步"的征联，不少游客拍手称赞："好个上联！"

翌日，王安石在考场上文思大发，一挥而就。考官见他聪明，便指着厅前飞虎旗试他："飞虎旗，旗飞虎，旗卷虎藏身。"王安石听后，信口对曰："走马灯，灯马走，灯熄马停步。"主考官听后连声赞叹。

王安石考毕后回到马家镇，信步来到马员外家，马员外请他对出走马灯的对子。王安石信手写道："飞虎旗，旗飞虎，旗卷虎藏身。"员外见他才华出众，便将女儿许配给他，择吉日在马府完婚。正当新人拜天地时，家人通报：王大人金榜题名，明日请赴琼林宴。王安石喜上加喜，乘着酒意，挥笔写下大红双"喜"字贴在门上，并吟道："巧对联成双喜歌，马灯飞虎结丝罗。"从此"囍"字便传开了，在民间被广泛应用在婚礼上。这个"囍"字寄托着新婚燕尔的一对新人对自己爱情生活幸福美满的殷切希望，寄托着父母、亲朋好友对新人婚姻美满的美好祝愿。

今天如果"囍"了，家里的嫂嫂就会罢工了，已婚的男同志可别真抢啊！

导游通过即将观赏民俗晚会中的一个小节目，用中国的"囍"字故事，很巧妙地将游客的注意力引到即将观看的晚会上来。

在不少旅游景点，经常会遇到舞狮表演。狮舞有南北两种表演风格，北派狮舞的表演以"武狮"为主，即魏武帝钦定的"瑞狮"，小狮一个人舞，大狮两个人舞，一人站立舞狮头，一人弯腰舞狮身和狮尾。人们无法辨认舞狮人的形体。舞狮人为古代武士装扮，手握旋转绣球，配以锣鼓，逗引瑞狮。狮子则表演腾翻、扑跌、跳跃、登高、朝拜等技巧，并有梅花桩、窜桌子、踩滚球等高难度动作。而南派狮舞的表演以"文狮"为主，表演时配以表情，有搔痒、抖毛、舔毛等动作，惟妙惟肖，逗人喜爱，也有难度较大的吐球等动作。

导游可以提示游客参与舞狮活动的技巧和注意事项，就舞狮活动与当地民俗的关系为游客进行比较详细的介绍，让游客对舞狮活动产生观看和参与的兴趣。

实践训练

实训项目：趣味讲解练习

实训设计：

（1）教师向同学明确训练任务，将同学按每6～8人分成若干团队。

（2）每个团队的队长组织团队成员对收集、整理娱乐趣味任务进行分工。

（3）团队利用整理好的娱乐资料设计在车上、景区中的娱乐活动方案，完成后上交老师审核。

（4）组织团队成员进行娱乐趣味讲解的练习，老师随时与团队沟通，指点训练的进展。

（5）利用学校的流动大巴车，让学生团队分别在旅游车上进行娱乐活动展示。每个团队的实训时间为15分钟。

（6）组织学生团队到当地近郊旅游景点，在旅游景点中进行给游客过生日的娱乐活动。每个团队的实训时间为20分钟。

在线测评4-2

任务2

考核评价

评价考核：评价考核内容见表4-2。

表4-2　　娱乐服务技能考核评价表

内　容		评　价		
学习目标	评价内容	分　值	团队成员互评	教师评价
基本知识	娱乐资料收集整理、归纳分类	10分		
	娱乐资料的趣味性、健康性、可操作性	10分		
专业能力	团队对娱乐活动角色的分工、练习	20分		
	团队在车上、景区中的娱乐活动方案设计特色	20分		
通用能力	导游语言表达能力	20分		
	导游娱乐服务创新能力	10分		
职业态度	艺术修养	5分		
	创新意识	5分		
努力方向：		建议：		

项目小结

本项目主要介绍了购物服务和娱乐服务。导游是游客购物时最直接的咨询与依赖对象，导游在满足游客购物方面具有十分重要的作用。同时，人们外出旅游，主要通过观赏和参与娱乐活动得到放松，导游对娱乐活动的设计与组织要注重其健康性、教育性、娱乐性、趣味性，以此来保证娱乐活动组织与实施的质量和效果。

综合实训

根据下面的素材，完成旅游团队购物及娱乐活动的方案设计：

新年前夕，地接小王接到一个来自甘肃的旅游团，该团内有20多个年轻人，来自同一个企业。团内游客第一次来到海滨城市大连，同时，该企业领导希望在旅游活动中搞一次颁奖活动，奖励一年中为企业发展做出贡献的员工。

价值引领

“中国购”蔚然成风的启示

“一定要带空箱子去中国！”这个实用小贴士在海外社交平台引发热议。从“China Travel”（中国游）到“China Shopping”（中国购），外国人来华“买买买”正成为跨境旅游新趋势。支付平台数据显示，外国游客在华消费中，本土商超、潮流文创、特色美食等的占比显著提升。

“中国购”走红的背后，是多重因素共同驱动的结果。一是退税政策全面升级，来华购物更划算。按退税率11%计算，再扣除2%的手续费，外国游客消费1万元人民币的商品可节省900元人民币，真金白银的实惠让他们更愿意满载而归。二是便利服务全程在线，消费体验更丝滑。免签政策持续放宽、退税商店数量增多、外卡POS机覆盖率提升，激发了外国游客随手买、多次买的消费热情。三是社交平台现象级传播，中国魅力更凸显。2025年以来，中外网友的“对账”热潮，埃文·凯尔、“甲亢哥”等先后开启中国行，让更多人了解中国。

“中国购”蔚然成风，更折射出“中国制造”全球竞争力的跃迁。如今，中国制造业在产品质量、技术创新以及设计水平方面均取得了长足进步，从国际精品到国货潮品，从特色美食到非遗文创，中国制造向中国智造的转型，正在供给端构建质量优势，形成对全球消费者的价值吸引力。

全球“购物车”与中国消费市场的双向奔赴，既是境外游客的主动选择，更是中国高水平对外开放的生动注脚。从跨境电商的快速发展，到进口博览会的举办，从省际离岛免税的试点，到多式联运的畅通，中国开放的大门越开越大，为世界提供了更多消费选择。

不过也要看到，“中国购”的火爆不是终点，而是中国品牌走向世界的新起点。未来，随着营商环境持续优化、市场开放纵深推进、产品服务迭代升级，中国品牌将在全球舞台上绽放更加耀眼的光彩。

资料来源：乔瑞庆.“中国购”蔚然成风的启示［N］. 经济日报，2025-05-28（5）.

职业素养：文化自信　民族自信

学有所悟：导游是连接游客与目的地的重要桥梁，每天都在见证着游客的消费选择与文化体验。导游应成为“中国购”背后价值的传递者，让游客在购买中国产品的同时，感受到国货所承载的文化底蕴，让游客在消费中读懂“中国智造”与“中国文化”的魅力。同时，导游也是民族自信的践行者与示范者。导游的言行举止对游客有着潜移默化的影响。当导游自身展现出对国货的认可与热爱时，这种自信就会感染游客，让“中国购”成为向世界展示中国自信的窗口。这要求导游不断提升自身的职业素养，以实际行动践行民族自信。

项目五　送站及善后服务

任务 1　送站服务

任务目标

知识目标：

1.掌握送站服务流程及送站过程中常见突发问题的解决方法。

2.掌握欢送词的内容和致欢送词的方法。

能力目标：

1.能够按照规范完成送站服务，并能够灵活处理送站过程中出现的问题。

2.能够根据任务情境，致有特色的欢送词。

素养目标：

1.养成“善始善终、站好最后一班岗”的职业习惯。

2.提高创新意识、团队合作意识和服务意识。

任务情境

加拿大入境旅游团愉快地度过了他们在大连的3天旅程，准备返程回国，大连假日旅行社的导游小李第二天将去酒店接他们去机场完成送站服务。

知识点拨

一、导游送站服务的基本流程

导游送站服务的基本流程包括：核实返程票—商定出发时间—离店服务—结清账目—集合登车—致欢送词—送别离站。

送站服务是地陪直接面向游客提供导游服务的最后阶段。作为游客，此时归心似箭或者到下一站旅游的心情比较急切。这个时候既是游客极易发生物品遗失、人员走失、误机（车、船）等事故的关键时期，又是导游对接待工作中曾出现过的失误或其他问题进行补救的最后机会，还直接影响到旅游团的后续活动甚至出境。所以，“编筐编篓，重在收口”，导游更要加倍认真、仔细，做到忙而不乱，对已经出现的问题，多做弥补工作，多提供完善性的服务，做到善始善终。

二、导游送站服务的技巧

1.充分做好旅游团送站前的准备工作

（1）旅游团离开的前一天，全陪、领队首先要做好上下站之间或出境返程的联系工作，与地陪沟通商定、核实和落实旅游团离站的交通票据和到达机场、码头的准确时间，即航班（车次、船次）号、起飞（开车、起航）时间。其次，全陪、领队要办理好离站的有关事宜。

（2）地陪应与司机商定出发时间，然后根据出发时间同领队、全陪商议确定叫早、出行李及早餐时间，必须留出充裕的时间到达机场（车站、码头），出境航班提前3小时、国内航班提前2小时，火车和轮船提前1小时到达送团地点。

案例窗5-1

导游小赵接待了一个来自广州的旅游团。小赵带领这个团队先后参观了北京故宫、颐和园、国家大剧院等，几天下来与游客、领队相处得比较融洽。按照行程计划，第四天上午送站，飞机起飞的时间是上午10点20分。按照以往的经验，小赵认为从饭店到机场大约需要50分钟。在与领队商量后（未与司机商量），小赵在前一天返回酒店的车上，通知游客第二天早上7点用早餐，7点30分出发。当时正在开车的司机马上说："7点30分不行！"导游小赵问："为什么？"司机说："你没有看到在修路吗？"导游小赵马上向司机和游客道歉，又同司机师傅商量路线如何走，几点钟走合适。商量好后，小赵又与领队进行沟通，然后他对游客说："真对不起，幸亏我们司机师傅及时提醒，否则明天赶不上飞机影响大家回家，我就犯下大错了。谢谢司机师傅！"接着又说："刚才与司机师傅和领队商量好了，明天早晨我们6点30分用早餐，7点钟准时出发。大家一定要准时啊！"

点评：导游小赵注意了与领队的沟通，却忘记与司机师傅沟通。他依据以往的送站经验，却没有想到、也没有看到正在修路，犯了主观经验的错误。但是面对司机师傅的提醒，他能正视自己的错误，不但向司机师傅道歉，还向游客道歉，马上和司机师傅商量行车路线和时间安排，将送站出发的时间进行了修改，得到了大家的理解。

（3）导游应选择恰当的时机和场所，比如在餐厅的包间或回饭店途中的旅行车上等游客集中的场所，通知游客第二天出行李、早餐及出发时间，并提醒游客尽早与饭店结清有关个人消费账目（如洗衣费、长途电话费、饮料费等）。

（4）导游要把叫早、用餐及出行李时间通知饭店的有关部门，并尽量提前结清账目或签单，以免第二天由于自己结账影响团队出发。同时，导游要检查自己是否保留了游客的物品、证件，如果有些承诺委托没有办到，要及时向客人讲明。

2.细心协助做好旅游团离店服务

旅游团在离开酒店时涉及行李搬运、结账退房等工作，这是比较容易出现各种问题的环节。因此，导游讲解一定要细心，并且要协助全陪、领队做好团队的离店服务工作。

首先，离开饭店时，导游要按照约定的时间与行李员交接行李，并请全陪、领队共同确认行李总件数，检查行李是否上锁、有无破损等，以便及时补救。

其次，导游要在饭店规定的退房时间之前为游客办好退房手续，如游客损坏了房间设备，导游应协助饭店妥善处理赔偿事宜。

案例窗 5-2

导游小李接待了一个来自重庆的旅游团，游览结束后，小李按照行程，计划安排第二天上午8点退房，8点30分离店乘车去机场。早上8点，小李在协助游客退房时，酒店客房通知，游客入住的302房间少了一个茶杯。小李马上请酒店再仔细查找房间内的每一个角落，并指出客人不应该也不会拿走茶杯。同时，小李也请客人找一下自己的包，提醒客人是否没注意放到某件行李里面，或拿到其他团友的房间了。

住在这间客房的游客找了一圈没有找到茶杯，情绪很激动。按照规定，酒店要求赔偿。这个时候，导游小李担心误机，就说："这个茶杯的钱我来出。"

点评：导游小李按照规定的程序，做得很到位。当时赶飞机是头等大事，如果时间不允许游客与酒店当面分清责任，而且酒店坚持索赔，那么应由领队（全陪、地陪）付钱了事，以免纠缠下去导致误机。

再次，在行李交接完毕和一切退房手续办完之后，导游带领旅游团的所有游客集体登车，开车前要提醒游客带好旅行证件和随身物品，如是否带好护照、身份证件、手机、首饰、钱包、手表等。

最后，致欢送词，向游客发放"旅游服务质量评价意见卡"，听取游客对整个游览过程的意见和建议。

3.精心设计并致欢送词

导游讲解 5-1

致欢送词

如果说欢迎词是导游给游客的第一印象，那么欢送词给游客留下的最后印象则是深刻而长久的。在离开饭店的送行途中或在机场、车站、码头的时间段内，是导游的最后一个讲解环节，也是导游把惜别之情推向高潮的重要一步。俗话说，"结句如撞钟"。所以，导游对欢送词的设计应该深思熟虑，使之情真意切，在游客心里产生荡气回肠的感觉。

致欢送词的时候，语气应真挚、富有感情。一般情况下，导游会对这几天的行程做一个回顾，并将旅游过程中发生的趣事做一个总结，感谢游客给予的合作与支持，诚恳征求游客对游览活动的意见和建议，请游客对旅游活动中不满意的地方给予谅解并向其赔礼道歉，表达友谊与惜别之情，并衷心祝愿大家一路平安！欢迎词和欢送词要首尾相接、遥相呼应，切不可虎头蛇尾。

（1）欢送词的形式。欢送词的形式主要分为惜别式、道歉式、感谢式、引用式、归纳式等多种。

①惜别式。经过一段时间的相处，导游与游客已熟悉，有的还成了朋友。惜别式的欢送词是常用的欢送方式之一，但不可过分渲染，否则会给人以虚伪之嫌，点到即可，才是自然的真情流露。

为期3天的山东之行结束了，我想一定给大家留下了深刻而美好的记忆吧！这3天时间里，我们参观了人文的最高峰——曲阜三孔、自然的最高峰——东岳泰山、人情最美的城市——泉城济南。然而最令我难忘的是：我很幸运地带领了一个来自海滨城市的最热情的团队，是你们在这里留下了一路欢歌笑语，是你们这样一个充满欢乐的旅游团队，让我尽情地把这里的山山水水展示给大家。我真心地谢谢大家！

②道歉式。这种欢送词往往用于导游有失误的情形，通常是不得已而为之。在旅游旺季或在接待过程中，有时难免会出现失误或意外，导游应努力消除客人的怨气。送团时再次重申，既可说明自己的诚意，又可使客人明白导游已足够重视，有利于化解客人的不满情绪。对于非原则性的小失误可以向游客报以致歉的微笑。

③感谢式。感谢式的欢送词是最常见的一种，如果团队旅行顺利完美，此时的感谢将会是锦上添花，会收到非常好的效果。

再过几分钟就要跟大家说再见了，真有些舍不得，不过今天的再见或许是明天的相会。两座山可能碰不到一起，但是我相信有缘的两个人一定会再见面的。短短的3天很快就过去了，我带领大家游览了东方圣城——曲阜，领略了影响中国2 000多年的儒家思想；爬上了五岳独尊的泰山，了解了古代帝王来泰山的目的；欣赏了天下第一泉——趵突泉，倾听了乾隆和夏雨荷的爱情故事，我想大家肯定能满载而归。在这里，我没有什么豪言壮语，我们这次相见是一种缘分，俗话说500年前的回眸一笑迎来了我们今生的一次相遇，我会好好珍惜。多谢各位对我工作的支持，在我们共同的努力下，这次旅游取得了圆满成功，工作不周之处还请大家多多包涵，在这里给你们道歉了。希望大家再来泰山！来山东做客！希望下次还能接待大家，怎么找到我呢？找到咱们的旅行社（组团社），就找到我了。最后祝愿大家一路平安，万事如意，万事开心，再见！好客的山东人民欢迎你们！

④引用式。引用一些名人名言对景区景点加以描绘和总结，会使导游的欢送词极具文采，并可增强说服力，使客人有一种不虚此行的感觉，是一种效果极好的方式。

⑤归纳式。归纳式的欢送词仅仅几个字就将旅游行程送别之情表达得很到位，比较通俗易懂，既能引起客人的兴趣，又能蕴含一定的人生哲理。但是言辞不可流于俗套，使人感到乏味。

我们的旅程马上要结束了，小宋也要跟大家说再见了。临别之际没什么送大家的，就送大家四个字吧。第一个字是缘分的“缘”，俗话说“百年修得同船渡，千年修得共枕眠”，那么和大家这几天的共处，算一算也有千年的缘分了！接下来这个字是原谅的“原”，在这几天中，小宋有做得不好的地方，希望大家多多包涵，在这里说声对不起了！再一个字就是圆满的“圆”，此次行程能够圆满地结束多亏了大家对我工作的支持和配合，小宋说声谢谢了！最后一个字是财源的“源”，祝大家的财源犹如滔滔江水连绵不绝。同时祝大家工作好、身体好、今天好、明天好、现在好、将来好、不好也好、好上加好，给点掌声好不好！

⑥唱歌式。音乐无国界，以唱歌结束，将会把结尾推向一个高潮，也让人回味无穷。但这种方式对没有歌唱天赋的导游不适用。

⑦简洁式。语言简单凝练，该说的说，不该说的不多说一句。但说出的话很到位。

短短几天的行程就要结束了，在这几天里，如果有照顾不周的地方希望各位海涵。我们大连一年一个变化，我也衷心地希望大家经常到我们大连来转一转、看一看。最后我还是要代表大连人民，对你们做出的贡献表示感谢！这几天司机师傅很辛苦，下面让我们用热烈的掌声对他表示感谢！好的，我替司机师傅谢谢大家的掌声！同时，我和司机师傅祝各位一路平安，谢谢大家这几天对我们工作的支持与配合，谢谢大家！

（2）欢送词的内容。欢送词一般包括感谢、惜别、回顾、征求意见、致歉、祝愿等内容。

①感谢，即对领队、全陪、游客及司机的合作表示谢意。

各位朋友，时间过得太快了，我不得不为大家送行，我的心中真的有许多感谢。一要感谢司机师傅，在他的安全驾驶下，我们一路顺畅地游览了各个景点；二要感谢全陪（领队），感谢几天来他辛苦地协助沟通与联络；三要感谢全体游客朋友灿烂的笑容！都说“一个人一个城市”，这几天我感觉到了天津人快乐、淳朴、悠然的性格，同时感受到天津人的口才实在是太好了！天下没有不散的筵席，也没有永远在一起的朋友，但愿我们还有再见的机会，希望大家把快乐永远记在心底！

②惜别，即表达友谊和惜别之情。

愉快的旅程就要结束了，此时此刻我的心情非常纠结，纠结之后也很感动！纠结的是就要和大家分别了，不知道何时再见面，所以有些舍不得！感动的是大家的热情和对我工作的配合！希望下次再来旅游还能记得我，我还能有机会为您提供导游服务！

③回顾，这是为了更好地欣赏。

这几天，在青岛标志性的栈桥上凭海临风，五四广场的火炬留下了我们的身影，走在山海交相辉映的滨海路，在进口木材铺就的木栈道上欣赏了奥帆中心。八大关的城市古迹、崂山的仙人指路，都给大家留下了深刻的印象。大家回到家乡后，在翻阅照片的时候可能会记起在青岛有一个王导，用地道的青岛话将八大关景观用熟练的顺口溜表达出来了！

④征求意见，向游客诚恳地征询意见和建议。

时间总是很短暂，我们今天的旅程即将结束了，各位爷爷奶奶玩得开心吗？小肖今天跟着几位爷爷奶奶聊天，可是学到了不少关于花卉养护的知识呢。希望下次爷爷奶奶再来旅游，小肖还会热心为你们服务！

⑤致歉，对行程中的不尽如人意之处，请求原谅，并向游客赔礼道歉。

机场离我们越来越近了，感谢大家配合我的工作，才能换来如此圆满的旅行！今天在景区游览的人特别多，但是咱们这个团队每一个人都紧紧地跟在我的周围，没有一个掉队的，小李再次感谢大家的信任！但是，小李还要向大家道歉，在景区由于人多嘈杂，有的游客朋友没有听清楚小李的讲解。为了表达歉意，我为大家唱首歌，也祝大家在今后的日子里，工作顺利、身体健康、夫妻甜蜜、多赚人民币！希望大家再来云南旅游！

⑥祝愿，表达美好的祝福，期待再次相逢。

最后祝愿我们所有的来宾：东成西就、南通北达、左右逢源、上下皆宜、财源广进、生活幸福、家庭美满、身体健康！一周七喜、百事顺意、事业芬达、非常开心、天天都娃哈哈！

4.认真做好旅游团的送站服务工作

送站服务直接关系到旅游团整个旅游活动的最终印象，导游应善始善终，认真负责地做好旅游团的离站服务。

首先，导游要带领旅游团提前到达机场（车站、码头），在下车时要提醒游客带齐随身行李物品。下车后，请旅游车司机清车，迅速检查有无遗漏物品，联系行李员，协助交运行李。

其次，要协助办理旅游团的离站手续。送乘坐国内航班离站的旅行团进入机场大厅，将交通票据、行李托运单当面清点核实后交给全陪（无全陪的交给领队）；协助全陪（领队）办理机场建设费和登机牌及托运行李手续，再将客人带至安检处，与客人告别。送别乘火车的旅游团时，迅速交接行李及交通票据，地陪应在适当的位置招手示意与客人告别，待旅游团所乘交通工具驶离本地后方可离开。送乘坐国际航班出境的旅游团时，地陪、全陪和领队一起与旅行社行李员交接行李，清点核实后协助游客拿走自己的行李；地陪应向领队或游客介绍办理出境的手续，需垫付机场建设费的团队，要按计划办理；注意保存票据，回旅行社凭票报账；待游客进入隔离区后，地陪方可离开。

知识卡片5-1

导游口诀60要

再次，导游送走旅游团后，应与旅游车司机结账（如过路、过桥、停车费），在用车单据上签字，并保留好票据。

最后，还要在道别时注意礼节和用语。与游客握手道别时，要尽量争取同每一位游客都握手，避免亲疏之分。道别的礼仪和道别的话语要配合使用，一方面要让游客体会到导游依依不舍的真挚感情，另一方面要在言行举止上做到礼数周全。

案例窗5-3

早上8时，某旅游团全体成员已在汽车上就座，准备离开饭店前往大连火车站。地陪小丽从饭店外匆匆赶来，上车后清点人数，又向全陪了解了全团的行李情况，随即讲了以下一段话：

女士们，先生们，早上好。我们全团15个人都已到齐。好，现在我们去火车站。今天早上我们乘9点30分的T156次火车去长春。

两天来大家一定过得很愉快吧。我十分感谢大家对我工作的理解和配合。中国有句古话：相逢何必曾相识。短短两天，我们增进了相互之间的了解，成了朋友。在即将分别的时候，我希望各位女士、先生今后有机会再来我市旅游。人们常说，世界变得越来越小，我们肯定会有重逢的机会。现在，我为大家唱一首歌，祝大家一路顺风，旅途愉快……

女士们、先生们！火车站到了，现在请下车。

点评：此次送站看似顺利，但其中存在着诸多问题，一是送团当天，地陪小丽应提前20分钟到达游客下榻的饭店大厅，但她迟到了；二是由于迟到，她没能在离开饭店前与领队、全陪和行李员清点行李；三是没有提醒、协助游客结账，交客房钥匙，带齐各自的物品和旅行证件；四是欢送词中没有回顾游览活动内容；五是下车前没有再次提醒游客不要遗忘随身携带的物品。

上述的任何一个细节出错都会造成麻烦，所以作为导游一定要严格遵守工作规范，认真做好每一个环节的服务工作。

任务实施

一、提前做好准备工作

加拿大入境旅游团愉快地度过了他们在大连的3天旅程，准备在第二天上午9点40分乘飞机返程回国。导游小李在旅游团离开大连的前一天，带领游客游览了旅顺、滨海路，在游览的间隙，小李确定了航班起飞时间，又和酒店确定了叫早的时间。在返回酒店的途中，小李除了进行沿途导游讲解和回顾当天旅游行程外，还对大家进行了以下提醒：

各位朋友，在我社每年接待的外国游客中，加拿大游客占1/3左右。加拿大游客对我社旅游业务的开展给予了极大的支持，对此，我们表示由衷的感谢，谢谢大家！

在我所带过的旅游团队中，客人丢东西最多的，当属来自温哥华的杰克先生，他总会在旅游车离开酒店的时候说"啊，实在抱歉，我把相机（或手表、手机）放在宾馆了"，但返回去取时间已经来不及了。事后敝社只好派人前往客人所去的下站城市送还失物。诸位，在此我提醒大家，如果在座的哪一位今天也有失物的话，请回到加拿大后再写信通知我，那时，我将携带您的失物去加拿大，多好的出国机会啊！加方海关如果问我为何来加拿大，我就说："为了加中友好！"

（这样的一段话一出，让客人感到轻松幽默，也会对接下来的欢送词很期待）

今天小李要送给大家"四千万"。

一是千万要把行李打好包。返回酒店后，要将个人的行李物品打包收拾好，有需要托运的行李事先整理好。在整理行李的时候，一定不要把个人的身份证件和贵重物品装在行李包里，要随身携带。

二是千万要提前结清账目。如果在酒店房间中有个人消费，如食用了冰箱和吧台上的食品、开通长途电话、享受送餐服务或其他收费性服务项目等，要在今天晚上到酒店前台结账，以免离店当天发生延误。

三是千万遵守时间。我和酒店前台以及领队王先生商量过了，明天早晨叫早的时间为6点30分，7点吃早餐，8点我们准时离开酒店。

四是还有一个千万就是千万把上面的三个千万记住了。

接着小李又告知了一些相关的民航物品携带规定。

旅游团回到宾馆后，小李到前台再次确认了第二天叫早的时间，同时与酒店的行李部门联系，约定了出行李的时间，之后离开。

二、做好当天的送站服务

旅游团离开大连的当天，小李按时到达酒店，陪同客人用早餐，之后协助旅游团办理退房手续，将收齐的房间钥匙交与前台，等候酒店楼层服务员检查完房间，确认没有问题后，带领旅游团集体登车。与此同时，酒店行李员将游客的行李收齐后经三方交接后装入旅游车的行李仓。登车后，小李并没有急于出发，而是先清点人数，确认所有游客都上了车后，再次提醒客人检查和回想是否有遗忘在酒店中的物品，在得到大家的一致确认后，方示意司机师傅开车，8点准时出发。

在车上，导游小李为旅游团进行了最后阶段的讲解服务，致欢送词：

各位朋友，时间过得真快，3天已经过去了。时光是短暂的，快乐是永恒的！在此，我不得不为大家送行，心中真的有许多眷恋。无奈，天下没有不散的筵席，也没有永远在一起的朋友，但愿我们还有再见的机会，希望大家把快乐永远记在心底！

我们此次旅行非常成功！因为我看到了大家脸上绽放出的笑容，你们快乐吗？你们快乐就是我最大的欣慰，因为我的工作得到了认可！我不能说我是最好的导游，但我想说我是一个最真诚的导游！

（游客鼓掌）

中国人都讲究风水，经过这3天的游览，大家是否感受到了大连是“三面环水，两海赐福，一路进财”的风水宝地？相信大连漂亮的绿地广场、女骑警的飒爽英姿、“引领时尚”的啤酒节给大家都留下了深刻的印象吧！特别是大连的海鲜一定还在您的唇齿间留有余香吧！

小李在这里感谢大家一路上对我工作的支持和理解。大家的热情和友好让我深受感动，我会把大家的这种心态带给更多的人，也希望我们之间的友情像大连的棒棰岛啤酒一样持久。

离别之际，小李送大家一句话：我们常说，因为生活我们不能失去工作，我们努力工作是为了生活。反过来说，我们也不能因为工作失去生活，在您忙碌的工作之余别忘了给自己留一点空间，出来旅行一下。大家也别忘了，中国有一个美丽的大连，美丽的大连有一个您信任的旅行社，有机会再到大连来，小李和我所在的大连假日国际旅行社将为您提供更好的服务。最后祝大家归途一切顺利、一路平安！希望今晚大家带着小李的祝福睡个好觉、做个好梦！

致完欢送词后，小李开始分发并请游客签署意见卡，一边分发一边说“谢谢”，并请大家对这次的旅游活动提出宝贵意见。

旅游车抵达机场后，导游小李引导司机将旅游车开到机场国际进出口处。旅游车停稳后，小李先下了车，在旅游车行李仓边协助游客拿自己的行李。接着，小李带领旅游团到中国国际航空公司的业务办理柜台办理了集体登机手续，换登机牌，托运行李。办完手续后，由领队向游客分发机票、登机牌、个人身份证件等物品，行李牌由领队统一保管。

待一切均办理完成后，小李提醒大家要持身份证件和登机牌进行安检，游客依次进入安检区域，小李与大家挥手告别。所有的游客均通过安检进入候机厅后，小李才转身离开。

小李准备充分，对旅游团在大连的3天行程做了一个回顾和总结，对游客的配合表示感谢，对旅游团的离开表达自己的惜别之情，并向旅游团发出诚挚的邀请，邀请加拿大朋友再次光临大连。同时，他业务熟练，服务周到，熟悉国际机场的位置和具体的国航柜台位置、安检处的位置、候机厅的位置，不是领着一群游客到处找，及时提醒游客需要检查验证的各种证件。

实践训练

实训项目1：地接导游送站

实训设计：

（1）将同学按每6～8人分成若干团队。

（2）将团队成员按角色分为地陪、全陪、司机、行李员、游客。1名同学模拟地陪小李，1名同学模拟全陪，1名同学模拟行李员，1名同学模拟司机，其他同学模拟团队游客，10分钟后角色轮换。

（3）组织团队按照教师提出的任务进行讨论，相应角色负责收集、提炼机场接站的相关知识信息。主要的考察点在于导游送站服务的程序，主要包括核实返程票、商定出发时间、办理退房、协助客人结清账目、集合登车、致欢送词、送别离站等。

（4）每个团队分别设计“机场送站的基本程序”，选出一个代表进行交流，教师点评。

实训项目2：Mark的护照丢了

实训设计：1名同学模拟地陪小李，1名同学模拟全陪，1名同学模拟游客Mark，其他同学模拟团队游客。主要的考察点在于导游应对丢失护照的游客进行安慰，请其仔细回忆可能的丢失地点，积极协助寻找。确认丢失后，要协助其办理以下手续：（1）由Mark申请，旅行社出具证明；（2）持证明到当地公安机关报失，由公安机关出具证明；（3）持公安机关证明和Mark的照片到加拿大驻华使（领）馆补办新护照；（4）领到新护照后再到我国公安机关办理签证手续。另外，注意提醒Mark费用由其自理。

实训项目3：导游词训练——致欢送词

实训设计：下面是一段大连送站的导游欢送词，每一位同学都必须熟记此段导游词，并且对此段导游词中所包含的知识点进行提炼，根据提炼的关键词进行再次创编和改编。

各位朋友，时间过得太快，短短×天已经过去了。在此，我不得不为大家送行，心中真的有许多眷恋。无奈，天下没有不散的筵席，也没有永远在一起的朋友，但愿我们还有再见面的机会。

各位朋友在大连期间游览了市容和海滨风光；参观了旅顺近代史遗迹；还去

了……并且品尝了大连海鲜，有的朋友还购买了不少大连的土特产，真可谓收获多多。相信在各位朋友的生命中，从此将增添一段新的记忆，那就是大连。但愿它留给大家的印象是美好的。

承蒙各位朋友支持，我和××先生感到此次接待工作非常顺利，也非常高兴，在此，我代表××先生向大家表示感谢！但不知大家的心情是否愉快？对我们的工作是否满意？如果我们的服务有不周之处，请大家多多包涵，另外还望大家提出意见，现在也好，回去写信也好，以便我们不断改进，提高服务质量。

俗话说“有缘千里来相会”，既然我们是千里相会，就是缘分！所以，在即将分别之际，我们再次希望大家不要忘记，在这里有我和××先生两个与你们有缘而又可以永远信赖的朋友。今后如果再来或有亲友、同事到大连，请提前打声招呼，我们一定热情接待。

最后，预祝各位朋友在今后的人生旅途中万事顺意，前途无量！

考核评价

在线测评 5-1

任务1

送站服务技能考核评价见表5-1。

表5-1 送站服务技能考核评价表

内容		评价		
学习目标	评价内容	分值	团队成员评价	教师评价
基本知识	掌握送站服务各项工作的流程及要求	5分		
	熟练掌握几种不同方式的送站导游词	5分		
	了解相关交通法规知识	5分		
专业能力	能按照规范完成送站服务	10分		
	能灵活处理送站过程中出现的问题	10分		
	能掌握票证核实和确认的方法	10分		
	能熟练带领旅游团办理登机手续	5分		
通用能力	导游语言表达能力	10分		
	团队应急问题解决能力	10分		
	导游服务创新能力	10分		
	导游沟通协调能力	10分		
职业态度	较强的服务意识	5分		
	团队合作意识	5分		
努力方向：		建议：		

任务 2　善后服务

任务目标

知识目标：

掌握善后服务的工作内容和技巧。

能力目标：

能够根据任务情境，运用所学相关基本知识做好总结善后工作。

素养目标：

1.培养高度的责任心和敬业精神，对待后续服务工作认真负责。

2.培养善始善终的职业习惯，能够妥善解决问题。

任务情境

昆明假日旅行社的导游小张刚完成了一个上海旅游团的接待工作，现正处理相关善后事宜。

知识点拨

一、善后总结工作内容

送走旅游团，并不意味着全部接待工作的结束，地陪、全陪、领队导游还必须做好相关善后及总结工作。善后工作主要包括：处理游客的遗留问题、结清账目、归还物品、向旅行社汇报带团情况等。总结是保证导游服务质量不断提高的重要手段，总结的方式除了口头总结还包括书面总结，即主要是填写带团日志或撰写带团总结。初次担任导游的工作人员、接待了VIP团队的导游、带团过程中出现重大事故或严重服务缺陷的导游要写出书面的专题总结向旅行社领导汇报。

知识卡片5-2

游客向导游提出代为托运要求的处理

二、善后总结工作技巧

1.处理遗留问题

地陪应按有关规定和旅行社领导的指示，妥善处理好游客临行前的委托事宜，如委托代办托运、转交信件、转递物品等。

知识卡片5-3

托运行李丢失后的赔偿

案例窗 5-4

美国ABC旅游团一行18人参观某地毯厂后乘车返回饭店。途中，游客格林先生对地陪小王说："我刚才看中一条地毯，但没拿定主意。现在跟太太商量后，决定购买。你能让司机送我们回去吗？"小王欣然应允，并立即让司机驱车返回地毯厂。

在地毯厂，格林夫妇以1 000美元买下地毯。但当店方为其包装时，格林夫妇发现地毯有瑕疵，于是决定不买。

2天后，该团离开该市之前，格林夫妇委托小王代为订购同样款式的地毯一条，并留下1 500美元作为购买和托运费用。小王本着“宾客至上”原则，当即允诺下来。格林夫人十分感激，又说：“朋友送我们一幅古画，但画轴太长，不便携带。你能替我们将画和地毯一起托运吗？”小王建议：“画放在地毯里托运容易弄脏和损坏，还是随身携带比较好。”格林夫人认为此话很有道理，称赞他考虑周到、服务热情，然后满意离去。

送走旅游团后，小王即与地毯厂联系并办理了购买和托运地毯事宜，并将发票、托运单和350美元托运费收据寄给格林夫妇。

点评：此案例中导游小王的服务看似让游客很满意，但其中也有很多的不足。

（1）当格林夫妇提出要购买地毯时，小王不应自作决定让司机返回。正确处理方法是写个便条让其自行租车前往购买或自己陪同返回，由全陪陪同其他游客回酒店；或者与其他游客商议后决定是否立即返回。

（2）当游客提出代购代寄时，小王不应在未请示旅行社领导的情况下直接就表示同意。正确处理方法是婉言拒绝，如不能推托，则需请示领导，在领导批示下收取足够钱款，购买后将发票、托运单及托运手续费收据寄给格林夫妇，但旅行社应保存影印件。

（3）忽视古画价值。正确处理方法是提醒格林夫妇中国有关文物的规定，提醒其办理有关证明。

（4）未退回剩下的150美元。正确处理方法是将其交给旅行社退还。

导游在旅游活动中应事无巨细。在西方导游行业流传着这样几句话：“小事是重要的事”（Small is important）、“小事是漂亮的事”（Small is beautiful）、“小事办不好，麻烦就不少”（Small means a lots）、“导游无小事”（Tour guide has no small）。在送行服务中，导游要仔细认真地回想与游客交往或闲聊过程中，有没有答应游客的事还没有兑现。有时候导游不经意的一句话可能会引起游客的期待，处理不好就会使导游的服务打折扣。

案例窗5-5

在一个欧洲团里有两位中学老师，他们对中文很感兴趣，请导游把从“一”到“十”这10个数字写在纸上，他们可以拿回去教给学生认识。导游答应了，结果这件事一拖再拖，直到在机场送走他们后才突然想起来。导游赶紧在电脑上打了一份，找到他们登记时的E-mail发了一封邮件过去，希望对方在看到邮件后能给予回复。

点评：导游无小事，事事都关心，才能成大事。在导游过程中没有处理完的事情，可以在事后进行妥善处理，弥补在工作中出现的瑕疵。

2.结清账目，归还物品

地陪应按旅行社的具体要求并在规定的时间内，填写有关接待和财务结算表格，连同保留的各种单据、接待计划、活动日程表等按规定上交有关人员并到财务部门结清账目。地陪还应及时归还从旅行社借的物品（如资料、表单、喇叭等），办结手续。

3.向旅行社汇报接团情况

（1）认真填写书面汇报的材料（旅游服务质量评价意见卡、地陪带团日志等），作为工作档案保存。

（2）地陪要认真分析游客填写的旅游服务质量评价意见卡并及时交到旅行社有关部门。地陪对意见卡上游客对导游的表扬或者意见，都应认真地进行分析，游客赞美的部分要继续发扬光大，把它当作成长中的宝贵财富；对出现的问题要主动说明原因，客观地反映情况，必要时写出书面材料，以吸取教训。

如果属于针对餐厅、饭店、车队等方面的意见，地陪也应主动说明真实情况，由旅行社有关部门向这些单位转达游客的意见。如果反映的情况比较严重、意见较大，地陪应写出书面材料，内容要翔实，尽量引用原话，以便旅行社有关部门和相关单位进行交涉。

旅游接待中若发生重大事故，地陪要整理成文字材料向接待社和组团社汇报。

下面是导游在行程结束后需要游客配合填写的一份国内旅游游客意见反馈表（见表5-2）。

表5-2　国内旅游游客意见反馈表

尊敬的游客：

欢迎您参加本旅行社组织的团队出外旅游，希望此次旅程能为您留下难忘的印象。为不断提高我市旅游服务水平和质量，请您协助我们填写此表（在每栏其中一项里打“√”），留下宝贵的意见。

谢谢您！欢迎再次旅游！

组团社：	全陪导游姓名：
团号：	人数：
游览线路：	天数：
游客代表姓名：	联系电话：
单位：	填写时间：　　年　　月　　日

项　目	满　意	较满意	一　般	不满意	游客意见与建议
咨询服务					
线路设计					
日程安排					
活动内容					
价格质量相符					
安全保障					
地陪业务技能					

续表

项　目	满　意	较满意	一　般	不满意	游客意见与建议
地陪服务态度					
地陪导游服务					
住　宿					
餐　饮					
交　通					
娱　乐					
履约程度					
整体服务质量评价					

4.填写带团日志，撰写工作总结

（1）导游要填好带团日志。有的城市和旅行社制作了导游带团日志（见表5-3)。这是从地陪、全陪、领队各自不同的角度记录每天的带团过程中出现的客观情况，一是便于旅行社对导游带团情况进行了解，二是有利于导游自身综合业务能力和素质的提高。所以，为了今后提高工作水平，导游对带团日志的框架和内容应该全面了解。

表5-3　　地陪带团日志

<table>
<tr><td colspan="2">导游姓名</td><td></td><td>性　别</td><td></td><td>导游证号</td><td></td></tr>
<tr><td colspan="2">游客（团）名称</td><td colspan="3"></td><td>等　级</td><td></td></tr>
<tr><td>交费标准</td><td></td><td>住宿标准</td><td colspan="2"></td><td>餐　标</td><td></td></tr>
<tr><td colspan="2">线　路</td><td colspan="5"></td></tr>
<tr><td colspan="2">日　志</td><td colspan="5"></td></tr>
<tr><td colspan="2">说　明</td><td colspan="5">本日志应记载旅游意见、餐饮、住宿、交通、服务、游览景点等方面的有关内容</td></tr>
<tr><td colspan="2">备　注</td><td colspan="2">1.导游上团时，将本表发给团队全陪和部分团员
2.团队旅行过程中，任何人都无权变更本计划。如确因旅行社以外的原因需变更旅行计划，须征得领队和2/3以上游客的书面同意</td><td colspan="3">游客签字：
年　月　日</td></tr>
<tr><td colspan="4">××市旅游监督管理部门投诉电话：</td><td colspan="3">旅行社负责人签字：
年　月　日</td></tr>
</table>

各个城市和旅行社的导游带团日志的具体格式和内容都不相同，主要有以下几个方面的内容需要重点关注：

①导游的个人资料（姓名、性别、导游证号）。

②旅游团队团号。旅游团队团号是各个旅行社根据团队的相关情况自行编排的，没有固定的格式。比如团号为KMJRL-SHB02-10-24表示昆明假日旅行社接待的一个上海来的标准团，接团的时间自2024年10月2日开始，其中KMJRL是昆明假日旅行社的汉语拼音缩写，SHB代表该团是来自上海的标准团。

③旅游团的等级（豪华、标准、经济、自助、散客等）。

④旅游团的交费标准主要是指游客向旅行社交纳旅游费用的方式，包括包价、小包价、单项服务等。

⑤住宿标准，主要是星级、旅馆、招待所等。

⑥用餐标准（元/人/餐）。一般在下榻的宾馆用早餐，午餐和晚餐根据旅游行程安排在酒店以外的地方用餐。导游必须根据旅行社确定的餐费标准与餐厅结算。

⑦线路和行程计划。

（2）导游撰写接待总结。导游应认真撰写接待总结，不论是地陪、全陪还是领队，都要从各自分担的工作角度，实事求是地汇报接团情况。比如旅游中发生重大事故，要整理成书面材料向旅行社领导汇报。导游对旅游团的有关资料应进行整理归档。具体地讲，地陪、全陪、领队应向旅行社提供：发票、结算单、支票存根、签单、门票存根等资料；团队行程执行情况报告；团队额外旅游销售和购物情况报告；如系外聘导游，还应交还相关证件，由旅行社保管。导游还可对接待过程中存在的问题做自我批评，这样有助于自身综合素质的提高。

任务实施

昆明假日旅行社的导游小张刚刚送走了一个上海旅游团。在回旅行社做善后总结的路上，小张对这次的导游接待工作进行了总结：

1.自我工作回顾，感觉不错

虽然说这是我参加工作以来第一次独立带团，但是由于在接团前做了充分的准备，所以在整个带团的过程中能够热心地为游客讲解，积极主动为游客解决各种问题，感觉自己与游客相处得很融洽。尤其是对团队里的那几位年纪稍长的游客予以特别照顾，他们更是拿我当自己的孩子一样看待，自己觉得非常满意。

2.票据物品齐全，交接清楚

各种交通报销凭证、住宿签单、景区签单、饭店用餐签单一应俱全。

就在小张沾沾自喜踏进旅行社的时候，王经理拿来的一份投诉信给了他“当头一棒”。当他拿过投诉信一看，不禁傻眼了，原来投诉他的正是他认为相处得较好的那几位年长的游客。

事情的经过是这样的：小张在引领游客在丽江四方街游玩时，对丽江古城最中央的这块小广场的情况进行了简单介绍，如它是丽江古城的心脏，主街有四条，向四周辐射，每条街道又分出许多小街小巷，街巷相连，四通八达；每条巷道均由五彩花石铺就，身着五颜六色民族服装的少数民族同胞在此交易商品，这是丽江最热闹的地方；每周有三个晚上，都会有人在四方街组织民间集体歌舞“打跳”等。当时，团内有一对老年夫妇对四方街向四周辐射分布的每条街巷都很感兴趣，提出了很多的问题，而小张当时说：“现在时间很紧，我们先抓紧时间游览其他地方，回饭店后我一定详细回答你们的问题。”此外，在游玩过程中，游客建议团队休息一会儿，也被小张拒绝了，因为他觉得时间较紧，想让游客玩更多的地方。那天虽然很累，但小张很高兴，认为自己出色地完成了导游讲解任务。没想到游客反而写信给旅行社投诉了他，小张感到很委屈。

旅行社领导了解情况后批评了小张。考虑到老年人特殊的生理特征以及兴趣点的不同，小张应该在带好整个团队的同时，兼顾他们的这些需求。在认真听取了领导的分析意见之后，小张给领导提交了一份投诉事件的经过说明和一份深刻的检讨。

在带团日志中，小张认真地思考了一些发现的问题，尤其是他注意到了景区噪声的问题，这一点得到了旅行社经理的肯定。表5-4是小张填写的带团日志。

表5-4　带团日志

<table>
<tr><td colspan="2">导游姓名</td><td>张　立</td><td>性　别</td><td>男</td><td>导游证号</td><td>D-3100-23468</td></tr>
<tr><td colspan="2">游客（团）名称</td><td colspan="3">KMJRL-SHB02-10-24</td><td>等　级</td><td>标准团</td></tr>
<tr><td>交费标准</td><td>包　价</td><td>住宿标准</td><td colspan="2">华都饭店（三星）</td><td>餐　标</td><td>××元/人/餐</td></tr>
<tr><td colspan="2">线　路</td><td colspan="5">昆明、丽江4天3晚标准行程</td></tr>
<tr><td rowspan="4">日　志</td><td>10月2日</td><td colspan="5">上午：9点50分昆明机场接团，入住饭店，午餐
下午：昆明石林、昆明世博园
问题：节日游览人多，游客在石林停留时间较短
思考：如何在时间上避开游览的人流</td></tr>
<tr><td>10月3日</td><td colspan="5">上午：乘车去大理
下午：游览大理三塔、洱海
问题：游客对中餐有意见，认为卫生条件不好
思考：走桌率太快，服务人员不够用</td></tr>
<tr><td>10月4日</td><td colspan="5">上午：乘车去丽江
下午：游览丽江
问题：因游览的游客众多，景区拥挤、声音嘈杂，游客没有完全听到导游的讲解
思考：景区游览中的导游讲解时扩音器相互干扰，为减少噪声污染，呼吁政府部门下令旅游景区禁用扩音器</td></tr>
<tr><td>10月5日</td><td colspan="5">上午：登玉龙雪山
下午：返回昆明，16点30分机场送团</td></tr>
<tr><td colspan="2">说　明</td><td colspan="5">1.用餐：7正餐3早餐，餐标××元/人/餐
2.景点签单：昆明世博园、石林
3.购物签单：4张</td></tr>
</table>

小张认真分析了自己填写的带团日志，由于自己的工作经验不足，游客一些意见没有反映出来，这是今后工作中需要注意的事项。另外，就本次带团中出现的问题，小张将其分成注重服务细节、观察游客行为、分析游客心理需求、工作改进目标等几个方面进行了全面总结。

如果一名导游能够把昨天的教训变成今天的经验，就能够将今天的经验变成明天的财富，最终成长为一名优秀的导游。

实践训练

实训项目1：地陪小张被已送站上海团内游客电话告知钱包遗忘在所住饭店里了

实训设计：由1名同学模拟地陪小张，1名同学模拟丢失钱包的游客，1名同学模拟酒店前台接待员，1名同学模拟其他团队的全陪，其他同学模拟团队游客。

考察重点在于地陪处理突发事件的能力，以及考察其与酒店前台接待员沟通的能力。例如，应首先与饭店联系寻找钱包→找到钱包后应及时通知游客（或下一站旅行社导游），让游客放宽心，不要影响旅游活动→迅速委托可靠的人（或其他团队的全陪或领队）将钱包带到下一站交给游客，如无合适人可委托，可请示领导派专人将钱包送到游客手里→按规定，办好交接手续并要求游客立“收到失物”的字据以备查→在情况汇报中，要写清失物处理的情况。

实训项目2：带团善后总结报告模拟写作

实训设计：根据导游善后总结工作内容，可自行设计接待团队及相关情况，撰写一份导游带团工作总结。将同学分组，每组选出一篇进行同学互评和教师点评。

考核评价

在线测评 5-2

任务 2

善后服务技巧考核评价见表5-5。

表5-5　善后服务技巧考核评价表

内　容		评　价		
学习目标	评价内容	分　值	团队成员评价	教师评价
基本知识	导游善后总结工作内容	10分		
	相关票据知识	10分		
	相关托运及导游服务质量标准知识	10分		
专业能力	帮助完成游客遗失物品处理	10分		
	完成游客委托代办事宜	10分		
	撰写地陪带团工作总结	10分		
通用能力	导游文字表达能力	10分		
	团队应急问题解决能力	5分		
	导游服务创新能力	5分		
	导游沟通协调能力	10分		
职业态度	敬业精神	5分		
	服务意识	5分		
努力方向：		建议：		

项目小结

本项目主要介绍了送站服务和善后服务。送站服务是地陪直接面向游客提供导游服务的最后阶段，导游要加倍认真、仔细，对已经出现的问题，多做弥补工作，多提供完善性的服务，做到善始善终。善后工作主要包括：处理游客的遗留问题、结清账目、归还物品、向旅行社汇报带团情况等。

综合实训

以送站时易发事件为案例，撰写案例分析报告并上交。报告内容包括案例的发生原因、处理原则、处理方法等。

价值引领

2023年，一封来自浙江的手写感谢信寄到了丽江市文化和旅游局。信中，游客朱景春和马金星对丽江导游浦合文的热忱服务表达了深深的感激之情。

“在此特别向品德高尚、人品正直的优秀导游浦合文为游客排忧解难，暖心服务的精神表示敬意。”游客朱景春和马金星在信中写道。原来，两位游客在报团出游云南期间，在与旅行社对接中遇到难题，得到了丽江导游浦合文倾力相助，且在游玩过程中得到如亲人一般的关心照顾，让他们倍感温暖且记忆深刻。

浦合文来自丽江云杉旅行社，至今从事导游工作已经有13年的时间。曾经，他救过落水的游客，也一路背着高反的游客下山……多年来，他用对导游这份职业的热爱，不断提升自己，屡获游客好评。

作为一名导游，浦合文对团队每位成员都倾注着自己的责任心。“收到手写感谢信我很惊讶，这不是什么大事，我只是做了我们导游的本职工作。每个从事旅游的人，都应该抱着一颗热爱的心去服务好游客。有时候虽然辛苦，但看到游客玩得开心并对丽江赞不绝口，旅途一切顺顺利利，就是我最大的幸福。”浦合文说：“站在游客角度为游客考虑，希望通过此事，大力宣传优秀导游所具备的品格，随着时间的推移，相信会有更多的游客源源不断地来到云南旅游。”两位游客在信的末尾写道。

资料来源：木琼晓．暖心！一封手写感谢信送到了云南丽江这位导游手中［EB/OL］．［2023-03-31］．https：//www.peopleapp.com/column/30039439735-500004424339.

职业素养：爱岗敬业　服务意识　责任担当

学有所悟：读这封感谢信，深感优秀导游是旅途中的温暖之光。浦合文从业13年，始终以热忱服务游客，排忧解难、关怀备至，还救过落水者、背过高反游客。他视职责为使命，认为服务游客是本分，游客的开心满意就是最大的幸福。他站在游客角度思考，这种品格值得大力宣扬，也让我们看到职业坚守的力量，相信云南旅游会因这样优秀的导游吸引更多人。

学习情境二

其他导游服务

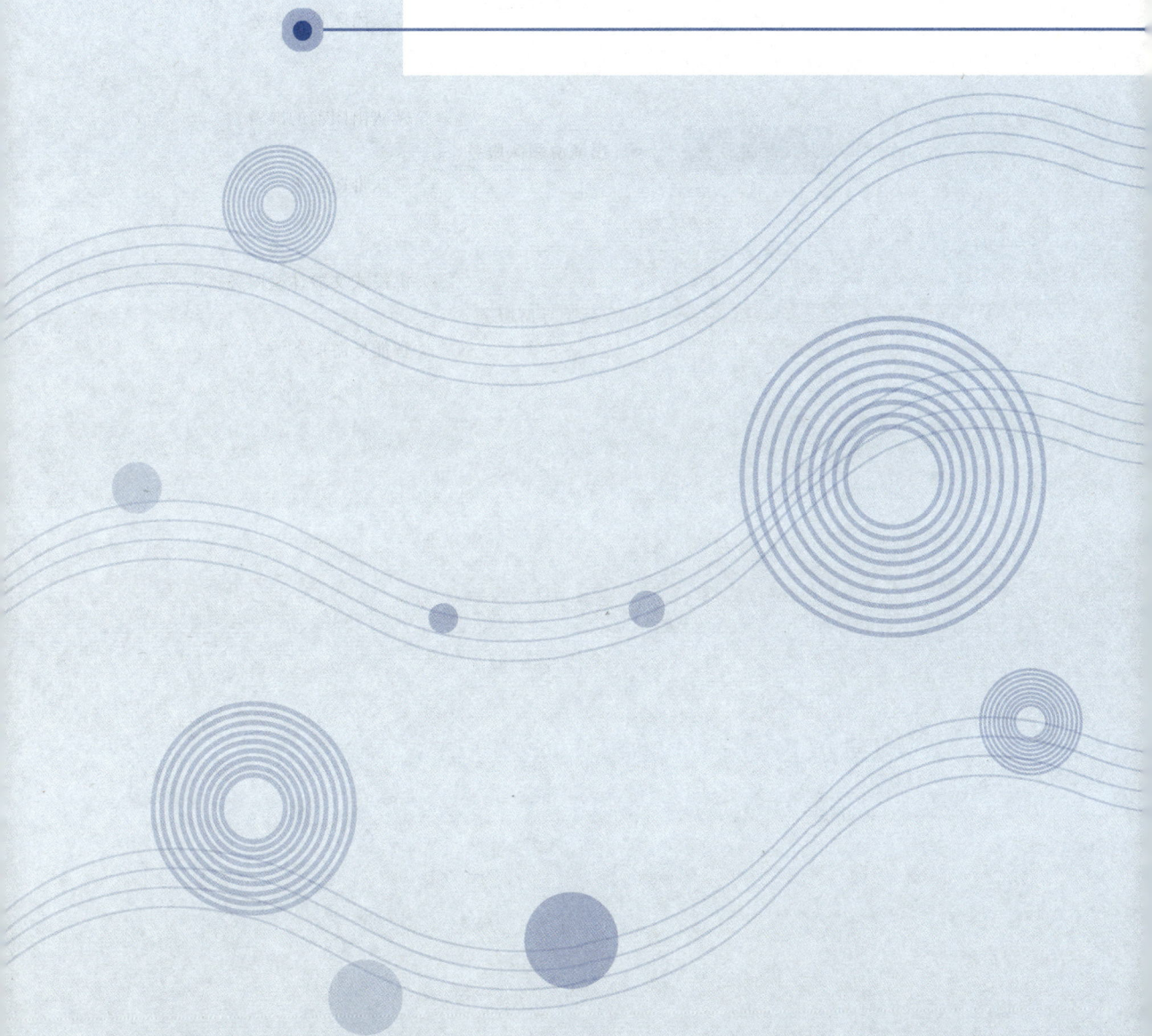

知识导图

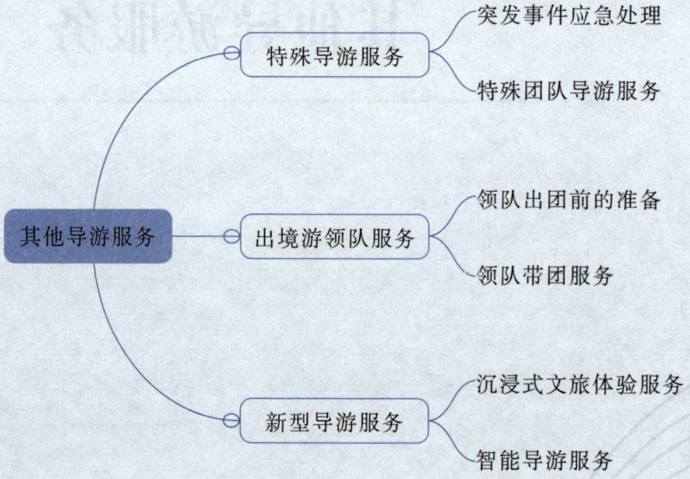
其他导游服务
特殊导游服务
突发事件应急处理
特殊团队导游服务
出境游领队服务
领队出团前的准备
领队带团服务
新型导游服务
沉浸式文旅体验服务
智能导游服务

项目六　特殊导游服务

任务1　突发事件应急处理

◎ 任务目标

知识目标：

1.熟悉突发事件应急处理程序。

2.了解导游必备的急救知识和突发事件处理原则。

能力目标：

能够恰当处理导游带团过程中遇到的突发事件。

素养目标：

1.提高导游服务中灵活运用知识的能力和应变能力。

2.培养防患于未然的安全意识，以及临危不惧、危急时刻保护游客的奉献精神。

◎ 任务情境

某年12月，一个马来西亚旅游团参加了当地旅行社组织的中国东北冰雪游。旅行团于12月28日抵达大连，开始7天的东北之行，导游小刘担当全陪导游。旅行过程中，团队遇到了一些突发事件，这些突发事件如何应急处理呢？

知识点拨

一、旅游交通拥堵事件的预防与处理

1.旅游交通拥堵事件的预防

（1）导游应提前与司机商讨计划内景点游览顺序、停留时间，尽量避开拥堵时段。

（2）导游应提前告知游客行程安排，提醒游客按照计划准时出发，以确保行程顺利。

（3）导游应提醒司机收听路况广播，避免驶入拥堵路段。

2.旅游交通拥堵事件的处理

（1）行车途中遇到堵车，导游应该一边观察堵车发展情形，一边介绍些游客感兴趣的事情，分散游客的注意力，让等待不那么无趣。

（2）如果可以转到其他不拥堵的路段，且不影响旅游计划执行，可跟司机商量改

换行车路线。

（3）特殊情况下不能变更行车路线时，导游应劝告司机耐心等待，提示司机不要做出鸣笛、大声辱骂、反道行车、双黄线调头等不文明或不安全的行为。

二、旅游交通事故的预防与处理

在线课堂6-1

旅游交通事故的预防与处理

1.旅游交通事故的预防

（1）导游在接待工作中应该具有安全意识，时刻注意游客的安全。

（2）在旅游活动中，导游要与旅游车司机密切配合，协助司机做好安全行车工作。安排活动日程时，导游应该在时间上留有余地，不催促司机为抢时间、赶日程而违章行驶。

（3）禁止非本车司机开车。

（4）长途行车时，应注意观察司机状态和路面情况，提醒司机及时到服务区休息，以防司机疲劳驾驶、精力不够，造成严重的后果。

（5）提醒司机不要饮酒，如遇酒后驾车的司机，导游应该立即阻止，并报告旅行社有关部门，要求改派其他车辆或调换司机。

2.旅游交通事故的处理

交通事故在旅游活动中时有发生，不是导游所能预料或控制的。遇到交通事故，只要导游未受伤、神志清醒，就应该立即采取如下措施，冷静、果断地进行处理，并做好善后工作。

知识卡片6-1

伤员救助常识

（1）组织人员，实施抢救。发生交通事故出现游客伤亡时，导游应该立即组织现场人员迅速抢救受伤的游客，特别是抢救重伤员。如果无法就地抢救，应该立即将伤员送往距出事地点最近的医院抢救。

（2）保护现场，立即报案。交通事故发生后，不要在忙乱中破坏现场，应该指定专人保护现场，并尽快通知交通、公安部门，请求派人速到现场调查处理。

（3）报告领导，请求指示。将受伤游客送往医院后，导游应该迅速向接待社领导报告交通事故的发生以及游客的伤亡情况，听取领导对下一步工作的指示。

（4）安抚游客，继续游览。交通事故发生后，导游应该做好团内其他游客的安抚工作，继续组织该团的参观游览活动。事故原因查清后，导游应该向全团游客通报。

（5）写出报告，说明情况。交通事故处理结束后，导游要写出事故处理报告，内容包括：事故的原因和经过；受伤游客的抢救经过、治疗情况；事故责任及对责任者的处理；游客的情绪及对处理结果的意见等。报告力求详细、准确、清楚（最好和领队联名报告）。

三、治安事故的预防与处理

1.治安事故的预防

在旅游过程中，遇到不法分子行凶、诈骗、偷窃、抢劫等，导致游客身心及财产受到不同程度的损害的事件，统称为治安事故。导游在接待工作中要时刻提高警惕，采取有效措施，尽量防止治安事故的发生。

（1）提醒游客不要让陌生人进入房间，不要与私人兑换外币。

（2）建议游客将贵重财物存入饭店保险柜。离开旅游车时不要将贵重物品和证件留在车内。

（3）旅游活动过程中，导游要始终和游客在一起，注意观察周围的环境和动向，经常清点游客人数。

2.治安事故的处理

一旦发生治安事故，导游必须挺身而出，保护游客的生命和财产安全，不能置身事外，更不能临阵脱逃。发生治安事故时，导游一般应该按照如下程序进行处理。

（1）保护游客。若歹徒对游客行凶、抢劫财物，在场的导游应该毫不犹豫地挺身而出，勇敢地保护游客的生命和财产安全，并立即将游客转移到安全地点，力争与在场的群众或其他人员一道缉拿罪犯，追回钱物。如有游客受伤，应立即组织抢救。

（2）立即报案。治安事故发生后，导游应该立即向当地公安机关报案并积极协助破案。报案时要实事求是地介绍事故发生的时间、地点、案情和经过，提供作案者的特征，告知受害者的姓名、性别、国籍、伤势以及损失物品的名称、数量、型号、价值等。

（3）报告领导。导游要及时向旅行社领导报告治安事故发生的情况并请求指示，情况严重时请求领导赶到现场指挥、处理。

（4）安抚游客。治安事故发生后，导游应该采取必要的措施安抚游客的情绪，努力使旅游活动顺利地进行下去。

（5）写出报告。治安事故发生后，导游应该写出详细、准确的书面报告，报告除上述内容外，还应该写明案件的性质、采取的应急措施、侦破情况、受害者和旅游团其他成员的情绪及有何意见、要求等。

（6）善后工作。导游应该在有关领导的指挥下，准备好必要的证明、资料，处理好各项善后事宜。

四、游客患病的预防与处理

1.游客患病的预防

游客从居住地到旅游目的地，经过长途旅行，体力消耗较大，加上气候变化、水土不服、起居习惯改变等，使得旅游团中年纪较大、有慢性病、体质较弱的游客很难适应，往往会引发个别游客在旅途中旧病复发、生病甚至死亡等事故。导游应该从多方面了解游客的身体情况，照顾好他们的生活起居，经常提醒他们注意防病，尽力避免人为的原因致使游客生病。

（1）了解游客健康情况。导游可以通过多种渠道了解本团游客的健康情况，做到心中有数。接团前，地陪可以通过研究接待计划了解本团成员的年龄构成。接团时，可以向领队了解团内有无需要特殊照顾的患病游客。游览时，可以对游客进行了解，察言观色，对身体肥胖或瘦弱、走路缓慢费力、面部表情和举止异常的游客多留意，预防突发疾病的发生。

（2）周密安排游览活动。如果旅游团中老弱病残者较多，导游在制订计划、安排活动日程时要留有充分的余地，做到劳逸结合。例如活动节奏不要太快、体力消耗较大的项目不要集中安排、晚间活动时间安排不宜过长等。

（3）做好提醒、预报工作。地陪应该做好天气预报工作，要根据每天的天气预报提醒游客增减衣服、携带雨具、穿戴适宜的鞋帽等。提醒游客注意饮食卫生，不吃不洁食物，不喝生水。气候干燥时，尤其是在盛夏季节要提醒游客多喝水。适当调整游览时间，保证游客得到充分的休息。

2.游客患一般疾病的处理

（1）提醒其及时就医并注意休息。游客患一般疾病时，导游要劝其尽早去医院就医，并留在饭店内休息。如果需要，导游应该陪同患者前往医院就医。

（2）关心游客的病情。如果游客留在饭店休息，导游要前去询问其身体状况并安排好用餐，必要时通知餐厅为其提供送餐服务。

（3）向游客明确说明看病费用自理。

（4）导游不要擅自给患者用药。

3.游客突患重病的处理

（1）当游客突患重病时，应对其进行合理的紧急处置。

第一，如果旅行途中游客突然患病，导游应该采取措施就地抢救，请求机组人员、列车员或船员在飞机、火车、轮船上寻找医生，并通知下一站急救中心和旅行社做好抢救准备。

第二，如果乘旅游车前往景点途中游客突患重病，必须立即将其送往就近的医院，或拦车将其送往医院，必要时暂时中止旅行，让旅游车先开到医院。此外，还应该及早通知旅行社，请求指示和派人协助。

第三，游客在饭店突患重病时，先组织饭店医务人员抢救，然后将患者送往医院。

（2）游客病危时，导游应该立即协同领队和患者亲属送病人去急救中心或医院抢救，或请医生前来抢救。患者如系国际急救组织的投保者，导游还应该提醒领队及时与该组织的代理机构联系。

（3）在抢救过程中，导游应该要求领队或患者亲属在场，并详细记录患者患病前后的症状及治疗情况。需要签字时，导游应该请患病游客的亲属或领队签字。导游还应该随时向当地接待社反映情况。

（4）游客病危但亲属又不在身边时，导游应该提醒领队及时通知患者亲属。患者亲属赶到后，导游应该协助其解决生活方面的问题。如果找不到亲属，则一切按照患者游客所在国家驻华使（领）馆的书面意见处理。

（5）导游应该安排好旅游团其他游客的活动，全陪应该继续随团旅游。

（6）患病游客转危为安，但仍需住院治疗不能随团离境时，接待社领导和导游（主要是地陪）要不时去医院探望，帮助患病游客办理分离签证、延期签证以及出院、回国手续等善后事宜。

（7）患病游客住院期间的医疗费用自理，离团住院时未享受的综合服务费由旅行社之间结算，按规定退还本人。患病游客的亲属在华期间的一切费用自理。

案例窗6-1

2025年2月，导游小陈接待了一个旅游团。接站后，一位老年女游客对小陈说，在飞机上感觉有些头痛恶心，而且越来越严重。小陈安顿好其他游客后，和领队一起带她来到医院。值班医生初步诊断是感冒，建议游客打个点滴。小陈通过观察游客的情况，质疑了一句："感冒了怎么不发烧，也没有流鼻涕、咳嗽、打喷嚏这些症状呢？"医生建议拍个CT继续检查。小陈向游客说明了情况，征询了游客的意见，并且告诉游客治疗费用由游客自理。游客同意自费继续检查。检查结果出来后，发现游客不是感冒，而是得了脑出血。小陈赶紧向旅行社汇报了情况，并协助游客住院急救，请领队联系其家属。

点评：案例中，游客突患重病，导游的表现还是可圈可点的。导游具有一定的医疗常识是必要的，虽然导游不能私自给游客用药或建议用药，但当误诊即将发生时，适当的质疑促成了进一步检查，也避免了更坏的结果。

五、游客食物中毒事故的预防与处理

1.食物中毒事故的预防

（1）了解游客的饮食禁忌。游客因为体质或某种疾病可能会对一些食物过敏，导游应该在接团后通过领队或直接询问客人，获得相关信息，避免安排不适当的食物。

（2）选择干净卫生的就餐场所。导游应该安排游客到旅行社的协议饭店用餐，不私自带游客到其他饭店用餐。劝阻游客到路边小摊或流动商贩手中购买食物。

（3）安排干净卫生的酒水、食物。导游要了解一些食物相生相克的知识，避免一些相克食物同时上桌，引发中毒。

2.食物中毒游客的救治

（1）食物中毒的症状与特点。发生食物中毒时，游客会出现一些明显的症状：上吐下泻、腹痛、恶心、畏寒、发烧等。食物中毒一般在进餐后一小时内就会发病，吐泻严重时，病人还会出现脱水、休克等症状。

（2）食物中毒的处理。首先，应该设法催吐，使患者吐出不洁食物，并让患者多喝水，以缓解毒性。其次，要尽快将患者送往医院进行解毒、消炎、补水治疗，并请医生开具"诊断证明"。再次，迅速向旅行社领导报告，并将"诊断证明"复印备案。最后，由旅行社指派工作人员调查追究相关供餐单位或个人责任，并将事故处理结果记录备案。

六、游客旅游景点走失事件的预防与处理

在参观游览时，游客走失的情况时有发生，虽然未必都是导游的责任，但无论是哪种原因造成游客走失都会影响游客的情绪，严重时会影响旅游计划的完成，甚至会

危及走失游客的生命和财产安全。导游必须加强责任心，周到细致地工作，预防此类事故的发生。

1.游客走失的预防

（1）提前预防。导游每天都要向游客报告当日的行程，讲清上、下午的游览地点，中、晚餐用餐的地点和餐厅的名称。下车后进入游览景点之前，地陪要告知全体游客旅游车的停车地点、车号及旅游车的特征，并强调开车的时间。进入游览景点后，地陪要在该景点的示意图前向游客介绍游览线路，游览所需时间，集合的时间、地点等。

案例窗 6-2

导游小高带团游览故宫时，在太和门的故宫平面图前，给大家简单介绍了故宫的基本布局，并告诉大家游览故宫的路线。然后带领游客游览故宫，来到故宫北门神武门后，登上了在此等候的旅游车。清点人数时，小高发现少了一位游客。小高急忙与全陪商量马上去寻找。找了一个多小时后，才联系到那位游客。原来那位客人在游览过程中没有跟上队伍，以为旅游车还停在下车的地点，便去那里找，结果也没有找到，最后游客自己打车回饭店了。其他游客因为等了太长时间，非常不满，纷纷抱怨。小高也非常后悔，因为他忘了提醒游客集合登车的地点，结果造成游客走失，真是深刻的教训啊！

点评：案例中，导游小高下车前没有提醒游客登车的地点，结果造成游客走失，是他工作不够细致，没有提前做好预防工作。

（2）经常清点人数。导游要时刻与本团游客在一起活动，注意游客的动向，经常清点人数。

案例窗 6-3

在带一个散客团游览洛阳龙门石窟时，导游小李在车上按照这些散客的来源分别称为：北京来的3位为1号家庭、长春来的5位为2号家庭、大连来的4位为3号家庭……一会儿就将34名游客编成10个小团队。导游小李在景区游览途中、集合登车时均以小团队为单位进行人数清点。

点评：这样既调动了游客自我管理的意识，又方便了导游对游客的管理，同时还节省了时间，收到了事半功倍的效果。

（3）吸引游客注意。导游要以丰富的讲解内容和高超的导游技巧吸引游客。导游讲解的内容丰富与否，导游技巧运用如何，直接关系到游客的注意力能否集中。

（4）做好提醒工作。游客单独外出时，地陪要提醒游客记住接待社的名称、导游的联系方式、下榻饭店的名称及电话号码或带上饭店的地址等。游客自由活动时，地陪要建议其最好结伴同行，不要走得太远，不要回饭店太晚，不去秩序混乱的地方等。

2.游客走失的处理

（1）了解情况，迅速寻找。如游客在游览中走失，地陪应立即向旅游团内其他游客了解情况并请领队、全陪分头寻找，自己则带领其他游客继续游览。

（2）争取有关部门协助。如果无法找到走失的游客，地陪应该立即向游览地的派出所和管理部门求助，同时与该团下榻饭店的前台和楼层服务员联系，询问该游客是否已返回饭店。如果采取以上措施仍找不到走失的游客，地陪应该向接待社报告并请求帮助，必要时经领导同意后向公安部门报案。

（3）努力做好善后工作。找到走失的游客后，导游应该问清情况，分析走失的原因。如果是自己的原因，应该向游客道歉。如果责任在走失者，应该对其进行安慰，讲清利害关系，提醒以后注意。

（4）写出事故处理报告。如果发生严重的游客走失事故，导游应该写出书面报告，内容包括游客走失的经过、走失的原因、寻找的过程、善后处理及游客的意见等详细情况。

七、游客中途退团或要求亲友随团活动的处理

1.游客要求中途退团

游客要求中途退团的现象时有发生，导游不应擅自决定，应问清原因并立即报告接待社，由旅行社根据具体情况做出决定。

（1）游客因患病、家中出事或其他特殊原因，要求提前离开旅游团，终止旅游活动，经接待方旅行社和组团社协商后可予以满足。

（2）至于未享受的综合服务费，可以按照合同相关条款的规定，或部分退还，或不予退还。

（3）游客无特殊原因，只是个别要求得不到满足而提出提前离团，导游要配合领队劝其继续随团旅游。若接待方旅行社确有责任，应该设法弥补。若游客提出的是无理要求，要耐心解释，争取游客理解。若劝说无效，游客仍执意要求退团，可满足其要求，但应当告知其未享受的综合服务费不予退还。

（4）外国游客要求提前离境，导游要在领导指示下协助游客重新预订航班、座位，办理分离签证及其他离团手续，所需费用由游客自理。

2.游客要求其亲友随团活动

有的游客到达某地后，希望亲友随团活动甚至到外地旅行游览，当游客向导游提出此类要求时，导游应该根据不同情况酌情处理。

（1）首先要征得旅行团领队和其他成员的同意。

（2）与旅行社相关部门联系，如无特殊情况可允许其到旅行社办理入团手续，出示有效证件、填写表格、交纳费用，办完随团手续后方可随团活动。如因时间关系无法到旅行社办理相关手续，可打电话与接待社有关部门联系，得到允许后，导游代为查阅证件、代收费用并尽快将收据交给游客。

（3）若是外国外交官员随团活动，应请示旅行社，严格按照我国政府的有关规定办理。

(4) 若随团活动的亲友身份是外国记者，应该向有关部门请示，获准后方可允许其办理入团手续。

案例窗 6-4

导游小刘接待了一个旅游团，当天游览结束后，他宣布了第二天的集合时间和地点，并帮助办理了入住手续，等一切安排妥当后离开了酒店。第二天，过了约定的集合时间，一位游客带着一名陌生女子登上旅游车，并声称是他的朋友，要随团活动。小刘看时间不早，又不想得罪客人，就没说什么，招呼司机出发。到了景点，小刘按照原人数买了票，到了检票口，那位游客递给小刘门票钱，要求为他的朋友买票。小刘只好返回购票处再次排队购票，其他游客在门口等候。等他买票回来，有些游客已经不耐烦了。小刘也觉得委屈，明明不想得罪人，怎么得罪了更多人？

点评：在案例中，那位游客带着朋友随团时，导游没有征求领队和旅游团其他团员意见，容易引起投诉；没有查阅随团游客的证件，不熟悉参团者身份，容易让不法分子乘虚而入，带来安全隐患；没有请示旅行社并提前让参团者交纳费用，也是不符合规定的。导游的行为最终招致旅行团其他游客的不满。导游应该以此为戒，严格按照程序处理游客请求亲友随团旅游的个别要求。

八、对游客要求变更旅游计划的处理

旅游团抵达后，因为某种原因，游客要求不去游览计划内景点，而换成其他景点游览。对于这种情况，导游应该劝说游客前往计划内景点游览，并声情并茂地介绍该景点。如果游客坚持换景点，导游应在征得领队和全体游客同意后请示旅行社，请领队签字声明是游客要求更改行程。由此新增的费用，要提前告知游客并向游客收取，同时告知旅行社相关部门及时更改接待计划，并开具发票。导游持更改后的计划组织游客继续游览。

九、对挑剔的游客抱怨的处理

导游工作过程中，难免会遇到一些挑剔的游客，他们刻意刁难导游，喜欢抱怨，经常提出一些不合理的要求。比如，有的男游客要求女导游陪他喝酒，甚至提出其他非分要求。导游这时应该保持冷静，既热情好客，又要始终坚持不卑不亢的原则。导游对游客要以礼相待，耐心解释，避免与不文明的游客发生正面冲突，以免影响旅游活动，造成不良后果。如果游客一意孤行，导游可请领队或团队中德高望重的人出面协调解决，或直接面对全体游客，请他们帮忙劝说。确有困难时，导游应该向有关领导汇报，请求协助。

十、突遇下雨天如何讲解

旅游过程中遇到天气的变化是常有的事。有时候，导游将这种天气当成谈资调侃，会起到意想不到的效果。

今天下雨了，可能对出行不太方便。大家知不知道，大连尽管三面环海，却和新加坡一样是一个严重缺水的城市，下雨是难得的。所以自古以来大连就有“不看晴天看雨天”的说法。真是“贵人出门惊风雨”啊！今天因为各位的到来，让我又看到雨了，我代表大连人民感谢大家！

有的导游面对这样的风雨突变，即兴发挥，也会起到很好的效果。

朋友们，今天真是天公不作美，我们虽然不能改变天气，但是可以改变心情，正如虽然不能选择容貌，但可以选择表情。大家不能去预知明天，但各位必须用好今天！所以我们要用审美的眼光去看待这场雨，你就会发现原来下雨也是一种美，而且暴雨过后就是彩虹，那就让我们一起来唱一首《阳光总在风雨后》怎么样，我来起个头：阳光总在风雨后……

游客对突发事件中的天气因素一般都能理解，但是这些因素会或多或少地影响大家的游览心情。在这个时候，导游能够把美好的情绪带给大家十分必要。

任务实施

某马来西亚旅游团参加了东北7天冰雪之旅，但是遇到了一些突发事件，全陪小刘在这次接待中充分展示了自己的应急处理服务技能。

一、行程安排

全陪小刘带领马来西亚旅游团前往东北旅游，东北7天冰雪之旅的行程安排如下：

12月28日：吉隆坡—上海—大连，接团后，走滨海路，市容观光，品尝大连海鲜。

12月29日：早餐后，乘旅游车前往丹东，游览鸭绿江、虎山长城、抗美援朝纪念馆。

12月30日：离开丹东前往沈阳，游览沈阳故宫、大帅府，品尝老边饺子。

12月31日：沈阳—长春，游览伪满皇宫博物院，午餐品尝东北特色菜。

1月1日：长春—哈尔滨，游览东北虎林园、冰雪大世界、中央大街。

1月2日：亚布力滑雪场、索菲亚教堂、中俄边贸市场。

1月3日：哈尔滨—上海—吉隆坡。

二、应急处理

（1）旅游团人数减少。12月28日，全陪小刘兼大连段地陪，拿到了一个马来西亚旅游团东北7天冰雪之旅的接待计划。午饭后，按照计划要求，小刘提前20分钟来到大连周水子国际机场，等候旅游团的到来。30分钟后，领队郑先生带领旅游团走出了机场行李领取厅。双方互致问候后，小刘发现人数与计划不符，她马上询问了领队，原来有2位客人在上海机场转机时，没有赶上飞机，要搭乘晚上的航班抵达大连，领队还要求旅行社派人去接。小刘询问领队后知道那2位客人大约在晚上8点30

分抵达大连。按照计划，晚上6点30分小刘在天天渔港为旅游团预订了海鲜宴，晚上8点30分应该是晚宴结束时，小刘要送游客回饭店下榻，无法同时赴机场接那2位迟来的客人。当然，那2位游客也无法享用海鲜宴。怎么办呢？

首先，小刘告诉领队，单独接站产生的费用属于计划外费用，要客人自付。征得领队同意后，小刘给旅行社负责人打了电话，汇报情况，请求旅行社经理派同事协助接站并将其送到饭店。

其次，在组织游客清点行李、集合登车的时候，小刘给天天渔港打了个电话，告知晚餐减少2位。

最后，晚餐结束后，小刘将旅游团送回下榻的饭店，帮助办理旅游团入住手续，交代了第二天出发及游览事宜。一切安排妥当后，她和领队一起在大堂等待迟来的游客。在旅行社同事将游客送到后，经询问，确认游客在飞机上已经用过晚餐。她安慰了游客，向游客仔细介绍了第二天的安排，并和领队一起将游客送至房间门口，检查了房间设施，才放心离开饭店。

（2）冰雪路行车缓慢。12月30日，旅游团离开丹东前往沈阳，29日白天刚下了一场雪，中午时有些融化，晚上气温下降，路上结了层冰。30日旅游团启程时，天空又飘起了雪花。这些常年居住在热带地区的游客坐在车上看见下雪都很兴奋，但小刘却有些担心，她和司机商定了路线，尽量避开危险路段，选择了路况相对较好的路段，提醒司机路上小心驾驶。路滑，行车缓慢，提前准备好的沿途导游词肯定是不够用了。几天来，小刘通过跟领队和旅游团客人的接触，了解到马来西亚很多学校都开设了中文课程，尤其是这些老年华侨都学过一些中文古诗词，具有一定的文学修养，甚至会唱很多老歌。于是，小刘一边关注司机的行车情况，一边说道："各位贵宾，毛泽东主席曾经写过一首描述北国雪景的词，不知道大家听说过没有？"一位老年游客马上说道："是《沁园春·雪》吧？""老先生您知道得真多，看着窗外的景色，您是否体验出诗词中描写的意境了呢？"车上的游客纷纷称是，个个诗兴大发，你一句，我一句，车厢里仿佛举办了赛诗会。

一首一首的诗歌说下去，车里的气氛逐渐热烈，有人拿起麦克风，唱起了熟悉的老歌，载歌载舞，大家慢慢地忘了行车的时间，不知不觉间，5个小时过去了，旅游车安全抵达了沈阳。大家还意犹未尽，相约下次长途行车还要比赛诗词歌赋。下车时，小刘开玩笑说："哎呀，一不小心，就认识了一车大诗人呀！"游客们都哈哈大笑。

（3）游客患病。12月31日中午，旅游团在长春一家东北菜馆品尝了东北特色菜，晚上到达宾馆后，团中有位老人对小刘抱怨说，他感到恶心，还有些腹泻，一定是中午吃的东北特色菜不卫生导致了食物中毒。小刘观察并询问了该游客，发现食物中毒的迹象不太明显，食物中毒一般在就餐后一小时发病，而该游客发病时间与就餐时间间隔不太吻合。接着，她又细心询问了其他游客，发现其他游客并没有出现类似症状。小刘判断这名游客来自东南亚，应该是不适应这里的气候，受了风寒再加上饮食不习惯，得了胃肠型感冒。但她没有给游客擅自用药，而是马上安顿好旅游团，带这位游客前往医院诊治。诊治的结果是游客患了胃肠型感冒，小刘陪同游客在医院简单输液后，将游客送回宾馆，又体贴地到楼下餐厅为游客买来一碗白粥，送到房间。游客对小刘的贴心服务十分感激。

（4）调换饭店。1月1日晚上10点，旅游团入住哈尔滨一家四星级饭店。旅游团计划在这家饭店住2个晚上。小刘协助领队帮游客办理了入住手续。游客进房后，发现房间没有热水，不能洗浴。小刘与饭店前台沟通，前台接待人员支支吾吾说不清楚何时有热水供应。前厅部经理也不见踪影。小刘急忙联系旅行社计调人员，请他联系该酒店销售部经理。一个小时过去了，热水依然没有供应。天色已晚，旅游团游客很疲惫，不愿意深夜再换酒店，大家只好勉强用冷水洗漱。

1月2日早上，游客情绪有些低落。小刘向组团社经理汇报了情况，要求更换同星级其他酒店或高星级酒店以安抚游客。地接社经理接到组团社的投诉后，答应安排旅游团免费升级至五星级酒店入住。早餐时，小刘首先就接待上的疏漏，诚恳地向游客道歉，并向游客提出了补偿方案：最后一晚哈尔滨住宿免费升级至五星级的华旗饭店。接下来的导游工作，小刘更是尽心尽力，尽量让游客满意。游览间隙，小刘还偷偷打电话给华旗饭店，确认了旅游团的房号，并认真询问了酒店设施和服务情况，以杜绝出现其他问题。晚饭后，旅游团入住华旗饭店，小刘和领队郑先生一起查看了游客的房间设施，帮助游客把空调调到合适的温度，并询问游客是否需要其他帮助。旅游团游客看到小刘所做的努力，脸上都转阴为晴，向小刘频频道谢，小刘这才松了一口气。1月3日，旅游团18位游客结束了东北7天冰雪之旅，在哈尔滨机场与全陪小刘依依惜别，全团客人与小刘相约下次中国之旅再见。

实践训练

实训项目：应急处理服务的基本程序

实训设计：

（1）明确训练任务，将同学按每6～8人分成若干团队。

（2）每个团队选出队长，制订团队训练计划和公约。

（3）组织团队进行导游服务中的角色分工：地接、全陪、医生、犯罪分子、警察、游客若干。

（4）按照教师提出的任务进行讨论，每个角色收集、提炼应急处理必备的知识和团队应急处理服务信息。

（5）每个团队设计“旅游团队应急处理基本程序和特定突发事件的处理过程”。

（6）进行突发事件应急处理展示，每个团队限时5分钟，教师点评。

考核评价

在线测评6-1

任务1

突发事件应急处理服务技能考核评价见表6-1。

表6-1　突发事件应急处理服务技能考核评价表

内容		评价		
学习目标	评价内容	分值	团队成员互评	教师评价
基本知识	导游必备急救知识	10分		
	突发事件应急处理程序	10分		
专业能力	导游遭遇突发事件的应急反应	10分		
	导游遭遇突发事件的组控能力	20分		
通用能力	导游语言表达能力	20分		
	导游灵活应变能力	10分		
职业态度	安全意识	10分		
	奉献精神	10分		
努力方向：		建议：		

任务2　特殊团队导游服务

任务目标

知识目标：

1.了解特殊游客的出游特点和心理需求。

2.掌握特殊团队的导游服务方式。

能力目标：

能够为特殊团队提供规范化、个性化的服务。

素养目标：

1.培养人人平等意识，尊重每一位游客。

2.培养服务意识，树立“游客为本、服务至诚”的旅游行业核心价值观。

任务情境

旅行社分别接到老年团、学生团等不同类型团队的接待计划，如何对这些特殊团队提供有针对性的高质量服务呢？

知识点拨

随着旅游活动在人们日常生活中不断普及，老人、学生等作为中国旅游市场的特殊群体，蕴含着巨大的商机。按照市场规律，开发特殊群体的旅游市场是完全可行的，旅行社对此类群体要抓住商机，进行合理的产品设计。

一、特殊群体的旅游特点

1.旅游目的地的选择

（1）自然景观是首选。总体来说，这些特殊群体由于平时学习压力大，旅游时大多会选择自然风景优美的地方，希望可以放松心情，感受一下大自然。

（2）人文历史景观是重要的选择。人文历史景观以其厚重性成为特殊人群重要的选择，他们希望借助旅游扩大知识面，了解独特的民俗民风。

（3）出境游也很受青睐。独特的文化底蕴和异国风情吸引着众多老年人以及学生的参与。商业化的都市不大能吸引他们，户外、探险、漂流、自然环境相对不好的地区，对特殊群体也产生不了太大吸引力。

2.旅游时间的选择

每年的暑假和寒假是学生群体真正的旅游黄金时间；老年人出游时间的选择范围更宽泛。这些特殊人群在旅游时间的选择上表现出了群体的一致性和不同于其他职业人士的特殊性，都可以理性地避开“五一”和“十一”两个旅游高峰期。

3.对导游服务的要求

特殊群体的文化素养普遍较高，对导游的综合素质及服务水平要求较高。他们对旅游过程中接触的服务人员的素质较为敏感，服务质量的高低直接影响到旅游目的地在他们心目中的形象。所以，提高导游服务质量，就要在知识、技巧、情感三个方面下功夫。

（1）知识讲解要丰富。导游在讲解内容上要精益求精，灵活运用符合这些特殊群体品位和口味的讲解方式。景区知识的讲解要灵活，善于将这些特殊群体所关心的社会热点、焦点问题运用到讲解中，营造气氛，利用身边一切有利的东西为自己的讲解服务。

（2）服务技巧要娴熟。游览活动的形式要丰富多彩，要有良好的气质形象、流畅的语言表达能力、和谐的组织调控和人际沟通方式。

（3）服务情感要真诚。考虑到特殊群体的心理特征和行为特征，要有针对性地为他们提供各种细致的服务。对每个导游来说，面对的客人来自五湖四海，对各种类型的旅游团队，其服务程序是不变的，导游的服务态度也是永恒的——真诚服务。

二、老年团队服务的特色

1.老年团队的特点

在线课堂6-2

老年团和儿童团的接待技巧

（1）人老话多，好怀旧思古。人老了，头发变得花白，由健步如飞变成步履蹒跚，由精神饱满变成气力衰弱，喜欢唠叨，总爱怀旧。老年人由于精力有限，对许多事情心有余而力不足，于是他们只好借助语言来表达自己的情感以引起他人的注意，求得心理的平衡，有时为了维护自己的尊严而不听他人之言。为了排解寂寞，老年人总是喜欢谈论陈年旧事，炫耀以往的辉煌，也是为了得到心理上的慰藉，以填补现实生活的空虚。

（2）老年人健忘，希望得到尊重。老年人从长期紧张、有序的工作与生活状态突然转入到松散、无规律的生活状态，一时很难适应。老年人遗忘的主要是近期发生的事情，新接触的事物或学习的知识，特别是人名、地名、数字等没有特殊意义或是难以引起联想的东西都忘得特别快。但是，对于一些陈年旧事却往往记忆犹新，说起来绘声绘色，活灵活现。

（3）老年人孤独、寂寞。老年人退休在家后，离开了工作岗位和长期相处的同事，终日无所事事；儿女分开居住，缺少社交活动，孤寂凄凉之情油然而生。周围的人把自己当成老年人看待，衰老感便在他人的“老同志”“老师傅”“老先生”的叫声中产生。孤独使老年人处于孤独无援的境地，很容易产生一种“被遗弃感”，继而使老年人对自身存在的价值表示怀疑、抑郁、绝望。

知识卡片6-2

中国传统上对高龄老年人的称谓

我们经常听到老年朋友说“我总是夜里两点就起床看书”“我一晚上得醒好几次，不能有一点动静”“我晚上总是失眠，白天睡也睡不着”“年轻的时候就没觉得困过，现在一天睡十几个小时，还是困”……睡眠少，易惊醒，晚上不能入睡，白天没精神，这些都是老年人常见的睡眠问题。

所以，在旅游活动过程中，他们希望导游与他们多沟通、多交流，并得到更多尊重。

2.怎样带好老年团

《带着爸妈去旅行》等电视娱乐节目无疑给以家庭为单位、以老年朋友为核心的出行提供了一个参考，也给家庭中的子女孝敬老人提了个醒，更给旅行社提供了一个优化老年旅游产品的机会。

对老年旅游团队，景点讲解是基础，更加细致的服务是灵魂。

（1）更有爱心。导游在老年游客心目中是“万事通”，是“活字典”，要想不令老年游客失望，就要奉行“游客至上、质量第一”的服务宗旨。要对远离家乡的老年游客的探险精神怀有一种特殊的关怀，在导游服务中要将护士、教师、心理学家的才智集于一身。对老年游客的问询要热心，对老年游客的帮助要真心，对老年游客的生活要关心，对老年游客的安排要细心，对老年游客的嘱咐要耐心。付出加倍的爱心把老年游客当成自己的爷爷奶奶，就会得到老年游客更加热情的配合。

（2）更加尊重。风风雨雨走过大半辈子的老年游客，礼貌是其最看重的，对他们的称呼要亲切，爷爷奶奶、叔叔阿姨叫得越诚恳越好。以亲情为主，以讲解为辅。

（3）更亲切的讲解。老年游客听讲的最佳时长为15～20分钟。若讲解时间过长，会让老年游客产生疲劳感。因此，导游在带领老年旅游团进行参观游览时，在导游服务的讲解技巧上要多运用含蓄幽默的方法或借用故事法以及虚实结合法等，使老年人“游中有示，乐中有游”。导游每隔一段时间就应调节一下气氛，再继续讲解。讲解中注意老年朋友感兴趣的话题，讲过去的传说、过去的生活、过去的人物，要激活老年游客的兴奋点。比如“人生好比一朵花，二十、三十刚发芽，四十、五十绽花蕾，六

十、七十花开放，八十花艳吐芬芳，才是人生好年华”。导游讲解要生动，要有感情，使他们产生“一次旅游，终生难忘”的美好印象。

（4）更细致的服务。相信一个处处事事从维护游客利益出发，一切从“细”字出发，细致入微，以细动人的导游，定能把接待工作做得锦上添花，异彩纷呈。导游服务的感人之处在细节，动人之处在细功。

例如，导游要提醒老年游客佩戴好统一的胸卡或旅游帽等，在游人如织的景点中便于识别；游览景点时，导游要高举社旗，行走速度要快慢得当，每隔一段时间就要清点人数，前后照应，具有集体观念。

再如，导游在与餐厅联系订餐时，要告知餐厅此团为老年团，要求饭菜松软，并且要好消化。导游对于老年团队用餐一般要做好三个步骤：第一步，出发时的讲解里要特别强调团队餐的性质；第二步，上菜后待游客尝过后，要巡餐三遍，第一次问餐齐了没有，第二次问习惯不习惯，第三次问够不够吃；第三步，游客吃好后，一定要征求他们的意见，以便下一餐做调整，尽可能安排一些老年游客喜欢吃的菜。

（5）更周到的安排。酒店分房之后，导游应在前台等待10多分钟，看看入住有无问题，再查一下房间，以示对老年游客特别关心。

导游要提醒老年游客，房间内有消费物品及备品，进入房间的第一件事就是铺置防滑垫。

离店提醒至少要两次。第一次离店提醒，行李、钱包带齐了没有；第二次离店提醒，“三摸一拍”——摸耳朵（耳环）、摸脖子（项链）、摸手背（手表、手链）、拍屁股（钱包）。

（6）更安全的出行。带领老年团队旅游的首要任务是安全问题。旅游安全问题不仅包括来自外界的意外伤害，还包括老年游客自身的意外病发。导游工作要突出一个“稳”字，在出团前要提醒老年游客带好常用药，并放在容易找到的位置。对有心血管等方面疾病的游客，导游要做到心中有数，全程留意他们的身体状况。特别要提醒游客“走路不观景，观景不走路”；碰到上山下坡、路滑不平时，更要提醒他们注意安全。整个旅程安排要宽松，劳逸适度，参观游览完一个景点后要适当给他们一些自由活动的时间（喝水或上卫生间等），避免老人因匆忙而出现安全问题。

3.带好老年团的技巧

导游如果在用餐、住宿、行车、游览、购物、娱乐、安全等七个方面做好全方位的服务，就能够带好老年团队。

（1）用餐。第一，提醒老年游客注意餐厅地面，防止滑倒摔伤。第二，提前安排好老年游客就餐的座次和用餐的同伴，注意将夫妻和家人、熟人安排在一起。第三，菜肴要适合老年人的口味，宜清淡。第四，劝阻老年游客游览期间不要饮酒。

（2）住宿。第一，导游要反复交代好酒店名称、房间号码。最好将酒店的名片发给老年游客，以备走失之用。第二，提醒老年游客上卫生间要注意防滑。第三，导游要按时查房，嘱咐老年游客早睡早起。第四，集合的时间、地点等都要多说两遍。第五，为了让老年朋友记住车牌号，要像对小学生那样重复多次。

（3）行车。第一，行车时间不能太久（一个多小时为宜），要适当停留休息；老年人前列腺方面的疾病较多，容易尿频，导游要适时安排他们如厕。第二，由于老年人的生理原因，会行动迟缓或记忆力不好，所以导游要时时注意他们的行踪。第三，对大型的老年团，导游要提前安排好座号（年纪大的、晕车的、行动不灵活的安排在前几排），并且座号不能更改，以便清点人数。

（4）游览。第一，导游在游览的过程中要提防老年游客走失，组团社、地接社以及导游的联系电话要告诉他们（最好是做成胸卡挂在每一名老年游客的胸前）。第二，游览行程安排上导游要注意调节老年游客的体力状态，不应急行，适当休息。第三，游览活动和线路的选择要做到运动和休息的有机结合。第四，导游讲解时的最佳位置是说话时面对所有游客，同时便于为游客指示景物，但不能遮挡游客的视线。讲解需要慢速，口齿清晰，声音尽可能地大，让整个团队都能听到。游览行进时一般地陪导游在团队前面，起引导游览和讲解作用；全陪导游在队伍的末尾照顾游客，防止游客走失或发生意外。第五，给老年游客摄影拍照留下充足的时间。

（5）购物。第一，导游应提醒老年游客在购物时“三要”：一是要买自己喜欢的物品，不要从众；二是买东西一定要让商家开发票；三是买贵重物品一定要索要凭证。第二，导游要告诉旅游者“少买吃的，多买用的”。一些旅游者旅行回家几个月后往往发现所购买的吃食因吃不完而变质，不得不扔掉。但一些用的东西大部分都能派上用场。有纪念意义的物品，时间越久，其价值越大，每每拿出展示给友人，总能带来不一样的感受。

（6）娱乐。第一，老年游客的娱乐活动要与游览相结合，晚间的娱乐活动要有“度”。第二，娱乐活动内容应突出老年游客的特点，比如听戏、唱歌、看杂耍，不要参与剧烈的活动。第三，提醒老年游客不要去不健康的娱乐场所。

（7）安全。要时时刻刻、全方位地提醒老年游客注意安全。安全无小事，小事连大事，事事都谨慎，才能不出事。

4.老年人旅游十大注意事项

（1）理智参团，莫图便宜。首先，老年人不要因便宜而报名参加低价劣质的旅游团。其次，通常旅游团人数较少的，会比人数多的更舒适。老年团人数最好控制在40人以内，并且至少安排3名导游，这样会得到比较好的照顾。

（2）出游前记得做一次全面身体检查。老年人出游前，要对自己的身体进行一次全面检查。尤其是那些有心脑血管疾病的老年朋友，应咨询一下医生对出游的建议。检查血压、心率、消化系统，对原有的疾病如冠心病、糖尿病等要掌握最新的控制情况。

（3）出游装备准备齐全。了解旅游目的地的气候和气温，所带衣物要适当。鞋子一定要舒适、松软、透气，适合长距离的徒步，最好穿那种适合老年人的徒步鞋，不要穿新鞋出游，不然可能会磨脚。老年人出游，建议随身带一根可伸缩的登山杖，携带方便，而且可以助其一臂之力，确保行走安全。

（4）出游的老人最好随身携带个人资料卡和常用药物。比如简单的病史介绍及家人联系电话等，如在途中出现病情，可减少诊断时间。

要根据自己的身体情况准备急救药盒，携带一些必要的药品。这些药品包括两类：一是一些防治慢性病的药，出游时尽管无症状表现，也要有备无患。二是一些防止晕车、晕船和止泻、消炎或通便药。出门在外，生活习惯有所改变，容易引起便秘，也可能因水土不服而出现腹泻。此外，还要带一些止痛膏药、药棉之类物品。

（5）用好老年证，部分景区可打折。有的旅游景点价格较高，而且有逐年上涨的趋势，往往旅游一趟下来，景点门票费占了很大比例。而对于离退休的老年游客来说，许多景点有免票或者优惠政策。因此外出旅游应提前做好功课，看看哪些景区有针对老年人的优惠，出发前记得带上老年证，这样会帮老年人节省一大笔旅游开支。

（6）老年人旅途中容易犯下的小错误。有的老年人记忆力不好，容易忘记一些重要物品，应提醒老年人旅游时不要忘记把每天离不开的药品放入随身携带的包中。酒店退房时一定要仔细检查，看有没有东西放在卫生间、抽屉里、枕头底下。照相时不要把包放在地上，以防丢失。

（7）老年人旅游饮食用餐要注意。关于饮食，应选择清淡但保证适当的蛋白质的菜品，鸡蛋可以吃但不能多吃，蔬菜、水果要多吃，以防便秘；多喝水，可喝些含盐的饮料，补充体内的水分、盐分。尽量在住地餐厅用餐，自备餐具和饮具，既方便又卫生。

（8）老年人旅游时要理智消费。很多旅游团都安排购物点，还有烧香拜佛的景点等，不要被诱惑，不要轻易掏腰包。旅游纪念品和特产可以少量购买；至于药材、老年人的药物之类的购物，多数不可信。

（9）量力而行，避免过度疲劳。有的老年人不服老，虽精神可嘉，但体力已随年龄增大而日渐衰退，这也是自然规律，六七十岁的老大爷怎么也不能和二三十岁的小伙子相比。老年人在旅游途中要量力而行，不能乐而忘返，造成过度疲劳。如果出现心悸、乏力、多汗、头晕眼花等症状，要及时通知导游，尽快休息调整。

乘火车人多拥挤，车厢内空气污浊；坐汽车较颠簸，备感疲劳，故老年人长途旅行最好坐卧铺或飞机，也可分段前往，旅行日程安排宜松不宜紧，活动量不宜过大。游览时，行步宜缓，循序渐进，攀山登高要量力而行，以免劳累过度，加重心脏负担，心肌缺血缺氧，或旧病复发。若出现头昏、头疼或心跳异常，应就地休息或就医。

知识卡片6-3

中国传统的儒学孝道

（10）老年人在旅途中与人发生不快，应控制住情绪。旅游途中遇到不愉快的事时，老年人可与全陪或当地导游协商解决，不必与人发生争吵，以免把自己气病了；还可以回来后再让子女去找组团旅行社解决，正规的旅行社是可以承担责任的。

三、学生团队服务的特色

1.学生团队的特点

学生团队主要由一群爱玩的学生构成，这个群体的特点是：

（1）聪明、活泼、模仿力很强。学生的最大特点是好奇、多动、安全意识薄弱，不像成年人旅游团那样乐意听导游的讲解。

（2）好动、求知欲望强，对新奇的事物都喜欢尝试。迪士尼乐园之类的地方是其首选。

（3）表现欲、自主能力比较强。这个群体更愿意去能增长见识的地方旅游，以“寓教于游”的方式游玩。他们多选择参加夏令营、探险游之类的活动，或者和家长、同学去一些名胜古迹、主题公园等地方旅游。

2.学生团队服务技巧

（1）学生团队讲解技巧。第一，讲解不要太深，要讲一些通俗易懂的、学生们容易接受的主题。第二，讲解学生们感兴趣的、前沿的话题。讲故事要以新事、启智为主。第三，游戏是孩子们喜欢的，游戏的设计一定要新颖、趣味、易操作。与孩子们在车上做互动的游戏，往往比讲一段导游词更会给其留下深刻印象。

（2）导游要重点在用餐、住宿、行车、游览、购物、娱乐、安全七个方面加强对学生团队的管理。

第一，用餐方面。不要吃小摊上的食品，以防不卫生而引发肠道疾病；不要直接饮用生水，少数民族或有忌口的同学，要报告辅导员、营长或导游；不要暴饮暴食；订餐时，先告知餐厅此团为夏令营团，菜量以适合他们为宜。

第二，住宿方面。学生要记住自己的楼号和宿舍号，以防走错；晚上不要在宿舍里大声唱歌、吵闹；出入时关门要轻，不要影响他人；如要换宿舍（房间）必须请示辅导员、营长；洗衣、洗澡、上厕所要注意安全，以防滑倒。

第三，行车方面。过马路一定要走人行道、天桥、地下通道，看到红灯一定要停下来；过马路时先看左边，再看右边，确定安全后再通过；不要在行走的时候嬉笑打闹，以防发生意外。

第四，游览方面。上厕所、买水等一定要报告老师、导游，以防走失；照相机一定要挂在脖子上，不要随意拿下来，照完相后，马上挂回脖子上；女生有手包的话，一定要斜挎在肩上，并把包移到身体的前面，背包的同学不要在包里放贵重的物品；手机不要挂在腰间或明显处；不要当众数钱、拿钱包，平时口袋里放些零钱以备用；随身的行李如需要放在地上，或遇到突发情况，一定要把行李放在两腿间夹住，以防小偷声东击西而使物品被盗；进景区游览时，一定要问清楚进出口、停车场、集合时间以备走失后能找到团队；走失后应立刻用电话向导游报告，并应记住住处的名称、地址，以备走失后可以直接坐出租车回去。

第五，购物方面。在小摊买东西时，备好零钱，以防找零钱拖延时间，影响行程；凡购买百元以上的物品，建议请示老师或导游，以防被骗；在游览过程中购物时，一定要向老师、导游报告，以防走失。

第六，娱乐方面。观看节目、参加联欢会、出席仪式时，除上厕所外，如需要离开会场或不想参加活动，一定要向老师、导游报告。

第七，安全方面。任何场合都不允许学生单独活动；不要随便与陌生人讲话；不要向乞丐投钱；强调有组织、有纪律、听指挥，严格遵守时间。

3.青少年训练营团队对导游的素质要求

青少年永远是家庭的核心，也是家长最舍得投入的对象。电视娱乐节目《爸爸去哪儿》《变形计》等，都在告诉社会和家庭，青少年的成长需要各种环境的体验和锻炼。如果一个项目创意好、活动设计科学、趣味性强、内容丰富，有利于孩子的成长锻炼，家长就会踊跃为孩子报名。在这样的特色训练营中，导游必须承担生活服务员、活动宣传员、对外协调员、安全保卫员等多种角色任务。

（1）职业的多重角色。导游要对离开家乡的孩子们怀有一颗关爱之心，扮演好哥哥、姐姐、家长、教师、护士、心理学家等多重角色。

（2）健康的身心素质。面对性格多样、活泼好动的中小学生，健康的身心素质是导游带团成功的重要保障。广博的知识、外向的性格、稳定的情绪以及群体意识和协作精神等，是导游带好训练营所必备的身心素质。

（3）杂家的知识结构。如今的中小学生生活在与时俱进的社会，对知识、信息涉猎较广。所以，导游需要具有广博的知识，除文学、艺术、历史、地理等“诸子百家，无不涉及；三教九流，多有相关”之外，还要对前沿的、流行的、时尚的信息多多了解，以便应对这个活泼的群体。

（4）指挥官般的组织能力。导游是训练营团体活动的直接指挥者，在旅游过程中发生车祸、患病、失窃等意外事件时，要有临危不乱的应变能力，就像一个乐团指挥，依照乐谱，应付自如，按计划完成预定的游览项目。

任务实施

一、带领老年团队在旅游车上活动的范例

尊敬的叔叔阿姨：

大家好！

我们这次行车将有2个多小时，刚才我已经把行程和景点跟大家做了介绍，在接下来的1个小时时间里让我们一起来进行娱乐活动。首先由我给大家表演一些小节目，然后请大家踊跃上来表演，我有神秘的奖品哦！

我先给大家唱首歌，刚才有位阿姨问我是哪里人，那我就唱一首我家乡的民歌，请大家猜猜我是哪里人？（唱）好一朵美丽的茉莉花……大家猜到我是哪个省的了吧（给出几分钟时间让大家讨论），对，是江苏省。下面我再唱一首歌，你们就知道我是哪个市的了！（唱）莫愁湖边走，春光满枝头……对，我的家乡是南京。

都猜到了吗……有没有哪位叔叔阿姨也想用歌声或歌名告诉我们，你的家乡在哪里？

各位叔叔阿姨家里可能有小孩吧，小孩会经常爆出许多好玩的笑料，我先给大家讲几个，算是抛砖引玉，你们家的小孩有更绝的一定不要吝啬与我们分享哦。

——小明年纪很小，一天晚上，他一直叫妈妈帮他做这个做那个。小明的妈妈很烦，就生气地对小明说：不要再叫我妈妈，不然我就不认你了。但是小明实在很想喝水，但又不能叫妈了，他就很胆怯地说："王太太，麻烦您给我一杯水……"

——儿子不想睡觉，爸爸坐在床头开始给他讲故事。2个小时过去了，房间里一片寂静。这时妈妈打开房门小声问："他睡了吗?""他睡了，妈妈。"儿子小声回答。

各位叔叔阿姨是不是有很多这样的经历啊？（有孩子的人一提起孩子肯定会滔滔不绝接着说下去）

马上就要到老虎滩海洋公园了。利用这段时间，小王给大家介绍一下老虎滩景区的特色……好了，你们对这些景点的地形不熟，在游览中一定要注意安全，小王告诉你们10个字"观景不走路，走路不观景"。记住了吗？大家一起说一遍……好！带好自己的东西，跟我一起下车。

导游在讲解过程中，应注意选择老年朋友感兴趣的、经历过的、浅显易懂的、生活方面的话题和笑话，让老年朋友有熟悉感和亲近感，其参与的热情会比较高。

二、"放暑假了，我们去哪儿?"服务范例

1."青少年心智成长夏令营"训练方案

（1）活动特色。家长朋友们，您是否愿意拓宽孩子的成长空间，向您的孩子打开一个崭新的世界呢？是否愿意带领您的孩子完成一趟亲子之旅呢？青少年心智成长夏令营以"关注差异、尊重个性、挖掘潜能、多元发展"的理念，采用团队动力、行为塑造等项目训练方法，以"互动—体验—交流—品味—学习—成长"的训练模式，让家长和孩子们在新的环境中，实现人生初级阶段思想认识的飞跃。

（2）活动目标。和孩子一起成长是人生最值得回味的事，心智成长夏令营通过项目训练，让家长伴随孩子一起做事。在这里，家长和孩子能够一起提高认知能力、情绪调节能力、人际沟通能力，能够培养孩子坚强的意志力，开启孩子阳光、健康的成长之旅。

（3）训练方法。心智成长夏令营以家庭为单位，以小团队合作形式展开，采用角色扮演、体能拓展的项目训练方法。

项目一：心智成长之旅。让孩子了解自己、了解他人，关注差异、挖掘潜能。

项目二：感恩体会之旅。感受父母的慈爱，品味幸福人生。

项目三：名师交流之旅。聆听名师教诲，点拨学习疑惑，零距离与名师交流人生。

项目四：财商培养之旅。了解金钱，培养财商，树立正确的金钱观。

项目五：体能拓展之旅。赛龙舟、野外寻宝、悬崖攀岩、趣味游戏和拓展训练。

项目六：生活体验之旅。制作蛋糕、小工艺品等，体验动手的快乐。

夏令营的具体活动安排见表6-2。

表6-2　　　　夏令营活动安排

主题	活　动	训练目标
D1 心智成长之快乐起航	开营；破冰之旅；组建团队（团队名称、团队角色定位、团队公约）	破除人际坚冰，形成新的集体。规划时间，确定每个人在团队中的角色任务
	每个团队派一名代表，宣读团队训练目标：好习惯成就好未来	新的团队组建后，团队成员共同制定新的团队公约；和谐团队，大家创造
	团队心理游戏：我是谁 团队学习手语歌	了解自我，尊重个性，挖掘潜能
D2 感恩体会之旅	金口才训练：小舌头全能操 长话短说：用最短的语言表达对“家”的感悟 短话长说：通过“爱”这个题目，让学生扩充300字，感谢父母给予的幸福	把握“真情”“觉悟”“感恩”“表达”这4个重点词，实现真情的流露、人生的觉悟、生活的感恩、清晰流畅的表达，来激活孩子的感恩之心
	人际沟通：通过角色扮演，用“请求”和“拒绝”两个词，进行模拟演练	通过恰当的语言、得体的礼仪、迷人的个性，展现“感恩体会之旅”
D3 名师交流之旅	名师展示：魔鬼记忆法，见证神奇能力	提高记忆能力，尝试记忆方法，体会学习技巧
	认知方法体验：怎样学习最有效 各个团队合作完成“魔鬼记忆”主题，名师参与团队展示点评	了解个体的学习风格，掌握有效的学习策略，挖掘潜能，激活超级学习力
D4 财商培养之旅	少年商学院财商课程，怎样对待钱财，商议财富如何使用	了解钱的用途，正确对待钱财，形成合理的金钱观 商海沉浮，适者生存
	财富人生，商战模拟，信任博弈游戏	
D5 体能拓展之旅	野外寻宝：团队成员合作寻宝（金钱、用品）	展现自我的勇气和信心，强化团队竞争和合作
	山地训练：步步高、晃桥、独木桥、索桥	
	身体技能训练：攀岩	
	团队训练：赛龙舟	
	我的团队我做主：野外篝火晚会个体才艺展示、团队节目展示	挖掘潜能、展示自我、全面发展、增进友谊
D6 生活体验之旅	开发心智：团队成员亲自动手，结绳、软陶制作	锻炼动手能力和当家做主能力，体验动手的快乐
	生活考验：自制冰淇淋、蛋糕，自制纪念品	
	技能训练：射箭、飞斧	
D7 团员之家	亲子沟通，家长参加学生训练成果汇报	体验好好学习、天天向上的成长快乐
	团队集体合影、小团队合影、互赠礼物	增进友谊、沟通交际
	结营仪式：每名学生将七日成长记录中体会深刻的一句话作为新的起点	总结七日心智成长之旅

（4）项目开展举例。在进行“感恩体会之旅”项目时，训练营的导游做了如下开场白：

今天我先讲一个关于苹果的故事，讲完后请家长与孩子一起讨论，由孩子用最简练的语言给这个故事起个名字。

那时，我在一所小学教一年级数学。

期中考试时，我给孩子们出了这样一道题：假如你家有5口人，买来10个苹果，每个人能分到几个苹果？从年龄与智力发育水平来说，让七八岁的孩子来回答这道题，应该是很简单的。

但是当考试卷交上来后，我却大吃一惊。由于打字员的疏忽，“10”变成了“1”，这样，这道题变成了“假如你家有5口人，买来1个苹果，每个人能分到几个苹果？”我想试题本身就错了，所以这道题根本就不可能有答案了。

但在阅卷时，我发现几乎所有的孩子都在那道题下写出了答案。

其中有这样一个答案震撼着我的心灵——每个人能分到1个苹果。

后面接着写出了原因：假如爷爷买来1个苹果，他一定不会吃了它，因为他知道有病的奶奶一定很想吃，他会留给奶奶。奶奶也不会吃，她通常会把苹果送给她最疼爱的小孙女——我。我也一定不会吃这个苹果，我会把它送给每天在街上摆地摊的妈妈，因为妈妈每天在太阳下晒着，口渴的她一定需要这个苹果。妈妈也一定不会吃的，她一定会送给爸爸，因为爸爸进城这一年来每天都在工地上干很累很累的活儿，却从来没吃过苹果。所以，我们家每个人都会得到1个苹果。

我含着眼泪，给孩子的答案打了满分。

（导游讲这个故事的时候，几次哽咽，下面有的孩子也流泪了）

现在进行第一个项目“长话短说”，孩子们听完这个故事后，一定有很多感想要表达吧？现在就请你们将要表达的内容归纳为一句话，给这个故事起个题目，要求言简意赅。

在导游的组织下，孩子们纷纷发言，有的说可以用“感动”两个字概括，有的说用“家的感觉”四个字为题，还有的说可以使用“最纯真的心灵”“苹果的最佳分法”等题目。

好，在这么短的时间里，孩子们用最精练的文字给出了苹果故事的主题，每个孩子归纳得都很好。我总结一下孩子们的题目，故事最核心的是“家人”这两个字。家是依靠、寄托、希望的象征，有家的感觉真幸福啊！

现在进行第二个项目“短话长说”，用“爱”这个题目来说说你们对“感恩”的理解，当然了，最长也不能超过300个字。

现在分组，每5个人组成1个小组，进行集体创作。然后每个组推荐1个代表上来阐述对家人的感恩之情。在表达中，我们要重点考察你们对“真情”“觉悟”“感恩”“表达”这4个词的理解。

孩子们快速地分好小组，30个人按照学号分成6个小组，每个小组选出负责人，然后由这个负责人进行组内角色分工。各个小组都在积极、踊跃地讨论着——家长感受到孩子们在开动脑筋，体会到了孩子们的善良、智慧、创新……

最后是表达的环节，孩子们的发言让在场的每个人都非常感动。孩子们充满了感恩之情，要感谢的人很多，他们表达着自己在“家人”的关爱中所领悟到的幸福，更提出要以健康的心态去珍惜这一切。

在夏令营中，导游和教师一样，在带团活动中还承担着极其重要的社会教化功能，不仅要做一个快乐的制造者，更要做一个美好情感和优秀文化的传播者。旅游活动是一种高品位的文化享受，因此导游在带团活动中要把“发现美、传播美、奉献美”作为自己的工作准则。

2.“青少年体能与意志成长冬令营”训练方案

（1）活动背景。2024年的冬天，北国风光，千里冰封，万里雪飘。这是家长带领孩子倾听冬季自然的声音、呼吸冬雪的气息、欣赏北国风景的最好时光，也是让孩子的身心得到全面锻炼的难得机会。本次冬季活动设计，能够让家长和孩子在领略优美的北国景色的同时，促进家长和孩子、家长和家长、孩子和孩子之间的交流，营造和谐融洽的团队气氛，增强孩子的家庭荣誉感和集体荣誉感，丰富孩子的课余生活。另外，在本次活动体验中，也能够让他们学会与自然和谐相处。

（2）活动主题。我是一个兵——青少年体能与意志成长冬令营。

（3）活动目的。本冬令营举办的目的主要为以下几点：

第一，在竞争激烈的时代，学生的精神处于高度紧张状态。我们这次活动的目的之一就是让孩子们走进自然，亲近冬雪，放松精神，感受生活，快乐成长。

第二，现代教育更主张自主学习，学生之间的交流减少了，他们熟悉的只有自己的家庭和学校班级。这次活动可以增进同学之间的友谊，促进家长与家长之间的交流，让大家有个更好的交流环境，能够让孩子们懂得团队合作的重要性。

第三，在活动过程中会设计很多问题，可以锻炼孩子和家长处理应急问题的能力和解决问题时的沟通能力，增强学生的团队合作意识。

第四，本次活动的设计，可以让家长和孩子感悟到片刻的物质享受只会满足一时的需求，精神追求才能让他们终身受益，能够让孩子懂得爱别人也懂得珍惜自己。

（4）活动日程。具体活动安排见表6-3。

表6-3　“青少年体能与意志成长冬令营”大连分营区6天日程安排

日程	上　午	下　午	晚　上
D1	•签名报到，家长和孩子分班编组，公选班长，制定组规 •组织入住，领取物品 •教叠被子，规范物品摆放 •11：40午餐	14：30举行开营仪式、授营旗 15：30雪地观看陆军军校生表演 16：30参观、识别军营设施 17：30晚餐	19：00部队首长看望营员 19：30召开班务会，班长与营员进行自我介绍、学习参营规范 20：30自由活动 22：00就寝（住军营）

续表

日程	上　午	下　午	晚　上
D2	6：30起床 7：00升旗仪式 7：30早餐 8：00雪地体验式队列训练，雪地学习军体拳 11：40午餐	12：30—14：30午休 14：30雪地教授射击操作要领，进行实弹射击体验 17：30晚餐	18：00学唱军队歌曲 19：30观看军事题材电影 21：20点名、讲评 21：30自由活动 22：00就寝（住军营）
D3	6：20起床，体验紧急集合 7：00早餐 7：30战场仿真体验。野战拓展——全真模拟“把信送给加西亚”。本活动集实战体验、户外观光、拓展训练、野外生存于一体，具有鲜明的故事化、体验化、趣味化、野战化等特点	11：40野外午餐 13：00军事谋略答题；围绕亲身模拟罗文中尉送信的艰难历程及其所蕴含的“忠诚、敬业、主动、服从、自信、奉献”等人生励志哲理，谈感想感悟 15：00军事专家做专题报告 17：30晚餐	19：30学唱军队歌曲 20：30写日记，在日记中写出参营认识的教官、考官、老师、营员的名字 22：00就寝（住军营）
D4	6：30起床 7：00早餐 8：00前往老虎滩海洋公园，参观极地海洋动物馆，观看精彩的海洋动物表演；在欢乐剧场观看动物表演；在珊瑚馆欣赏海底神秘动植物；在鸟语林畅游鸟类为伴的山间，观看可爱的小动物表演 11：40游冬季景色宜人的滨海路、北大桥、虎雕广场	12：20午餐 13：30游亚洲著名的城市广场——星海广场、百年城雕 15：00游览星海公园 16：00车游冬季的奥林匹克广场、人民广场、友好广场、中山广场、俄罗斯风情一条街 17：30晚餐	19：00收集整理好人好事，写日记 20：30自由活动 21：30点名、讲评 22：00就寝（住军营）
D5	6：30起床 7：00早餐 7：30乘车赴旅顺 8：30参观旅顺博物馆、苏军烈士陵园、军港公园，参观104舰	11：40午餐 13：00参观旅顺日俄监狱旧址博物馆、万忠墓 15：00乘车返回营地 17：30晚餐	19：30军民联欢及个人才艺展示 20：30收集整理好人好事，写日记 21：30点名、讲评 22：00就寝（住军营）
D6	7：30起床 8：00早餐 8：30自由交流、合影留念 9：30召开总结表彰大会（语言文字智能、音乐智能、逻辑数学智能、空间智能、身体运动智能、人际关系智能、内心智能、自然主义智能、道德智能等奖励证书） 10：30组织闭营（临行前每人提交一篇日记，连同参营剪影一起编辑成册，名字暂定为《我是一个兵——全国青少年陆海空三军夏令营参营作品精选》）		

续表

备注	•武器装备因营区兵种不同而不同，陆军有火炮、坦克、装甲车辆等，海军有战舰、潜艇等，空军有战机、雷达等，第二炮兵有导弹发射架等 •每晚由夏令营办公室及旅行社领队、老师查铺、清点人数 •在班长指导下自己动手洗衣服 •最佳营员条件：纪律观念强、自理能力强、协助精神强、表率作用强 •运用能够全面发掘人的多种智能的“多元智能理论”，通过特殊的环境、特殊的活动、特殊的群体、特殊的考评队伍，按照营员与专家相结合 、平时与集中相结合、单项与综合相结合、定量与定性相结合的测评方式，围绕语言文字智能、音乐智能、逻辑数学智能、空间智能、身体运动智能、人际关系智能、内心智能、自然主义智能、道德智能9项智能类型，由专家、教官、夏令营办公室及老师、班长组成考评组，对营员进行各项指标考评 •因不可抗拒因素造成无法实施的项目，将另行安排

实践训练

实训项目：特殊团队导游服务

实训设计：

（1）明确训练任务，将同学按每6 ~ 8人分成若干团队。

（2）每个团队选出一位队长，从老年团、学生团中抽取一个任务。

（3）团长组织团队进行导游服务中的角色分工：地陪、全陪、酒店前台、餐厅服务人员、景区工作人员、游客。

（4）根据本组任务进行讨论，每个角色收集、提炼特殊团队导游服务必备的知识和特殊注意事项。

（5）每个团队设计“特殊团队导游服务基本程序和接待技巧”。

（6）进行特殊团队导游服务接待展示，每个团队限时10分钟，教师点评。

在线测评6-2

任务2

考核评价

特殊团队导游服务技巧考核评价见表6-4。

表6-4　　特殊团队导游服务技巧考核评价表

内　容		评　价		
学习目标	评价内容	分　值	团队成员互评	教师评价
基本知识	特殊团队的特点	10分		
	特殊团队接待流程	10分		
专业能力	接待特殊团队的技巧	10分		
	导游遭遇突发事件的应对能力	20分		

续表

内　容		评　价		
学习目标	评价内容	分　值	团队成员互评	教师评价
通用能力	导游语言表达能力	20分		
	导游服务创新能力	10分		
职业态度	人人平等意识	10分		
	服务意识	10分		
努力方向：		建议：		

项目小结

本项目主要介绍了突发事件应急处理和特殊团队的导游服务。突发事件应急处理主要包括旅游交通塞车及交通事故的预防与处理、治安事故的预防与处理、游客患病的预防与处理、游客食物中毒事故的预防与处理、游客旅游景点走失事件的预防与处理、游客中途退团或要求亲友随团活动的处理、对游客要求变更旅游计划的处理、对挑剔的游客抱怨的处理和突遇下雨天如何讲解等。此外，老年团、学生团等特殊群体具有自身的特点，旅行社针对此类群体应设计合理的旅游产品，提供个性化的导游服务。

综合实训

根据下面的素材，完成旅游团队应急处理服务技能训练。每个团队选出一名代表，在课堂进行5分钟展示。

“五一”期间，地陪小严接待了一个来自辽宁省的老年旅游团，小黄是该团的全陪。一名游客因旅途劳累，游览泰山时，突发心脏病，情况危急。

价值引领

从老有所“游”看银发消费

从衣食住行，到精神文化、社交需求，精准对接老年消费群体实际需要，与时俱进、推陈出新、注重品质，才能让养老产品和服务成为老年人的舒心之选。

“游玩时间很充足，旅程中还提供了免费旅拍服务，我们拍照打卡、赏花看景，感觉又回到了年轻时出游的美好时光。”春光正好，多地陆续开行银发旅游列车，老年人欣然奔赴“诗与远方”。

慢节奏、重体验、有保障，近年来，银发旅游列车颇受老年消费者青睐。数据显示，2024年国铁集团共组织开行旅游列车1 860列，运送游客超100万人次，其中老年游客占比接近80%，一些产品的旺季线路“一座难求”。从中不难看出，银发消费需求旺盛，市场前景广阔。

目前，我国仍处于“轻老阶段”。半数以上的老年人口为60~69岁的活力老人，身体健康状况较好，有资金、有时间，且有较强的消费意愿。满足该群体消费需求，不仅有益于提升他们的晚年生活质量，也能为经济发展注入新活力。2025年中共中央办公厅、国务院办公厅印发的《提振消费专项行动方案》明确提出：“积极发展抗衰老、银发旅游等产业，释放银发消费市场潜力。”

发展银发消费，适老化改造不可或缺。银发列车上，增设加宽护栏、防滑扶手、紧急呼叫器；居家环境中，浴室门槛改成平缓坡道，光滑瓷砖换成防滑地板，配备感应灯、防跌倒报警器等设施；打开手机，App优化视觉呈现，采用大字体、大图标等设计，方便老年人查看与操作……这些细节，筑起更严密的安全防线，让老年生活更便利，优化了消费体验。加快各领域适老化改造，才能拆除老年人参与社会生活的一道道无形的“门槛”，助其安享养老生活。

随着生活观念的变迁、生活水平的提升，老年人的消费需求也随之水涨船高，不仅追求老有所养，而且要有所乐、有所为。这对供给提出了更高要求。

比如，过去提起老年旅游团，人们往往联想到价格低、行程赶，中间掺杂各种购物、推销。如今，老年游产品已然迭代升级，不止于“到此一游”。湖北首趟银发旅游专列突出康养主题，游客在游山玩水之余，还可以与武当武术传承人互动交流。一些服务商加强与景区联动，一站式提供银发学习、旅居养老、游学养老等服务。城市里，课程丰富的老年大学、价廉物美的社区食堂越来越常见。从衣食住行，到精神文化、社交需求，精准对接老年消费群体实际需要，只有与时俱进、推陈出新、注重品质，才能让养老产品和服务成为老年人的舒心之选。

除了物质、硬件设施，老年人在情感上同样有需求。一段时间以来，一些骗局盯上老年人的钱包，打“亲情牌”、挖消费陷阱。守护老年人消费安全，不仅需要有关部门依法加强监管，重拳打击违法犯罪行为，还有赖于更多人身体力行，给予老年人真诚关爱。倾听老年人分享生活日常，帮助老年人筛选可靠的产品和服务，与老年人共同开启一场远行……多一些理解、多一些陪伴、多一些鼓励，用心用情织密关爱网，才会让老年人拥有更加充盈的内心，增进幸福感，让不法分子难有可乘之机。

习近平总书记指出：“一个社会幸福不幸福，很重要的是看老年人幸福不幸福。”在人力资源和社会保障部公布的一批新职业中，社区助老员、老年助浴员等位列其中。拓展养老消费场景，推动养老服务在专业和品质上实现双提升，定能更好满足老年群体新期待，共绘幸福夕阳红。

资料来源：尹双红. 从老有所“游”看银发消费［N］. 人民日报，2025-04-16（9）.

职业素养：尊老爱老　责任担当

学有所悟：老有所“游”的兴起，是传统“孝文化”在当代的创新表达，将“物质赡养”升级为“精神关怀”，体现了家庭美德与时代需求的融合，强化了代际和谐对社会稳定的基石作用；让每一位老年人都能“游得开心、游得有意义”，也反映了全社会共同应对老龄化的责任担当，凸显了社会治理中对“人的全面发展”的重视。

项目七 出境游领队服务

任务1 领队出团前的准备

任务目标

知识目标：

1. 了解领队的概念。
2. 熟悉领队出境前的准备工作程序和服务技巧。

能力目标：

能够顺利召开行前说明会。

素养目标：

1. 培养严谨细致的职业态度和安全至上的服务意识。
2. 具有尊重不同文化习俗、宗教信仰的意识，提高跨文化交流能力。

任务情境

小王打算报名参加澳大利亚新婚蜜月游项目，于是打电话给在大连文园国际旅行社工作的小杨，咨询需要准备哪些资料，小杨耐心地做了介绍。但是，小王第一次办理出境旅游，还是有些紧张。那么出团前应做好哪些准备呢？在临近旅行的前三天，小杨通知小王参加澳大利亚行前说明会，小王带着一些问题赴会。

知识点拨

一、什么是领队

领队的全称是“中华人民共和国出境旅游领队”，是指持有导游资格证书，依照《中华人民共和国旅游法》规定取得领队资格，受组团社委派，从事领队业务的工作人员。

领队业务：全权代表组团社带领旅游团出境旅游，督促境外接待旅行社和导游人员等方面执行旅游计划，并为旅游者提供出入境等相关服务。

二、出境前的准备工作程序

（1）研究旅行团情况。

（2）核对各种票据、表格和旅行证件。核对旅游者护照和团队名单，以及签证；

核对机票及行程；检查全团的疫苗注射情况；准备多份境外住宿的分配名单。

（3）物质准备。准备好领队证、已经核对好的票据、证件和各种表格；准备好机场税及团队费用；准备好社旗、社牌、胸牌、行李标签等；准备好境内、境外重要联系单位的电话号码、名片等。

知识卡片7-1

游客旅行清单

（4）开好行前说明会。在办理好护照、签证、通行证、机票等有关手续后，领队要召集本团队旅游者开一次行前说明会。

三、出境前的准备工作技巧

1.领队接收出团资料和查验的服务技巧

（1）领队接到计调给出的出团任务，要仔细阅读资料。领队接到带团任务通知时，就是本次带团工作的开始。领队在听取计调介绍任务的时候，需要认真听、仔细记，对不清楚的问题要马上提问，以获得明确的答案。一定要避免把不清楚的问题带到以后的工作中。

①领队在听取计调介绍团队情况时要认真仔细。具体包括：一是团队构成的大致情况；二是团内重点团员的情况；三是团队的完整行程；四是团队的特殊安排和特别要求；五是行前说明会的安排。

同时，领队接收计调移交的该团的各种资料后要确认团队名单表、出入境登记卡、海关申报单、旅游证件、旅游签证/签注、交通票据、接待计划书、联络通讯录等。

②查看“出境旅游行程表”，对照以下几点内容确认：一是旅游线路、时间、景点；二是交通工具的安排；三是食宿标准/档次；四是购物、娱乐安排以及自费项目；五是组团社和接团社的联系人的联络方式；六是遇到紧急情况的应急联络方式。

（2）查验全体团员的旅游证件、签证、机票：

①检查护照：重点检查姓名、护照号码、签发地、签发日期、有效期、是否有本人签名几项内容。

②检查签证：签证有的是使用印鉴盖在护照内，有的则是用贴纸贴在护照内。签证的检查重点是签发日期、截止日期、签证号码等几项内容，领队要一一检查签证纸上所列内容。

③检查机票：重点检查乘机人姓名、乘机日期、航班号几项内容。

（3）领队出团前的行装准备：

领队工作应事无巨细，出团前要将所带的物品进行分类整理。

①带团必备物品：证件、机票、已办妥手续的“团队名单表”（一式四联）；团队计划、发团通知书；国内外重要联系电话；客人房间分配表；游客胸牌、行李标签；旅行社社旗、胸牌、名片；领队日记、旅行社服务质量跟踪表、导游领队带团情况反馈表等。

②工作辅助物品：旅行包（核对该团是否提供）；各国入出境卡；备用金等。

③个人生活物品：随身日用品（除了日常用品，还应备好计算器、签字笔、信封）；常用药品（感冒药、镇痛剂、胃肠药、消炎药、晕车药）等。

2.团队出境前的说明会服务技巧

行前说明会讲解要通俗易懂，签字盖章要准确。

（1）说明会的内容：

①欢迎词：感谢大家对本旅行社的信任，选择参加我们的团队。

②领队自我介绍：表明为大家服务的工作态度，并请大家对领队的工作予以配合和监督。同时介绍领队的职责和服务范围：协助游客出入境，配合并监督境外导游服务，协调游客与境外导游的关系，处理紧急事件等。

③对每位客人提出要求：注意统一行动，强化时间观念及相互之间团结友爱。

④行程说明：按行程表统一介绍，但必须强调行程表上的游览顺序有可能因交通等原因发生变化。同时说明哪些活动属于额外付费项目，介绍额外付费活动并强调其特殊性，注意沟通技巧。

⑤通知集合时间及地点：通常乘坐国际航班要在航班离站前3小时在机场指定位置集合；乘坐国内航班需要提前2小时在机场指定位置集合；如乘火车或汽车，也要在发车1小时前到达指定位置集合。

⑥对目的地的气候地理、生活习惯、风土人情做必要介绍。对境外接待标准略做说明（含酒店、用餐、用车等）。提醒客人准备衣物、常用药品等，自备洗漱用品和拖鞋（在境外最好不要用酒店提供的）等。

⑦对购物安排做好事先说明和必要的铺垫。

⑧货币的携带与兑换：中国海关目前规定每位出境旅游人员携带不超过等值5 000美元（含5 000美元）的外币现钞出境的，无须申报。

⑨人身安全：告诫客人在境外要注意安全，特别是在海滨活动或自由活动时。

⑩财物保管：告诫客人不要把财物、证件放在旅游车上，并向客人讲解在酒店客房如何保管贵重物品，如何使用酒店提供的保险箱，在旅途中托运行李时如何保管贵重物品和易损物品等基本旅游知识。

⑪出入国境时的注意事项：告知有关国家的法律和海关规定，说明过关程序及有关手续。

⑫告诉游客如何开通国际漫游，出境后如何使用。

（2）说明会上应落实的事项如下：

①酒店分房的原则。

②客人所交纳费用的构成。

③是否有单项服务等特殊要求。

④是否有素食者。

任务实施

小王在出行前3天接到电话，去大连文园国际旅行社参加澳大利亚旅游团行前说明会。说明会由领队小杨主持。

一、致欢迎词

领队小杨在旅行社的会议室清点好人数后，开始致欢迎词。

朋友们上午好！我代表大连文园国际旅行社欢迎大家如约、按时来到这里参加行前说明会。俗话说，良好的开端是成功的一半，相信我们这次的澳大利亚之旅一定是和谐之旅。有去过其他国家旅游的朋友请举手……有4位，其他人都没有去过？好的。我们要去的国家，入境有许多与其他国家不一样的规定。我介绍的时候大家注意听，有不明白的问题，我在后面留点时间为大家解答。

二、行前说明会

小杨主要介绍的是从办理登机手续到出海关和边检这一段，内容简单明确。

在中国出发机场办理登机方面小杨着重强调了以下几点：

（1）食品请尽量在飞机落地前吃完。

（2）每位入境者只允许携带50支香烟，就是2盒半，酒不超过2 250毫升（简单地讲不超过2瓶）。

（3）携带现金等于或超过1万澳元，则需要申报或分开带，个人携带额度不能超过规定。

（4）超过100毫升的液体一律托运（糖尿病患者如需要在飞机上注射胰岛素，可向柜台人员说明情况，得到允许后方可带上飞机）。

（5）所有电池（包括手机、照相机、摄像机、笔记本电脑等的电池）及充电宝一律放在手提行李里带上飞机，不允许托运。

（6）尖锐物品及包括指甲刀在内的各种刀具必须托运，不得随身携带。

（7）一般来说，手提行李不可超过7千克，国内段飞行每人托运行李不超过20千克，国际段不超过30千克。特别注意单件行李不得超过30千克。

因时间相对充裕，小杨又简单介绍了澳大利亚出入境的一些规定。澳大利亚是一块美丽神秘的大陆，它到其他大洲的飞行时间都在10小时以上，因此具有独特的生态环境，对动植物检疫也特别严格。食品方面，除口香糖外所有可以入口的全部都算食品，必须申报。肉类、蛋类、水果都不允许携带。如果一家人出游，可以把所有食品集中在一个袋子里，由一个人来申报。

小杨又举了一个她亲身经历的案例：一次她带了一个团去澳大利亚旅游，团队中一名成员带了一箱牛肉味的方便面。在过境检查时，边检人员将方便面袋撕开，取出其中的牛肉味酱料包，然后把方便面包好后放进箱里。当时在场的团队成员都很吃惊地看着边检人员。

由于小杨的解答很细致，消除了大家出境前的紧张感，行前说明会开得很成功。

实践训练

实训项目：出境领队准备工作程序

实训设计：

（1）明确训练任务，将同学按每6~8人分成若干团队。

（2）每个团队选出一位队长，从泰国、日本、韩国、欧洲等地抽取一个任务，每组针对目的地特性完成出团前全流程准备工作。

（3）组织团队进行导游服务中的角色分工：领队、地陪、计调、财务、签证专员等。

（4）根据任务进行讨论，每个角色收集、提炼出境前准备的内容。

（5）每个团队设计“出境领队准备工作程序”，包含行前说明会内容。

（6）进行出境领队准备工作程序展示，每个团队限时10分钟，教师点评。

考核评价

在线测评7-1

任务1

领队出团前的准备技巧考核评价见表7-1。

表7-1 领队出团前的准备技巧考核评价表

内容		评价		
学习目标	评价内容	分值	团队成员互评	教师评价
基本知识	出境目的地相关知识	10分		
	出境领队准备工作内容	10分		
专业能力	领队出境前准备工作的全面性	10分		
	领队召开行前说明会的组控能力	20分		
通用能力	导游语言表达能力	20分		
	导游服务创新能力	10分		
职业态度	严谨细致	10分		
	安全至上	10分		
努力方向：		建议：		

任务2 领队带团服务

任务目标

知识目标：

1.熟悉领队境外服务程序。

2.了解领队出境旅游突发事件处理的原则。

能力目标：

能够带领团队顺利办理出入境手续。

素养目标：

1.培养在紧急情况下迅速调整情绪、稳定局面、妥善处理突发事件的应变能力。

2.培养团队组织协调能力和跨文化沟通的能力。

任务情境

小王和妈妈报名参加日本8日旅游，旅游过程中，这对母子真切地体会到出境游手续之繁杂。中国国际旅行社领队小孙全程体贴周到的服务，让母子俩感触很深。

知识点拨

一、领队带团服务工作程序

在线课堂7-1

出境游领队服务程序和服务要求

1.办理出境手续

（1）提前到达集合地点并准时集合、清点旅游团人数。

（2）带领全团办理出关和卫生检疫手续。

（3）办理登机手续，分配团队成员座位，协助团员托运行李。

2.办理入境手续

到达旅游目的地国家（地区）后，带领旅游团办理好卫生检疫、证件查验和海关检查等入境手续。

3.领队境外旅游服务

（1）抵达目的地后，领队应立即与当地接待社的导游人员接洽。

（2）清点团员人数，领取行李。

（3）安排团队入住饭店。

①负责办理入住手续并分配房间。

②宣布叫早、早餐、出发时间，公布领队、导游人员的房间号、电话号码等。

③检查行李是否送到客人房间。

④协助团员解决入住后的有关问题。

（4）监督实施旅游计划，与当地导游人员商定日程时要注意以下两点：

知识卡片7-2

在欧盟国家办理购物退税的注意事项

①遇到当地导游人员修改日程时，应坚持“调整顺序可以，减少项目不行”的原则，必要时报告国内组团社。

②当地导游人员推荐自费项目时，要征求全体旅游团成员的意见。

（5）游览中，留意旅游者的动向，防止各类事故的发生。

（6）与接待旅行社密切合作，妥善处理各种事故和问题，消除不良影响。

（7）指导购物：

①遇到当地导游人员安排购物次数过多或延长购物时间的情况时，领队要及时交涉。

②购物时，领队要提醒旅游者注意商品的质量和价格，谨防假货或以次充好。

4.团结工作

维护旅游团内部的团结，协助旅游者妥善处理矛盾。

5.保管证件和机票

（1）在旅游途中，最好将客人的护照、签证集中保管。

（2）保管好全团客人的机票和各国入境卡、海关申报卡等。

6.办理国外离境和中国入境

带领全团旅游者办理旅游目的地国家（地区）离境手续和中国入境手续。

二、领队回国后收尾工作程序

领队在请旅游者填写征求意见表后，将表格收回。领队要详细填写领队小结，整理相关材料；与有关方面结清账目，归还物品；还要协助旅行社领导处理遗留问题。

1.旅行社服务质量跟踪表要收回

领队日记、领队带团情况反馈表必须认真详细填写，含酒店名称、每日餐厅名称、购物商店名称等相关情况。请注意，旅行社服务质量跟踪表的填写应留给客人充足的时间。

2.致告别词

感谢各位团员在旅途中的支持和配合，表达对接待过程中及自身服务上仍存在不足的歉意及改进的愿望，希望大家能再次选择本公司的旅游服务。如有需要，可以分发名片及交换联络方式。

3.报账核对

回国后，在3个工作日内报账，报账时应交回旅行社服务质量跟踪表、领队日记、领队带团情况反馈表、发团通知书及报销单据。

三、领队带团服务技巧

1.领队办理出境手续服务技巧

领队在向客人介绍过关程序前，要将团队游客按照报名时家庭或其他方式每2~5

人一组分成若干小组，每组确定一名负责人，再选择一名客人负责把其他客人统一集合在一起（当领队办理各项手续时，各负责人负责自己小组的人员，整个境外行程都按照这个名单组织活动）。

（1）领队要求游客比预定集合时间提前5~10分钟抵达。

（2）购买药盒。

（3）领队要引导需要购买航空保险的团员自行购买保险。

（4）领队要引导需要进行海关申报的团员至海关申报处申报。

（5）领队要察言观色，协助团员托运行李（领队在团队每个游客托运的行李上都贴上同一种颜色的胶带，以备下飞机取行李时方便寻找）并办理登机手续（最好提前取下当日乘机联），统计托运行李数，务必清点准确，并保存好行李牌。

（6）按名单顺序集合、清点人数（领队不能因为分组了而只听负责人报告）。

（7）领队将名单交给边检人员，带领团员持护照/通行证按名单顺序排好，依次通过边检。提醒团员注意一米线，维持秩序，尊重现场工作人员。

（8）领队一定要等最后一名团员通过后，边检自留一页，并在其他页加盖检验章后，将名单收回保管。入境时依此核查。

（9）领队带领团队在过安检、候机、登机时，都要站在队伍的最后，做好收尾工作。

案例窗 7-1

刘领队在中旅大连公司工作多年，出境带团经验丰富，行事老练，是一名资深专职领队。“在中旅蓝旗的顶端有一个挂牌，我们管这个叫机场集合牌，是中旅特意定制的。”刘领队说，“现在大连机场出发厅旅游团量很大，常有多个团队同时在机场集合，蓝旗众多。游客来到机场后，往往不晓得谁是自己的领队，到处询问，这会影响游客的体验。而挂上这个牌子后，游客找领队就更方便了。优质服务不是空话，是在这些细节上体现的。”

正在说话间，刘领队接到团里客人的电话，询问位置。刘领队高举机场集合牌，向远处的客人挥舞着。团里的游客到了，才碰头就笑着和刘领队说，这个牌子真醒目，老远就看到了。

一旁中旅的田领队也没闲着，正在向他团里的客人发放行李牌——这也是中旅的特色服务之一，行李牌上有领队的姓名、境外手机号码和中国手机号码。田领队一边发一边向客人介绍说，无论是否开通了国际漫游，都可以把她的境外手机号存到手机里，或是写在身边的本子上。这样万一和团队走散，可以向当地人寻求帮助。

很快，游客们都到了，两位领队把自己的游客带开，分别开起了机场说明会。刘领队在向团里游客介绍目的地风俗、生活习惯等目的地知识。按刘领队的说法，虽然很多信息在游客报名的时候中旅销售人员会做介绍，但往往出发时距离游客报名已经有段时间了，在机场开说明会的时候再强调一下很有必要。随后，刘领队又拿出相关旅游文明公约，选择重点向游客介绍起来。

开完说明会，刘领队和田领队先后带领游客前往国航柜台，托运行李，核对证件与登机牌是否一致。托运完行李后，刘领队招呼游客集合，按照出境名单表排队。“集合开说明会、介绍旅游文明公约、协助托运行李、协助办理出关手续，是领队工作的一部分。但是只介绍旅游文明公约是不够的，领队还要在后续的团队运行过程中，关注细节小事，用自身的行为影响客人。”刘领队谈了自己的看法，“很多时候游客并不是明知故犯，往往因为其在国内的生活习惯，并没有意识到所作所为是不文明的。如果领队能够用行动而不只是语言去影响游客，从点滴做起，就能起到潜移默化的良好效果，杜绝不文明行为”。

刘领队举例说，她每次出团时，都会带上两件必不可少的“装备”：一叠连卷垃圾袋和一只便携式烟灰盒。“游客乱丢东西了，我不会直接和他说这是不对的，而是会帮他捡起来，收在垃圾袋里。”她解释说，“捡完后，我会找个机会打个比方说给他听，如果有邻居来你家做客，玩得很开心，但是走后一看，家里全是对方乱丢的垃圾。你会怎么想？客人想想，确实是不对。后面就改正了，效果非常好。”

刘领队介绍说：带团领队的自身素质、专业技能、宣传技巧，也是旅游文明的基础。中旅有很好的团队合作氛围，领队们会经常自发组织交流活动，互相介绍带团心得，取长补短，增长经验。领队工作的时候虽然是独立“作战”，但仍然离不开同事的协助。领队之间的交流很重要，尤其在针对如何处理一些游客不文明的行为方面，各人有各人的好办法，互相借鉴是中旅领队应对旅游文明建设的法宝。

点评：领队肩负着随团服务的重要使命，是出境游团队的组织者。领队的工作直接关系到旅游团队服务的质量，关系到每位游客的生命财产安全，还承担着对外交流和展示中国形象的重要任务。

2. 领队办理入境手续服务技巧

（1）领队带旅游团队入海关集合时，发生特殊情况的处理。

①游客迟到。领队应及时与未到游客取得联系，知道游客所在的方位，预估抵达的时间再行决定。如时间允许，可以稍稍拖后带团去办理手续，在原地等待游客抵达，并先代替迟到的游客向大家表示歉意；如时间较紧张不允许再等下去，领队可先带领其他游客到海关柜台办理海关申报手续，到航空公司值机柜台前办理登机手续。此时领队需要始终与未能抵达的游客保持联系。一旦游客抵达，领队要带领游客到口岸的国际入境区域入口将游客带入，与全团会合。

②游客临时取消旅行。游客因病、事故等突发原因，打来电话告知不能参团出发，领队应首先对游客进行口头慰问。然后要求游客发来短信进行确认，以便领队在进行工作处理时留有凭证。得知游客临时取消旅行的消息后，领队应在第一时间告知旅行社计调，由旅行社计调迅速通知境外接待旅行社。领队带领团队在航空公司办理登机手续时，要将取消旅行的游客姓名告知航空公司。

（2）到达旅游目的地一关三检。

办理有关入境手续，通常称为“过三关”，即卫生检疫、证照查询、海关检查。

通常，该国（地区）的E/D卡及海关申报单可以在飞往该国（地区）的航班上取得。领队统一领取后分发给团员，并进行填表指导。领队不得拒绝为团员代填表格。

（3）飞机上领队组织团队游客填写入境卡和海关申报单。

①为游客提供乘机中的帮助，观察游客的需求。

②帮助游客填写入境表格，叮嘱游客填写海关申报单要详细。

（4）在境外机场要耐心指导客人办理入境手续。

①经过卫生检疫，交验黄皮书和健康证明要细心。领队带领团员至移民关卡，告知团员将填写完毕的E/D卡夹在护照签证页交与边检关员审验。提醒团员务必注意秩序，在规定距离外安静等候，礼貌通过。

②办理入境手续，交付入境卡，查验护照签证排队注意保持距离。如系团队签证，应先行收齐团员护照和E/D卡，与团体签证（有时应持复印件换领原件）一同交与移民官审验并核对电脑记录。完成后，将护照按签证名单顺序发还给团员，依次通过关卡。此时务必提醒游客妥善保管加盖有入境章的E/D卡剩下部分，因为出境时需要提供，如有遗失将会造成很大麻烦。

③查询行李到达的传输带号码。领队下飞机后要迅速查询行李带到达的传输带号码，带领客人领取行李。领队如果先于团员通过移民关卡，应回头照顾团员，并请已过关的团员协助取行李。领取托运行李要凭牌，不要拥挤。

必须提醒团员检查各自行李，如有损毁、丢失必须立即通知机场工作人员，离开机场后，再有任何损失只能由团员自行承担。

④接受海关抽查时心态要平和。如没有需申报物品，直接送交海关申报单即可。但海关要求检查时，应请团员配合立即开箱受检，同时可请求海关官员抽验数件予以通行方便。同时告诫其他团员切勿远离，因国外机场环境复杂，离散后寻找不易。如有需要申报的物品，应引导团员至申报查验处，等待海关官员查验。抽验完毕后出关，带领团员与当地接待人员联络，上车并清点人数。

案例窗 7-2

某旅行团一行25人去新加坡旅游，新加坡出境的海关检查采取抽查方式。游客在打包行李时将购买的一些免税物品装到行李里了，而团队有2名游客被抽检到了。打包好的行李箱要重新打开，把要检查的物品拿出来，再重新打包。因为每个人的行李箱里都塞得满满的，因此前后花费了整整1个小时。

点评：在境外购买的免税商品、出海关要检查的物品，要尽量放到随身行李中以备检查。

3.领队在境外带团期间的服务技巧

（1）领队到达目的地后马上与地接导游接洽。旅游团队到达旅游目的地后，领队应马上与地接社导游进行接洽，清点行李与团员人数，与地接导游一起安排客人入住酒店。

（2）入住酒店介绍要详细明确。入住之前在车上或者大堂，领队要介绍酒店的服务设施和收费项目，如何使用房间内部电话，以及告知领队或导游的房间号码和联络方式。入住酒店后，领队必须随导游对房间进行查看。

（3）领队与地接导游沟通协调一致。待安排妥当后，领队要及时与导游核对行程安排，商定游览计划和时刻表，必要时可拜访该旅行社的负责人，以示重视和友好。

在境外旅游期间，领队应尽量与地接导游、司机搞好关系，共同协作，把旅游活动安排好，让客人满意。如遇地接导游或司机提出无理要求，或者有侵犯客人利益的行为，如随意增加收费景点、延长购物时间或增加购物次数、降低服务标准等，领队应立即与导游交涉，维护客人的正当权益，必要时可向地接社投诉并向国内组团社报告。

（4）领队在境外要牢记十点：

①带领团队游览观光，要与地接导游协调好，领队要走在团队的后面随时观察情况。

②安排团队入住饭店，不论时间多晚，分发房间要有序。

③协同导游安排用餐，按照提前的分组基本不变，安排好游客座位。

④带领团队在城市间转移，嘱咐游客在车上尽量休息。

⑤带领团队完成购物，购物时不要给游客出主意或过多地介绍。

⑥带领团队观看演出，安静有序。

⑦与当地导游密切合作，大事小情都要沟通商量。

⑧完成回程机票确认，要细心、细心、再细心。

⑨完成团队工作记录，事无巨细，不遗漏。

⑩带领团队安全旅游，遇事不冲动，平心静气、理性解决。

案例窗 7-3

游客小童过年放假期间，跟团去韩国济州岛旅游。结束旅行后，在机场办好登机牌等候登机，但是在距离登机只有5分钟时，却发现自己把护照和登机牌当垃圾丢了。

领队马上找机场工作人员帮助寻找，却没有找到。领队知道，没有护照是不可以登机的。这个时候的领队要照顾团队40多名游客，飞机马上要起飞了，没有更多时间处理。领队只能先把小童留在韩国，并把韩国地接社的电话给了他，告诉小童因为时间很晚了，让他先找个酒店住下，再找当地警方挂失护照，第二天去大使馆补办护照。

点评：出国旅游除带上护照外，身份证也必须带上。最好还有护照的复印件和签证复印件，分开存放。护照丢失后可以携带出入境事实确认单和身份证到中国驻该国大使馆或领事馆办理旅行证，就能乘机回国了。

4. 领队境外安全工作的服务技巧

由于节假日是出游的高峰期，出行人群较为集中，在食品卫生、交通安全、自然灾害等方面难免会发生一些意料之外的事情，安全问题始终是旅行中的头等大事。出游安全要做到以下几点：

（1）证件安全注意事项。护照、签证、通行证、身份证、机船车票及相关文件等是出国（境）旅游的身份证明和凭据，必须随身携带，妥善保管。

①要把原件放在贴身的内衣口袋中。

②在出发前，将各种证件复印一份放在手提包中。

③除出入境接受检查时使用外，最好交给领队统一保管。

④遇到有人检查证件时，不要轻易应允，而应报告领队处理。如果领队不在现场，要有礼貌地请对方出示其身份或工作证件，否则应予拒绝。如对方是警察，可在检查时记下其证件号、胸牌号和车牌号，以防万一。

⑤证件一旦遗失或被偷被抢，应立即报告领队并向警方报案，同时请警方出具书面遗失证明，必要时向所在国（地区）申请出境签证并向我国驻所在国使领馆提出补办申请。

⑥要严格遵守有关国际公约和出境游目的地国家（地区）的入境法规，不得携带违禁药品，不得参与目的地国家（地区）禁止从事的活动；携有大量现金或特殊药品出入境时，要按规定如实申报。

（2）钱物安全注意事项：

①出境期间不要携带大量现金和贵重物品。

②不要把现金和贵重物品放在托运行李、外衣口袋或易被割破的手提包中。

③不要把现金和贵重物品放在宾馆房间或旅游车中。

④不要让也不要帮助不相识的人看管或托运行李。

比较安全的做法是：

第一，尽可能少携带现金，代之以信用卡或旅行支票，出游前可在国内兑换一些小额货币，用于在目的地小额消费，如打电话、上厕所和支付小费。

第二，贵重物品可存放在宾馆总台和房间的保险箱中（须保管好凭据、钥匙并记住保险箱密码）。

第三，如发现钱物丢失或被偷盗，应立即报告领队。如在机场丢失，要迅速到航空公司机场失物招领部门登记或索取丢失证明以备索赔。如在宾馆或旅游车上丢失，要和领队一起与相关方面交涉，并可酌情报警处理。

（3）交通安全注意事项：

①要熟悉所在国（地区）的交通信号标志，遵守交通规则，不要强行抢道，也不要随意横穿马路。

②在国外乘坐旅游车时，不要坐第一排的工作人员专座，专座只为工作人员投保，游客乘坐一旦发生意外是得不到赔付的。

③在乘坐飞机或乘车时要系好安全带。

④不要在飞机起飞后和降落前使用手机和相关电子用品；不要把头和手伸出旅游车外。

⑤在乘坐船、快艇等水上交通工具时，要穿救生衣（圈）。

⑥万一发生交通事故，不要惊慌，要采取自救和互救措施，保护事故现场，并迅速报告领队和警方。

(4) 住宿安全注意事项：

①进出宾馆房间随时关门锁门，离开宾馆时把钥匙交回总台，不要让陌生人进入房间。

②正确使用房间内的电器等设施，不要在床上吸烟，不要把衣物放在照明灯台架上。

③要熟悉宾馆安全通道和紧急出口等疏散标志，遇到火灾时不要搭乘电梯。

④离开宾馆前要携带一张标有该宾馆地理位置和联系电话的卡片，以确保迷路后安全返回。

⑤到健身房和游泳池锻炼时，要注意自我保护。

(5) 观光安全注意事项：

①观光游览时要服从领队和导游的安排，紧跟团队，不要擅自脱队。

②记下领队和导游的手机号码，以便万一离队后联系。

③记住旅游车车牌号和所在停车场位置，以便走失后找回。

④万一联系不到或找不到旅游车，可自行乘出租车返回宾馆或请警方协助并设法告诉领队。

⑤在拍照、摄像时注意往来车辆和是否有禁拍标志，不要在设有危险警示、标志的地方停留。

⑥要慎重参加带有刺激性的活动，量力而行，提高自我保护意识，服从安全人员的指挥；不要到赌场和色情场所消费。

⑦夜间自由活动要结伴而行，并告知领队大致的活动范围，不要乘坐无标志的车辆，不要围观交通事故、街头纠纷，不要太晚返回。

(6) 购物安全注意事项：

①购物时要保管好随身携带的物品，不到人多、拥挤的地方购物。

②一定要到正规的商店购买商品，并且要有相关的发票证明，在数量上要适当，不要超出标准。

③在试衣试鞋时，最好请同团队的好友陪同和看管物品。

④不要当众数钱。

(7) 人身安全注意事项：

①要远离毒品，不接受陌生人搭讪，防止遭到人身侵害。

②尊重所在国（地区），特别是有特殊宗教习俗国家（地区）的风俗习惯，避免因言行举止不当而引发纠纷。

③遇到地震等自然灾害或动乱、战乱、突发恐怖事件或意外伤害时，要冷静处理并尽快撤离危险地区，及时报告我国驻所在国使领馆或与国内有关部门联系寻求营救和保护。

案例窗 7-4

杜先生与妻子、岳母于3月18日抵达土耳其旅游，随后到南部城市安塔利亚观光，其间花费20欧元买了块饭盒大小的石头作为纪念品，准备带回国。谁知，3月

22日离开该城市时，在机场被告知石头属于文物。由于杜先生无法提供发票，土耳其警方控告他走私文物，限制其离境。在中国大使馆的帮助下，杜先生的妻子被释放，但一个月之内不能出境，还需要等待法院判决。杜先生和家人都不能离开安塔利亚，成天奔波于警察局和当地法院，等候重获“自由身”。

点评：土耳其当地法律对部分石头、钱币出境有相当严格的规定。游客不要去买地摊上的纪念品，尽量到正规商店购物，并索要购物发票，以免引起麻烦。事实上，每个国家在出入境方面都有不同的禁止性规定，游客和旅行社在旅游时要多注意，尽量做好“预习”工作。

5.领队办理离境手续服务技巧

（1）由当地导游协助，办好离境登机牌。

领队通常都是先办理登机和托运手续，由当地导游人员协助，保存好行李牌。分发登机牌时，领队应先告诉客人航班号、登机口、登机时间，叮嘱客人一定要在约定时间前赶到登机口。如系团队签证，团员首先应按照签证名单顺序排队，领队将签证交给移民官，让团员持护照、出境卡依次通过。如非团队签证，只需指引团员至各“FOREIGN PASSPORT”处，持护照和出境卡分散过关即可。

（2）境外旅游购物如何才能退税。

领队要提前向游客介绍一些国家的退税规定。游客到商店购物时，要提醒游客别忘记索要发票。欧洲退税的简单要求是：在有退税标志的商店购物，购物要超过一定的限额，开具退税专用发票，盖有海关章。

各个国家（地区）退税政策不同，游客在购买之前可询问商家能不能退税，购物达到多少钱才可以申请退税。在法国，商场退税的比例在12%左右。当拿到退税单时，就可以在离境时进行退税。退现金需要收取手续费，退到信用卡则不需要收取手续费。注意，海关盖章的单子是需要邮寄到税收中心的，税收中心收到后，费用将在几周后打到卡里。

领队应事先了解退税程序，根据各地不同要求，过关时协助团员办理退税。例如，澳大利亚要求客人在免税店购买的免税商品必须封装完好，手提至海关查验并审验单据。手续办好后，组织游客候机，带领游客按时登机。

离境时请提前2~3个小时到达机场，以防排队办理退税时间过长。退税时需要持护照、退税单和办理退税的商品在机场的退税窗口办理退税。需要注意的是在机场办理退税时，在海关检查之前勿将商品托运。因为办理退税时，海关有权查看退税单据与所购买商品是否相符。

6.领队遇到团员脱团或滞留不归情况的处理程序

在带团过程中，遇到团员脱团或滞留不归的情况时，应立即通知地接社组织查找，并通知国内操作人员。如查找无果，领队应通知国内公司更改计划，向边防机关提供报告等，尽量减少损失。同时配合地接旅行社，报告境外有关部门，按照要求填写报告，处理可能影响整个团队行程的团队签证、机票、团队名单等事宜。安抚其他团员情绪，保证其他团员接下来的行程。

案例窗 7-5

游客抵达越南岘港旅游，由于游客对地接服务不满意，要求领队给予每人1 000元的赔偿，领队经请示旅行社后拒绝了游客的要求，游客以拒绝返程要挟旅行社。由于最后未能满足游客的要求，游客果真滞留在目的地，并借助自媒体制造舆论，迫使旅行社做出很大的让步。

游客拒绝返程，原因很多，可能涉及旅行社线路的安排、领队的服务等。但不管什么理由，面对游客拒绝返程的情况，领队应当如何处理呢？

首先，及早发现拒绝返程的苗头。在带团过程中，领队一旦发现游客有拒绝返程的苗头，就应当高度重视，切忌采取到时候再说的态度，应把游客拒绝返程的念头消灭在萌芽状态。

其次，做好深入细致的说服工作。说服工作包括以下几层含义：第一，领队要做好劝说工作，让游客按时返程。第二，详尽告知游客拒绝返程的后果，比如必须承担滞留期间的食宿及返程交通费用。表述要诚恳，要让游客感到是为他好，而不能让游客感到是在威胁他。同时，不妨留个录音作为已经做了工作的证据。

再次，及时向有关部门报告。除了向组团社、地接社报告外，领队在可能的前提下，还应向有关部门报告以寻求帮助。比如团队在境外，领队要向我国驻旅游目的地的使领馆报告，请使领馆进行协调和提供帮助。

最后，领队不要随意承诺。由于游客拒绝返程，领队独立在外，受到的压力最大，游客往往要求领队承诺，答应一定的条件或给予一定的赔偿，才能随团返程。在这种情况下，领队必须事先请示，按照旅行社的指令办事，千万不能轻易答应游客的要求，否则旅行社就必须按照领队的承诺进行补偿。

点评：出境旅游服务纠纷产生的原因较为复杂，有些纠纷可以归因于游客自身，而有些纠纷是客观因素造成的。领队作为旅游团队服务的核心人物，在出境旅游服务中，其服务规范与否直接影响着旅游服务质量的优劣，也对旅游服务纠纷的化解或者扩大化起着决定性的作用。

7. 领队与地接导游发生分歧的处理技巧

（1）要抓主要矛盾，把握大方向。领队要主动与地接导游进行直接沟通，力求及早消除误解，避免分歧继续发展。领队一定要尽量避免与地接导游发生正面冲突，除非地接导游在做法上非常恶劣。如果境外接待社违反组团社及其旅游团队领队根据规定提出的要求，组团社及其旅游团队领队应当予以制止。领队对地接导游的违规做法予以制止的方式，要有理有节，分步骤进行，尽量避免正面冲突。

①晓以利害。

②优选劝说方式。

③为结果恶化做出估算和准备。

（2）更换导游的具体操作。

①更换导游的条件。如果境外的导游极端不负责任，自说自话，领队完全无法与

之沟通，游客与之积怨颇深，矛盾发展已经不可调和，可以考虑更换导游。在确定更换导游之前，应当做好各项准备，并对预期可能发生的不便有充分准备，对可能耽误的行程进行估量。

②更换导游的操作。不要匆忙向游客宣布更换导游的决定，而应答复游客马上与当地的接待旅行社进行沟通。要严防因当地导游奇缺无法更换而使团队陷入更大的困境的情况发生。在权衡利弊、做出更换导游的决定后，领队应迅速与接待社进行联系。

③更换导游需注意的问题。在多数游客都强烈提出更换导游的要求，领队对游客说服无果的情况下才能考虑更换导游；领队不能将自己的意志强加给游客，或仅根据自己的意愿要求更换导游；需要有礼有节地向境外的接待旅行社提出，或将情况报告给国内组团旅行社，由计调与境外接待社联系洽谈；行动要迅速，以免影响游客情绪，致使游客因对导游的不满而引发对组团旅行社的投诉。

8.领队针对游客境外购物退赔的善后技巧

近几年来，随着人们外出旅游的机会越来越多，境外购物维权的情况时有发生，多数发生在海外旅游胜地。这些地方的导购人员很清楚，来此旅游的人员一般不会再光临此地，他们怀着侥幸的心理，认为一些顾客即使上当，嫌麻烦也不会跑到境外来索赔。

所以，领队在带领游客进行购物时，有职责和义务告诉游客无条件购物的内涵和要求，如不能简单地告诉游客，在当地购物不满意就可以无条件退货，而是要向游客解释退货的条件，这样处理善后才能不被动。如果没有详细说明，就有误导游客购物之嫌，因为普通游客并不理解无条件退货的真正含义。

（1）旅游购物无条件退货的含义。一些国家（地区）的购物店针对团队游客承诺，在一定期限内，只要游客对所购商品不满意，就可以“无条件”退货。旅游购物无条件退货，是政府和商家对游客的承诺，表明对于所售商品品质的自信，其出发点是鼓励游客大胆放心购物，而不是真的希望游客反复退货，这是政府和商家的一种态度、一种保证、一种促销手段、一种营销策略。

（2）无条件退货的“条件”。所谓的无条件退货，并不是游客可以不附带任何条件，随意要求商家退货。无条件是相对的，不是绝对的，至少需要满足以下几个条件，游客才能顺利退货：

①必须在一定期限内提出退货。如游客必须在自购买之日起6个月内提出退货请求，超过期限的，商家概不受理。

②必须确保商品不影响第二次销售。也就是说，游客没有损害所购商品的质量，并保证商品外包装完好无损，这也是不影响第二次销售的组成部分。

③有购货凭证。游客必须提供所购商品的购货凭证，证明该商品的购买场所，否则商家也不会受理。

④可能涉及一些费用。游客要退货，可能会相应产生一些费用。如果游客通过刷卡购物，对于刷卡手续费，商家就会要求游客承担；如果商品有损耗，商家就会要求游客承担一定额度的损耗费等。

(3) 游客要善意地利用规则。游客在慎重购物，尤其是慎重选购贵重物品的同时，要善意地利用无条件退货的规定，而不能利用规则钻空子。例如，属于自己使用不当造成的损失，不能要求商家退货；超过期限的商品也不能退货等。游客自身有过错或者疏忽，达不到无条件退货的条件而强行要求退货，就属于非善意。

9.游客维权应注意时效

如果游客认为团队行程与签订的旅游合同有不符之处，认为权益受到损害或对行程中的服务质量有不满意的地方，要注意保留证据，返程后90天内可以向旅游管理部门咨询投诉，维护自己的权益。

10.团队成员伤亡的应对程序

在带团过程中，如果遭遇突发事故，造成人员伤亡，领队应在第一时间通知国内旅行社并积极配合当地旅行社救助处理，向大使馆寻求紧急援助，做好伤员的救治以及其他团员的安抚工作。

任务实施

一、领队小孙的行前说明会

游客小王和妈妈报名参加7月8日的日本8日游。临行前，小王接到中国国际旅行社领队小孙的电话，通知其于7月3日下午2点在中国国际旅行社203会议室召开行前说明会。3日下午，小王母子准时参会，领队小孙确认人员到齐后会议开始。

1.致欢迎词

首先，我代表中国国际旅行社欢迎各位朋友的到来（鼓掌）。我做个自我介绍：我姓孙，是中国国际旅行社的一名领队。我的手机号是138××××××××，从今天开始到我们旅行归来这段时间，大家有问题随时可以给我打电话。接下来，我将为大家详细介绍本次日本之旅的相关事宜，希望大家认真听，有任何疑问及时提出。

2.介绍日本游的行程安排

本次日本之旅我们将从大连出发，前往日本多个特色城市和景点。具体行程为：抵达日本后，先前往大阪，游览大阪城公园，感受历史韵味；接着前往京都，参观清水寺、金阁寺等著名古刹，领略日本传统建筑之美；之后前往东京，游览东京塔、浅草寺，还会安排大家前往银座购物，体验繁华的都市氛围。最后从大阪返回大连。

3.费用说明

大家看一下手里的资料，这次日本游的服务包含：

(1) 护照、签证办理及费用；

(2) 大连至日本往返飞机经济舱机票费用（含机场建设费、燃油附加费）；

(3) 行程中所标明日本当地酒店双人标准间住宿及早餐；

(4) 全程每天午、晚餐，餐饮会根据当地特色安排；

（5）提供空调巴士，专业司机；

（6）全程中文领队服务；

（7）行程中所提到的景点含首道门票。

本次日本游服务不含：

（1）个人消费，如购物、通信、额外餐饮等费用；

（2）出入境的行李海关课税，超重行李的托运费、管理费等；

（3）行程中未提到的其他费用，如特殊体验项目、私人导游等费用；

（4）因人力不可抗拒因素或国家政策性调整所产生的行程外消费及一切私人消费；

（5）因不可抗拒的客观原因或非旅行社原因（如天灾、战争、罢工、政府行为等）或航空公司航班延误或取消、相关赴日证件办理延误、报名人数不足等特殊情况，旅行社有权取消或变更行程，一切超出的费用（如在外延期产生的证件费，住、食及交通费，国家航空运价调整等），旅行社有权追加差价。

线路中的景点，如遇特殊情况无法正常游览，行程会临时调整。

4.日本旅行期间注意事项

（1）请您根据天气情况准备好出行的衣物。

（2）酒店提供洗漱用品，如介意品牌请自带。日本不提供一次性拖鞋。请携带好雨伞、防晒霜、太阳镜。在日本洗温泉不用带泳衣。

（3）当地电源插座两孔的与国内通用，三孔的需自备转换插头。

（4）请提前开通国际漫游。如有需要租Wi-Fi可提前网上办理。

（5）日本当地人不喝热水，个人根据情况准备热水杯。

（6）水果、肉干、奶制品、蛋类等动植物类制品不可携带入境，建议自备部分常用药品（肠胃药、晕车药、感冒药等）

（7）可提前在国内准备日元，当地大型商场、超市可刷Visa、万事达及银联信用卡或储蓄卡。日本导游不提供换日元服务。

（8）航空公司规定每人可免费托运行李不超2件，每件不超过23千克，手提上飞机行李不超7千克；液体、化妆品超过100毫升请提前装箱办理托运；电源、锂电池、充电宝（不超过2万毫安的正规产品）等电子设备禁止托运，可随身携带上飞机，锂电池的直发夹板等不能托运；管制刀具、打火机等易燃易爆物品禁止携带。

（9）可携带不超过2万元现金以及等值的外币，烟200支，酒3瓶，每瓶标准容量760毫升。

（10）黄金饰品不要佩戴，日本严查，有可能会罚款。

其他具体事宜可以查看出团通知书。

最后强调一点：7月8日早上5：50分，在大连周水子国际机场2楼22号门集合，我举紫色的旗子等大家，请准时到达。大家有任何问题现在可以提出来，我会为大家解答，预祝大家旅途愉快。

好，今天的说明会就到这里。

二、办理出入境手续

1.办理出境手续

（1）集合与分组。领队小孙7月8日早上5：30分已经抵达大连周水子国家机场2楼22号门，游客陆续到达后，按报名顺序清点人数并分组（如小王母子分至第6组）。

（2）行李标记。各组负责人统计托运行李数，领队小孙发放橘黄色不干胶胶贴，要求贴于行李上以便识别。

（3）手续办理。带领全团办理出关、卫生检疫及登机手续，提醒游客提前准备电子签证照片，协助不熟悉流程的游客完成手续。

2.办理入境手续

（1）集合与单据发放。抵达日本机场后，领队小孙引导游客至首个洗手间或明显标志处集合，检查护照、机票是否齐全，发放海关申报单和入境卡，提醒妥善保管(护照和入境卡为入关必需)，提供填写用笔并现场指导填写要点（如个人信息、携带物品)。

（2）通关协助。协助游客完成指纹录入，粘贴日本入境许可小卡片至护照，引导至指定地点集合，再次检查证件单据是否齐全。

（3）提取行李。带领游客前往行李提取处，提醒留意行李转盘信息，确认行李完好、数量正确，避免错拿或遗漏。

（4）海关申报与检疫。凭黄色海关申报单办理手续，再次强调电子签证使用方法；告知游客如实申报携带物品（如超额现金、特殊药品等)，配合海关检查，完成检疫流程。

（5）顺利通过机场海关后，联系日本地接导游，等待期间向游客介绍后续行程概况，缓解等待焦虑，确保行程无缝衔接。

三、领队小孙在日本提供的服务

1.安全抵达日本机场

地接导游很热情地和旅游团成员打招呼后便同领队小孙一起清点行李与团员人数，带领旅游团上了等候在机场的旅游大巴车。

2.领队顺利与地接导游接洽

领队小孙坐在大巴的前排。地接导游在旅游大巴车上做了简短的自我介绍，分享了一些日本当地的风土人情和接下来行程的注意事项。

3.快速有序安排游客入住酒店

旅游团队到达酒店后，将游客安排在休息大堂，地陪协助领队小孙办理入住手续。按照预先的安排，领队小孙先将房卡按照事先分好的组有秩序地分配下去，然后宣布叫早时间、早餐地点和时间、出发时间，最后又强调了领队和地陪的房间号、电话号码。在协助旅游团成员检查行李后，领队小孙将大家送到房间。

4.在游览中监督实施旅游计划

在日本旅游的几天中，领队小孙一直在默默监督、协助地接导游工作。

（1）在游览旅游景区时，领队小孙一直走在团队的后面，关注着团队每个人的活动。每天出发前，地接导游会介绍当天的行程安排和景点特色。在游览过程中，地接导游会进行详细讲解，领队小孙也会适时补充一些自己的经验和见解。

（2）在游览过程中，领队小孙耐心解答团队成员提出的各种问题。无论是关于景点历史，还是当地生活习俗，领队小孙都会认真为大家解答。

（3）遇到不可抗力，及时与地接导游协调解决。如遇恶劣天气、交通管制等情况，领队小孙会和地接导游协商修改日程，坚持“调整顺序可以，减少项目不行”的原则，尽量让大家的旅行体验不受太大影响。

（4）购物引导彬彬有礼。在日本游览购物店时，领队小孙都是默默跟随大家，从没有鼓动大家购买，尊重大家的消费意愿。

（5）自由活动时间很活跃。旅游时间过半，团队成员之间都熟悉了。到了晚上自由活动时间，领队小孙会根据大家的兴趣，给出一些出行建议，确保大家的安全和游玩体验。

四、办理日本离境手续和中国入境手续

在离境日本之前，领队小孙又给大家做了详细的说明。

每人可以托运2件行李，每件不超过23千克，中国海关规定入境可带价值5 000元的自用品（植物、蔬菜、肉类、蛋类等不能入境）。

由于领队小孙在离境前叮嘱大家所做的准备工作比较细致，团队很快就办理好了离境过关手续，登上了飞机。到了大连机场，领队小孙带领大家找到各自的行李。日本之旅在道别和感谢声中愉快结束。

实践训练

实训项目：领队境外服务流程与技巧

实训设计：

（1）明确训练任务，将同学按每6～8人分成若干团队。

（2）每个团队选出队长，从泰国、日本、韩国、欧洲等地抽取一个任务，每组需针对目的地特性完成领队境外服务。

（3）组织团队进行导游服务中的角色分工：领队、地接、海关、边检、境外酒店、餐厅等相关部门。

（4）根据任务进行讨论，每个角色收集、提炼境外服务内容。

（5）每个团队设计“领队境外服务流程与技巧”，包含出团说明会内容。

（6）进行领队境外服务流程与技巧展示，每个团队限时10分钟，教师点评。

考核评价

在线测评 7-2

任务 2

领队带团服务技巧考核评价见表7-2。

表7-2 领队带团服务技巧考核评价表

内容		评价		
学习目标	评价内容	分值	团队成员互评	教师评价
基本知识	出入境相关流程	10分		
	境外服务内容	10分		
专业能力	领队带领旅游团顺利过海关的业务能力	10分		
	领队对于境外活动的组织组控能力	20分		
通用能力	导游语言表达能力	20分		
	导游服务创新能力	10分		
职业态度	工作态度积极	10分		
	团队合作意识	10分		
努力方向：		建议：		

项目小结

本项目主要介绍了领队出团前的准备及带团服务。领队是客源地组团旅行社委派的代表，旅游活动顺利与否，领队具有重要作用。

综合实训

查阅相关旅游网站，收集游客在境外生病的导游服务资料，并在各自的团队中进行交流，然后进行归纳、分析和提炼，形成专题报告交教师批阅。

价值引领

出境旅游领队："用心"带你看世界

随着《出境旅游领队服务规范》的正式实施，出境旅游领队这一群体再次被行业关注。记者采访了3位出境旅游领队，希望通过他们的成长历程及所思所想，呈现出境旅游领队的真实状态。

1997年大学英语专业毕业之后，张洋入职中青旅国际旅游有限公司成为一名外语导游，主要负责入境旅游接待工作。凭借语言优势，张洋于1998年考取了领队证，在入境游淡季时从事出境旅游领队工作，带领中国游客走出国门看世界，并逐渐成长为国家特级导游。

欧洲领队张弛因为在国外留学时就兼职地接，毕业回国后，他毫不犹豫地选择了出境旅游领队工作。张弛说，做兼职导游那几年，他认识了很多人，也积累了很多资源。决定回国做出境旅游领队，一方面是比较熟悉这份工作，另一方面是喜欢这样的工作节奏。

国家金牌导游曹震于2015年从国内导游转型出境旅游领队。对国内游的导游来说，做出境旅游领队最大的障碍是语言。曹震回忆，为了提高自己的英语水平，一本领队英语教材他背了好多遍，并且找了语言能力好的朋友帮助练口语。为了更熟悉目的地国家，他还报名参加了旅行社专门为领队培训组织的出境学习团，实地考察学习。

在长期实践中，3位出境旅游领队形成了各有特色的带团模式。当记者问到如何更好地为游客提供服务时，他们不约而同地提到了“用心”和“真诚”。

曹震透露了他带团的一个习惯。“团队里如果有孩子，我会为每位小朋友准备一个日记本，要求他们记录行程中记忆深刻的事情，无论是写还是画，每天行程结束时都会邀请他们分享，以此来增加他们的参与感。尝试让每一位游客满意，这是我长期坚持的习惯。”

因为有入境导游的从业经验，张洋对出境旅游领队有更深刻的理解，并将入境导游的很多习惯应用到出境旅游领队工作之中。“我要求自己为游客提供更加细致的服务，比如，游客在休息期间如果有外出需求，我一般都会陪同，为游客提供翻译服务，减少沟通障碍。”在张洋看来，出境旅游领队也是跨文化交流的主力军，肩负着带游客看世界的责任。领队经验积累厚重，才能分享给游客更多的东西。

在张弛看来，出境旅游领队是产品链的最后一个环节，也是最关键的一环。“行程中，我的职责是领队，但和游客相处更像朋友。尤其是在陌生的国外，领队更应成为游客最安心的依靠。”张弛告诉记者，每次游客有需要，他都会及时出现。客人的反馈是推动他做得更好的动力。

资料来源　张宇. 出境旅游领队：“用心”带你看世界［N］. 中国旅游报，2023-04-20（7）.

职业素养：责任担当　真诚服务

学有所悟：出境旅游领队需要具备专业素养与职业精神，以真诚服务游客，成为其安心依靠。领队不仅是旅游产品链关键一环，更是跨文化交流主力军。面对不可控因素，领队要勇于担当，及时解决问题。提升领队素质需专业培训，也离不开旅游企业、媒体、主管部门共同努力，营造良好外部环境，推动行业进步。

项目八 新型导游服务

任务1 沉浸式文旅体验服务

◎ 任务目标

知识目标：

1. 理解沉浸式文旅体验的概念与技术构成。
2. 熟悉沉浸式叙事设计原则及多感官体验整合方法。
3. 掌握沉浸式场景中突发事件的应急预案。

能力目标：

1. 能设计符合文化主题的沉浸式任务动线及互动环节。
2. 能处理沉浸式体验中的游客脱戏、设备中断等突发状况。

素养目标：

1. 培养“文化为魂、科技为媒”的融合创新意识。
2. 强化游客情感联结导向的服务理念。

◎ 任务情景

某年10月，景德镇“千语堂”非遗基地推出沉浸式瓷器主题体验项目。20名国际陶瓷爱好者组成研学团，参与为期3天的“窑火千年”之旅。游客将化身明清御窑工匠学徒，通过解谜任务还原青花秘方、参与虚拟开窑仪式、亲手修复古瓷碎片。

知识点拨

一、沉浸式文旅体验的内涵

沉浸式文旅体验是指通过运用多种技术手段和创意设计，将游客深度融入特定的文化主题或故事场景中，使其获得身临其境、高度参与、情感共鸣的文化旅游服务形式。它超越了传统的“看”和“听”，强调互动性、参与感、代入感，目标是创造难忘的、个性化的、多维度的体验。

知识卡片8-1

沉浸式文旅演艺的典型模式

沉浸式文旅体验模式超越传统观光，通过角色扮演、剧本杀、实景解谜、AR/VR技术、主题化场景营造等方式，让游客深度融入特定历史时期、文化背景或虚构故事中，成为“参与者”而非“旁观者”。

二、沉浸式文旅体验的服务理念

在沉浸式文旅体验中，导游不仅是信息的传递者，更是场景的营造者和情感的引导者，沉浸式文旅体验的所有服务人员都将转变角色，无论是前台、演员/NPC、技术员还是清洁工等，都不再是原本的服务工作者，而是文旅故事世界的一部分。他们的着装、言行、举止都要符合设定的世界观（古风、科幻、奇幻等），尤其是导游须具备深厚的文化底蕴和敏锐的情感洞察力，通过细腻的场景布置和生动的叙事手法，引导游客深入体验，激发情感共鸣，实现文化与科技的完美融合。

在沉浸式文旅体验中，所有服务细节，如标识系统、广播语音、背景音乐、菜单设计、纪念品包装，都必须严格遵循核心故事主题和时代背景，避免任何“出戏”元素。游客在沉浸式体验中，通过互动环节深刻理解瓷器制作工艺，感受非物质文化遗产的魅力。服务人员以精湛演技和细致服务，确保游客全程融入，最终实现文化与情感的深度连接。

服务流程要融入叙事，如“入住客栈”而非“登记入住”，“领取任务道具”而非“购买门票”。通过这种沉浸式体验，游客不仅学到了技艺，更在心灵深处与非物质文化遗产产生共鸣，实现了从“旁观者”到“传承者”的转变。服务人员则以“文化使者”的身份，悄然间将历史与情感交织，让每一处细节都成为文化传承的桥梁。

案例窗8-1

“唐朝诡事录·西行”国潮沉浸剧场以《唐朝诡事录》影视IP为蓝本，以“沉浸剧场”为卖点，再有骑乘装备、VR技术和全感系统的加持，构建出了“大唐盛世”“想象的现实空间”，当然引爆口碑。游客们身着华丽的唐装，满怀期待地踏入精心打造的主题街区，仿佛瞬间穿越回了盛唐时期。正当他们沉浸在这浓郁的历史氛围中时，突然，一群装扮成“不良人”的NPC（非玩家角色）从街角冲出，他们神情紧张，动作迅猛，正在追捕一名潜藏在街区的逃犯。这场突如其来的抓捕行动立刻引起了游客们的注意。

传统旅游处理方式：在旅游过程中，由专业导游向游客详细讲解唐代的治安制度，包括其历史背景、具体实施措施、对社会秩序的影响以及与其他朝代治安制度的对比分析，旨在让游客更深入地了解唐代社会的治理模式和法治文化。

沉浸式文旅体验：游客在参与活动中，首先需要领取一块象征着唐代里长身份的“坊正”腰牌，随即被赋予一项重要任务——调查一起涉及伪造“过所”（即唐代的通行证）的悬疑案件。在这个过程中，游客需要借助先进的AR技术，通过扫描各种精心设计的道具，细致入微地比对笔迹差异，从而在众多胡商队伍中锁定并找出潜藏的嫌犯。那些成功解开谜题的游客，将获得一份特别的奖励——“金市通宝”（仿古币），这不仅是对其智慧和努力的肯定，更是一份具有纪念意义的奖品。持有“金市通宝”的游客，还可以在活动现场兑换各种特色小吃，进一步丰富其沉浸式体验，让历史与现实在美食的香气中交织融合。

点评：巧妙地将丰富的历史知识融入生动的角色任务之中，使得游客在亲身体验和实际操作的过程中，深入理解唐代复杂而独特的户籍管理制度。这种寓教于乐的创新方式，极大地提升了游客对历史知识的记忆留存率。根据景区的详细调研数据，游客的记忆留存率显著提升了65%，充分证明了这一互动体验模式在历史教育中的显著效果。

三、沉浸式文旅体验的服务设计

1.预体验服务：铺垫期待，建立连接

沉浸式体验前的预热是沉浸式预体验的重要环节之一，通过线上互动、预告片观看、角色分配等方式，提前营造氛围，激发游客好奇心，使其在踏入景区前已与故事世界建立情感连接，为后续深度体验奠定基础。沉浸式体验包括预订确认邮件/短信采用主题化语言；提供背景故事、角色设定、简单任务预习；设计沉浸式官网/小程序，从而让游客在进入景区前就已融入角色，增强代入感。

做好交通引导，也是与传统导游服务的不同之处。从到达交通枢纽开始，就提供符合主题的指引，如古风马车接驳概念图、科幻穿梭艇站牌等。接驳工具不仅是交通工具，更是故事的一部分，让游客从踏入的第一步起便沉浸其中。游客抵达时，迎接他们的不再是简单的迎宾仪式，而是角色扮演的“守门人”，以古风礼节或科幻仪式引导入内。沿途标识、环境布置均与故事主题呼应，甚至连餐饮服务也融入剧情，如“江湖酒肆”提供特色菜肴。服务员以剧中角色身份互动，进一步增强沉浸感。

细节之处，如客房内的主题装饰、任务提示卡，无不精心设计，确保游客从踏入到离开，始终沉浸在故事世界中。游客在沉浸式体验中，通过互动环节深刻理解瓷器制作工艺，感受非物质文化遗产的独特魅力，仿佛穿越时空，亲手触摸历史的脉络。每一道工序、每一个细节，都成为连接过去与现在的桥梁，让游客在亲身体验中，在心灵深处与传统文化产生深刻共鸣，真正实现文化与情感的深度融合。

案例窗8-2

游客们手持精心设计的《谜宫》解谜书，满怀期待地在故宫的各个角落寻找线索，试图解开隐藏在历史深处的谜题。然而，正当他们沉浸在清代的历史氛围中时，现场的工作人员却突然冒出一句：“扫描那个二维码就行，别翻书了。”这句现代感十足的指令，瞬间打破了景区为游客们精心营造的沉浸感。

这种现代语言的直接介入，无疑是对清代场景沉浸体验的一种破坏。游客们原本沉浸在古代探秘的乐趣中，却被突如其来的现代词汇拉回了现实，导致体验感严重割裂。

为了更好地维护沉浸式体验，可以设计如下优化方案：由身着清代太监服饰的NPC装扮者，恭敬地递上一份“火漆密函”，并用充满时代感的语言说道：“大人，万岁爷的暗谕就藏在这机巧匣中，需借助西洋镜（即现代的AR眼镜）方可破译其中的奥秘。”这样一来，不仅保留了解谜的趣味性，还巧妙地将现代科技融入古代情境，避免了语言上的突兀。

点评：在进行沉浸式体验设计时，所有指令和提示都必须转化为与剧情相符的语言，严格避免使用“出戏词”，如二维码、Wi-Fi等现代词语。只有确保语言风格统一和情境连贯，才能真正让游客沉浸在历史的长河中，享受一场无与伦比的探秘之旅。

2.沉浸式代入服务

无论是哪种旅游服务，游客对旅游目的地都充满期待。如何快速将游客带入沉浸式体验，将对后面整个体验的互动效果起着至关重要的作用。候客区本身就是第一个场景，有氛围布置、背景音乐，甚至预热表演、NPC互动、道具分发等精心设计的流程，通过“签署契约”“领取信物”“身份认证”等，赋予游客角色，分发必要的道具，如地图、任务卡、可穿戴设备等，以增强代入感。

同时，作为沉浸式体验的导游，也要将清晰的规则与安全须知，通过贴合故事体验的形式、符合世界观的方式，如“江湖规矩”“基地守则”等传达给团队成员，形成初步的团队默契，进一步提升体验的真实感和参与度。

传统导游讲解与沉浸式导游讲解的区别见表8-1。

表8-1 传统导游讲解与沉浸式导游讲解的区别

场景	传统导游讲解	沉浸式导游讲解
一个古村落	各位请看，这座祠堂始建于清代，历经岁月洗礼，依然保存完好。它采用了典型的徽派建筑风格，充分展现了徽州地区独特的建筑艺术和文化底蕴。整个建筑格局为三进五开间，布局严谨，层次分明。每一进都设有天井，通风采光极佳，体现了古代工匠的智慧。更为引人注目的是，祠堂内外雕刻精美，梁柱、门窗、斗拱等处均饰以细腻的木雕、石雕和砖雕，图案生动，工艺精湛，既有花鸟鱼虫的自然之美，也有人物故事的生动场景，无不彰显出徽派建筑的精妙绝伦和深厚文化内涵	（扮演村中长者） 后生们可算来了！快随我进来避避雨（营造情境）。这祠堂啊，是咱们族里老族长当年变卖了祖传的砚台才筹钱盖起来的（故事化）。瞧这梁上的木雕，刻的是“渔樵耕读”，你们谁能认出哪个是“读”？（互动提问） 那边的小哥，看你像是读书人，你来摸摸这块“独占鳌头”的砖雕（引导触摸体验），沾沾文气！当年赶考的秀才们出发前都要来摸一摸的。咱们族里可出过好几位进士呢！

3.体验中服务：隐形支撑与深度互动

在服务方式和游客体验方面，沉浸式导游和传统导游存在着显著的差异。传统导游通常依赖个人的知识、经验和讲解技巧，为游客提供实时的景点介绍、历史背景和文化解读。沉浸式导游则是一种结合了虚拟现实（VR）、增强现实（AR）和人工智能（AI）等先进技术的全新旅游服务方式，通过高科技手段为游客创造一个虚拟的旅游环境，让游客身临其境地感受景点风貌。

（1）开场。导游在沉浸式文旅体验中的开场至关重要，它是建立沉浸感的第一块基石，直接影响着游客能否快速“入戏”、投入情境并理解体验规则。一个成功的开场需在短时间内完成情境锚定、角色代入、规则说明、氛围营造和期待激发。

案例窗8-3

（悠远的古琴声渐弱，窑火噼啪声清晰可闻）

“Sabī（波斯语：耐心）……”这是沙漠商队穿越丝路时，对邢窑白瓷的赞叹；“Jingdezhen，China!”这是黑石号沉船上，67 000件瓷器共同的故乡烙印。诸位跨越山海而来，此刻站在景德镇的泥土上——这里每一粒尘埃，都曾淬炼成改变世界的月光。我是青韵坊第七代守窑人，手中是昨夜新拉的坯胎。它沉默如初，但3天后，它将因你们而诞生为青花、影青或祭红……

因为各位的身份，从此刻起不再是“游客”，而是穿越千年的“见习匠人”——你们的名字，将写进这座龙窑的烧造纪年！

（举起素坯对准晨光）

看，泥胎透光的瞬间，像不像公元1004年，宋真宗为这座城赐名“景德”时的晨曦？

从今天起：你们的指尖会读懂揉泥的力度——那是匠人与大地的契约；你们的呼吸会融入窑火的律动——1 350℃的烈焰中，钴料化作青花，松灰凝结为釉泪；你们的足迹将重走瓷器的远征——从昌江启航，复刻“黑石号”的壮阔航图！

现在，请触摸你们腰间的青花瓷片——（学员从入场信物袋中取出瓷片）

它来自明代观音阁窑址，埋藏600年后与你们相遇。

以火为盟，以泥为证：这3天，让我们唤醒沉睡的龙窑，让景德镇的基因在你们手中——重生为世界的语言！

（窑口鼓声轰响，火光骤亮，青烟升腾）

资料来源：黄浩然，朱雨诺.变身“洋景漂”逐梦平台——千年瓷都景德镇迎聚“文化候鸟”[N].参考消息，2025-01-08.据此创作脚本。

点评：开篇用波斯语“Sabī”（陶瓷术语）呼应国际学员背景，串联“黑石号”沉船考古实证（67 000件外销瓷），凸显景德镇的全球影响力。“见习匠人”身份赋予仪式感，呼应景德镇“景漂”传统——当今超5 000名“洋景漂”在此创作。通过五感进行沉浸式情境营造。叙事以“揉泥→烧造→远航”对应活动主线，暗喻陶瓷“从泥土到文明使者”的升华；青花瓷片作为贯穿性道具，终场时学员可署名并烧制成纪念品，形成叙事闭环。

（2）叙事推进。在游戏过程中，导游应以角色的身份自然地推动故事的发展，适时地向游客抛出线索，提出挑战，以保持故事的连贯性和吸引力。导游在体验中与游客互动，并适时进行引导，密切观察游客的状态，通过鼓励和巧妙的提示来维持他们的参与热情。

（3）知识融入。在沉浸式文旅体验中，知识传递需彻底颠覆“填鸭式讲解”，转而将文化内核拆解为可感知、可交互、可共情的体验模块。在情境中自然地穿插相关的历史文化知识，这样可以丰富游客的体验，学员们在紧张解谜中潜移默化地掌握知识，同时避免了生硬的说教，让学习变得有趣，文化自豪感油然而生。

传统导游模式与沉浸式导游模式的区别见表8-2。

表8-2　　传统导游模式与沉浸式导游模式的区别

环节	传统导游模式	沉浸式导游模式
知识载体	扩音器+展板	高岭土盲盒+AR窑炉
核心目标	传递“二元配方”概念	让身体记忆“泥性”
讲解话术	“景德镇瓷石含石英多，高岭土含铝量高，混合后提高耐火性”	“左手瓷石如沙砾，是高岭土在烈焰中的盔甲；右手高岭似丝绸，是坯胎浴火重生的软肋——现在，请用盔甲包裹软肋！”
互动设计	提问：“大家记住比例了吗？”	蒙眼触摸挑战： 3分钟内凭触感配比泥料； 错误配比触发陶轮停转+AR显示“窑裂”动画
失败处理	“没关系，我再说一遍配方”	解剖失败坯体： 切开展示厚度不均的断层； 投水测试→瞬间解体（认知素烧的重要性）
文化衔接	“这是古人的智慧结晶”	学员泥坯刻名入窑时吟诵：“一甲子瓷石守硬骨，七昼夜窑火炼软魂”（植入匠人精神）
国际团适配	发放英文资料	AR眼镜实时翻译触感提示： 阿拉伯学员触摸高岭土→显示“如同撒哈拉流动的月光”

（4）控场应变。在游戏过程中，可能会出现偏离剧本的情况，或者游客会突发奇想，甚至可能发生意外事件，我们需要灵活应对这些情况，确保整个体验的主线不偏离，同时保持游戏的趣味性和挑战性。

案例窗8-4

“瓷都奇旅”国际研学团20名学员正化身“明代御窑工匠”，在青韵坊复原“宣德青花龙纹罐”。导游小陈（角色：督陶官副使）突遇学员擅自带友人加入。

9：00（原剧本）学员在“釉料密码室”破解青花钴料配方，NPC“督陶官”突然闯入宣布：“官窑惊现秘方失窃！一炷香内若未寻回，全体问罪！”（触发限时团队解谜）。

9：25加拿大华裔学员Linda带陌生女子匆匆闯入：“这是我朋友Selina，巴黎陶艺家！她刚下飞机想加入……”众人愕然停手，计时沙漏仍在流逝。导游小陈应该如何应对？

点评：在传统处理中，导游小陈会妥协：“先参与活动，稍后补票”。这样做的结果必然导致：沉浸式体验“出戏”；解谜中断引发团队不满；未核实身份埋下隐患；后续补票耽误全团进度。如果作为沉浸式引导，正确的做法则应该是角色化矛盾转化，如小陈突然高举腰牌厉喝（入戏状态）：“放肆！海禁时期岂容异邦人擅闯御窑！”转向Selina逼问（法语）：“Votre passeport，s'il vous plaît！（请出示护照）莫非是佛郎机派来的细作？”这样的效果，将现实冲突转化为剧情冲突，法语提问既核验身份又强化时代感。

沉浸式的讲解和引导需要高潮、过渡和安静时刻，避免信息过载或喋喋不休。在震撼场景或关键情节点后，给予游客片刻安静地吸收和感受的时间，在允许自由探索的环节，不要催促，让游客按照自己的节奏体验，只在必要时提供方向性引导或时间提醒（需融入情境），这对导游的控场能力要求更高。例如，当游客提出“为何不直接用现代材料”时，导游可引导思考，“正如古法烹饪保留食材本味，传统工艺亦是对历史的尊重与传承。”既解答疑惑，又深化文化认同。

通过这种沉浸式体验，游客不仅能亲身感受传统工艺的魅力，还能在互动中理解其背后的文化内涵。正如学界普遍认为，传统工艺与现代设计的融合需遵循文化真实性原则，这不仅是对历史的尊重，更是对未来的创新探索。

（5）情绪管理。在整个沉浸式体验过程中，要调动气氛，让游客感到兴奋和快乐，同时也要安抚那些可能感到焦虑的游客，处理冲突，确保整体体验的情绪是积极向上的。沉浸式文旅体验就是使游客在愉快的探索中感受到文化的深厚底蕴，因此，导游要掌控节奏，让每个环节如行云流水，适时留白，给予心灵片刻宁静，让文化底蕴在无声中渗透，深化体验感。

4.体验结束：升华情感，延续连接

沉浸式文旅体验的核心是让游客“身临其境”，情感深度卷入。而结束服务，是决定整个体验最终印象与价值是否升华的关键环节，绝非简单说“再见”。导游在此刻扮演着“情感引导者”和“价值提炼师”的双重角色，目标是帮助游客平稳着陆、深刻反思、满载而归并渴望分享。核心要点如下：

（1）创造“情绪着陆点”，实现渐进式抽离：设计过渡环节，切忌生硬打断。例如，在象征性空间引导游客回顾最触动瞬间，提问：“哪个角色/情节让你印象最深？”或通过一个简单、有仪式感的小活动，如集体点亮小灯、归还道具并获赠纪念品，或空间转换（配合灯光、音乐变化），温和地将游客从“戏中”引回现实，避免情感落差。

（2）引导深度反思与意义建构：超越故事表面，帮助游客挖掘体验的核心价值与主题，如勇气、文化认同、历史启示。巧妙关联现实，通过提问，如“这对我们今天的生活有何启发？”引发思考。鼓励小组分享感悟，导游要善于倾听、总结共鸣点，让游客感受到集体智慧的启发。

（3）提供价值整合与确认：梳理、提炼体验中涉及的关键文化或历史知识点，帮助整合碎片信息。明确点出此次沉浸式体验的独特价值，如深度代入感、互动参与性，并真诚感谢游客的投入，强调正是他们的参与共同塑造了这段独特旅程。

（4）设计有意义的“情感锚点”纪念品：纪念品应高度契合主题、有品质感，是体验的延伸，如印有经典台词的卡片、融入主题元素的徽章。赋予纪念品“未完待续”的暗示，使其成为连接游客与主题的桥梁。

（5）建立延伸连接与温暖告别：提供渠道（二维码/卡片）获取深度资料或加入

社群。推荐相关书籍、活动。设计利于社交媒体分享的点位或素材。以专业且真诚的姿态道别，表达祝福与再次相见的期待，营造“共同经历旅程的朋友”般的温暖氛围，清晰指引后续事宜。

（6）务必避免：仓促结束、生硬说教、过度推销、忽视游客高涨情绪、结尾信息轰炸、突兀打破沉浸感，如直接喊“行程结束”。

任务实施

20名国际陶瓷爱好者组成研学团抵达景德镇，参与青韵坊非遗基地打造的“窑火千年”3日沉浸式体验。

一、行程安排（3天2晚）

DAY1：泥的觉醒（见表8-3）

表8-3 DAY1：泥的觉醒

时间	项目	沉浸式设计要点
09：00—10：00	【入窑仪式】	发放素坯腰牌·诵读《陶记》选段
10：30—12：00	【高岭土密码】	蒙眼触感盲盒·调配“二元配方”泥料
14：00—16：00	【拉坯挑战】	缺陷陶轮体验“匠病三劫”
19：30—21：00	【夜话瓷史】	AR投影还原宋代龙窑烧造现场

DAY2：火的试炼（见表8-4）

表8-4 DAY2：火的试炼

时间	项目	风险防控设计
08：30—10：00	【青花密码】	提供含钴量梯度试片防误食
10：30—12：00	【督陶官巡查】	NPC突检触发限时任务
14：00—16：30	【龙窑装匣】	高温区设感应警报+降温点
20：00—21：30	【祭窑神典】	电子冷焰火替代明火

DAY3：瓷的远征（见表8-5）

表8-5 DAY3：瓷的远征

时间	项目	国际团适配设计
09：00—11：00	【海丝贸易谈判】	多语言契约道具·禁用动物纹样
13：00—15：00	【瑕疵品拯救计划】	金缮工具包·文化隐喻卡片
16：00—17：30	【火痕勋章授予】	素烧瓷片+NFC芯片存数字指纹

二、应急处理

沉浸式文旅体验常见风险预案见表8-6。

表8-6 沉浸式文旅体验常见风险预案

风险类型	传统处理方式	沉浸式转化方案
突发设备故障	等待检修	利用检修的空档期，立即启动“非遗知识实践”环节
兴趣差异	口头解释	暂停单一主题的强制推进，转而提供平行创作选择

情境一：突发设备故障（电窑温控失灵）

（1）传统处理方式：设备检修，学员原地等待。结果往往是无聊、烦躁，体验中断。

（2）沉浸式转化：利用检修的空档期，立即启动“非遗知识实践”环节。例如，指导学员利用手边陶泥练习基础塑形技法、讲解窑变原理或分享当地陶艺历史故事。将被动等待转化为主动学习，学员满意度调查显示提升达40%（模拟教学数据）。故障不再是纯粹的挫折，而成为深化认知的契机。

情境二：兴趣差异（学员对预设主题不感兴趣）

（1）传统处理方式：坚持原定主题（如“传统青花绘制”），要求学员按部就班完成。结果可能是部分学员兴趣索然、敷衍了事，体验感不佳，甚至产生抵触情绪。

（2）沉浸式转化：导游/讲师在示范或讲解过程中，敏锐察觉到部分学员对预设的传统主题流露出兴趣不高或困惑的表情，立即暂停单一主题的强制推进，转而提供平行创作选择：“看来大家对创作方向有不同想法！非常好！除了经典青花，我们今天也为大家准备了‘现代抽象肌理’和‘自然元素拼贴’两个备选体验包。”根据学员的兴趣引导进入支线任务，如针对选择“现代抽象肌理”的学员，可利用平板或投影，快速展示几位当代陶艺家如何运用刮擦、堆叠、拓印等手法创造独特肌理效果的短片。分发特殊工具，如梳子、海绵、麻布、特殊釉料，引导学员探索泥坯表面质感的无限可能，讲解肌理在当代陶艺中的情感表达。针对选择“自然元素拼贴”的学员，提供提前准备好的干燥花瓣、树叶、种子、细麻绳等自然材料。引导学员思考如何将这些元素与陶泥结合（嵌入、压印），并讲解“物派艺术”或“大地艺术”中运用自然材料的理念等。

实践训练

实训项目：沉浸式文旅体验应急处理服务

实训设计：

（1）明确训练任务，将同学按每6～8人分成若干团队。

（2）组织团队进行角色分工，见表8-7。

表8-7　　团队角色分工

角色	沉浸式场景转化	核心职责
导演	守窑人（叙事维护者）	控制全局节奏，决策剧情转向
技术控制	窑灵（AR系统操控者）	管理设备故障，启动备用叙事
安全员	医官（古代医师）	真实医疗处理+剧情化解释
破坏者	细作（危机触发NPC）	制造合理突发事件
游客A/B	见习匠人（体验者）	模拟真实游客反应
观察员	史官（记录评估者）	记录团队响应漏洞

（3）考核点：台词是否符合世界观、故障掩盖时间≤5分钟。最后由教师点评。

考核评价

沉浸式文旅体验服务技巧考核评价见表8-8。

表8-8　　沉浸式文旅体验服务技巧考核评价表

内　容		评　价		
学习目标	评价内容	分　值	团队成员互评	教师评价
基本知识	沉浸式文旅体验的概念与技术构成	10分		
	沉浸式叙事设计原则及多感官体验整合方法	10分		
专业能力	导游设计符合文化主题的沉浸式任务动线及互动环节的能力	10分		
	导游处理沉浸式体验中的游客脱戏、设备中断等突发状况的能力	20分		
通用能力	导游服务创新能力	20分		
	导游灵活应变能力	10分		
职业态度	创新意识	10分		
	服务理念	10分		
努力方向：		建议：		

任务2 智能导游服务

任务目标

知识目标：

掌握生成式人工智能、数字孪生、元宇宙等技术在旅游场景中的应用逻辑。

能力目标：

1.能使用人工智能工具生成个性化讲解词与行程。

2.能设计人机协同服务方案。

素养目标：

1.建立科技向善的技术伦理观。

2.培养人机优势互补的协作思维。

任务情境

相比传统电子导览模式，AI导游具备更强大的检索功能与更加人性化的体验。请为去杭州西湖的中学生研学团设计一个AI辅助服务方案。

知识点拨

一、AI重塑旅游生态

1.政策新导向：构建智慧旅游国家战略框架

2024年，文化和旅游部联合国家数据局等五部门发布《智慧旅游创新发展行动计划》，提出“到2026年建成‘数字中国’旅游样板工程”的核心目标。该政策首次将生成式人工智能（AIGC）、数字孪生景区和文旅元宇宙纳入战略关键词体系，标志着旅游业从信息化向智能化跃迁的顶层设计正式落地。政策要求通过AI技术重构旅游服务链，实现资源动态调配、服务精准触达与文化沉浸式传播的三维升级。

2.技术应用图谱：AI驱动服务场景创新

人工智能技术在导游服务领域已形成系统化应用矩阵，主要呈现四大技术路径：

（1）生成式人工智能。通过深度学习和大数据分析，生成式AI能够根据个性化需求和偏好，构建精准的游客画像，并在此基础上自动生成符合其兴趣和需求的个性化行程方案。此外，该系统还具备多语种讲解稿智能撰写的能力，能够根据不同语言环境和文化背景，自动生成内容丰富、表达准确的多语种讲解稿，极大地提升了旅游服务的专业性和便捷性。

例如，携程推出的“AI旅行管家”服务，充分利用先进的语义分析技术，能够根据用户的输入和偏好，快速生成量身定制的旅行路线，这一创新功能使得行程规划效率显著提升。同时，该服务还支持多达12种语言自动生成文化讲解词，无论是中文、英文还是其他语种，都能提供精准、生动的文化背景介绍，极大地丰富了游客的旅行体验，提升了服务的国际化水平。

（2）增强现实/虚拟现实沉浸式导览。在出行前提供虚拟场景体验服务，让用户能够提前沉浸式感受目的地环境；在实地游览过程中，通过先进的技术手段，将建筑和文物的历史信息实时叠加显示，增强游客的互动体验。

以故宫博物院AR导览系统为例，游客在参观过程中，只需使用智能设备扫描太和殿的斗拱结构，即可触发三维建筑演变动画，生动展示建筑的历史变迁和文化内涵，这一创新举措有效提升了游客的文化认知效率，极大地增强了游客的参观体验和学习效果。

（3）数字人导游。AI提供全天候、无间断的智能问答服务，确保用户在任何时间都能获得即时、精准的解答支持。此外，AI还具备虚拟IP文化价值传递的独特功能，通过智能化手段将丰富的文化内涵以虚拟的形象生动呈现，有效提升文化传承与传播的深度和广度。

知识卡片8-2

文化遗产数字化解说的中国实践

例如，敦煌研究院和腾讯联手打造了敦煌莫高窟官方虚拟人“伽瑶”。这一创新举措不仅为敦煌文化的传播注入了新的活力，更通过虚拟IP的形式，实现了文化价值的有效传递。“伽瑶”作为虚拟讲解员，全年无休地进行直播讲解，累计直播场次超过200场，覆盖了广泛的受众群体。这一系列直播活动，累计触达游客数量高达1 200万人次，极大地提升了敦煌文化的知名度和影响力，实现了文化传播效能的倍增效应，充分展现了AI在文化传承与传播领域的强大实力和广阔应用前景。

（4）大数据画像系统。系统深入挖掘并精准分析游客的行为偏好，通过大数据和人工智能技术，全面掌握游客的游览习惯、兴趣点以及需求变化，从而为景区提供科学的数据支持。同时，系统能够智能适配各类服务资源，根据游客的实际需求，动态调整和优化资源配置，确保每一位游客都能享受到个性化、高效便捷的服务体验。

以杭州西湖景区为例，该景区充分利用先进的实时数据分析技术，针对特定游客群体——老年旅行团，进行了细致入微的服务优化。系统通过实时监测和分析老年游客的行走速度、体力消耗等数据，智能规划出最适合他们的缓坡路线，有效避免了陡峭路段带来的不便。此外，系统还会根据行程进度，自动推送邻近的休息点提醒，确保老年游客在游览过程中能够及时得到休息和补给。这一系列贴心举措，极大地提升了老年旅行团的游览体验，充分体现了智慧旅游服务的卓越成效。

3.生态重构逻辑：双轮协同效应

政策端通过标准制定与基础设施建设（如5G+边缘计算节点部署），为AI应用提供制度保障与技术底座；企业端则依托AIGC、数字孪生等技术，在服务场景方面持续创新。二者形成“政策牵引—技术落地—数据反哺”的闭环生态，共同推动旅游业从传统服务模式向“感知—分析—决策—执行”的智能体范式转型。预计不久的未来，将全面实现“千人千面”的智慧旅游新生态。

二、导游服务模式的双轨进化

1.人机协同的服务范式转型

在智慧文旅的工作分配中，人工智能主要负责处理那些可以被精确量化和标准化的事务。这包括但不限于多语种翻译，即能够迅速准确地转换满足全球化交流的需求；实时路径规划，在动态变化的环境中快速计算出最优的行进路线，广泛应用于交通导航等领域；数据预测，通过分析海量数据预测未来趋势，为决策提供科学依据。人类则专注于那些需要情感投入和深度理解的“有温度的事”。这包括情感共鸣，即在人际交往中，能够理解和回应他人的情感，建立深厚的情感连接；文化深解，即深入探究和理解不同文化的内涵与精髓，促进文化交流与融合；应急决策，在面对突发状况和复杂情境时，能够凭借经验和直觉，迅速做出合理且人性化的决策。这种分工不仅充分发挥了AI和人类各自的优势，也促进了工作效率和人文关怀的有机结合。

人工智能驱动导游服务模式形成“传统—增强—协同”的三阶进化路径，见表8-9。

表8-9　人工智能驱动下导游服务的三阶进化路径

服务环节	传统模式	AI增强模式	人机协同模式
讲解服务	标准化解说词	AIGC动态生成方言版/儿童版脚本	导游注入历史典故、民间传说
路线规划	固定标准化线路	实时避堵算法+个性化兴趣点推荐	导游审核安全风险，增补小众景点
应急处理	依赖经验判断	客流热力图预警+疏散路径动态模拟	导游现场指挥调度，实施情绪安抚
文化传播	单向知识输出	数字人场景演绎+AR复原历史事件	导游组织深度研讨，解析学术争议

案例窗8-5

布达拉宫通过先进的AI技术实现藏语、汉语和英语3种语言的自动导览功能，为来自不同国家和地区的游客提供便捷、多语种的讲解服务，确保每一位游客都能充分了解布达拉宫的历史文化。在佛殿礼仪方面，出于对宗教文化的尊重和传统习俗的维护，AI讲解功能被禁用，由经验丰富的僧人向游客传授转经筒的使用方法和相关禁忌，确保游客在参观过程中能够遵循正确的礼仪规范。

泰山景区引进了500台轻型外骨骼登山辅助设备，其重量仅为1.8千克，能够有效减轻登山者的体力负担，显著提升了老年游客及体力不足者的登山体验。这些设备配备了人工智能芯片，能够智能感应使用者的步伐频率，并自动调整辅助力度，以实现人机之间的协同作业。此外，通过与小程序的智能定位功能相结合，景区能够实时监控设备的运行状态，从而保障游客的安全。该技术的应用效果显著，相关视频在社交平台上的播放量已超过5亿次，不仅提升了泰山的游客数量，老年游客的数量也实现了增长。

点评：两个案例均展现了技术对文旅发展的多维推动。技术应用始终围绕“人的需求”与“文化本质”展开，从而为文旅行业的智能化升级提供“有温度、有边界”的范本。

2.新型职业生态的崛起

（1）AI导游训练师。主要负责对地方文化知识图谱进行细致的标注工作，通过深入挖掘和整理地方文化中的关键信息，构建一个全面且精准的知识体系，进而对NLU（自然语言理解）模型的准确性进行系统优化，提升模型在处理地方文化相关内容时的理解和反应能力。

（2）数字内容策划师。主要负责设计和构建沉浸式交互叙事框架，致力于开发丰富多样的文旅元宇宙内容资产，通过创新的技术手段和叙事手法，为用户提供身临其境的虚拟体验，增强文旅项目的吸引力和互动性。创作脚本，通过精心设计的情节和互动环节，使游客能够通过角色扮演的方式深入理解和体验，从而在娱乐中获取历史知识，提升文旅项目的教育价值和趣味性。

（3）人机协作督导员。负责全面监控AI服务的合规性，确保其在各类应用场景中严格遵守相关法律法规和伦理标准，特别针对涉及宗教礼仪、政治议题等高度敏感的场景进行重点监管和干预，以防止任何可能引发争议或误解的行为发生。通过人工的细致处理和专业判断，有效规避因AI误解或不当回应而引发的文化误读风险，在确保服务质量和用户体验的同时，维护文化尊重与社会和谐。

3.双轨系统的进化逻辑

（1）技术赋能层：AI完成80%标准化服务（如多语种翻译、实时路径规划），释放人力成本。

（2）人文价值层：人类导游专注不可替代的“三感”服务——文化纵深感（历史脉络解读）、情感共鸣感（旅途情绪支持）、应急决策感（突发危机处置）

（3）系统进化层：通过服务过程数据回流，持续优化AI知识库，形成“机器学习—人机协作—数据反哺”的增强闭环。

三、AI时代导游的不可替代能力

1.情感连接与价值创造

人工智能在数据传递（如年代考据、路线计算）与标准化服务（如多语种翻译、信息检索）方面具有显著优势，但导游的核心竞争力正加速向情感化服务与跨界整合迁移。2025年亚太旅游协会年度峰会上讨论了未来人才所需的技能和人力资本发展的挑战，与“人类独特优势”的议题紧密相关，结合麦肯锡（McKinsey & Company）报告指出，旅游业会有66%的任务被自动化取代，但那些需要深度共情、文化理解、创造力和复杂决策的服务场景均需深度依赖人类独有的共情能力、文化诠释力及创造性思维。

2.核心能力升级方向

（1）AI工具驾驭能力。要想让AI模型能够生成符合用户需求的内容，就需要通过精心设计的提示词来引导模型。这些提示词不仅要清晰明确地表达用户的意图，还要具备一定的结构化，以便AI模型能够准确地理解和执行。例如，基础指令："撰写故宫介绍"→升级指令："为老年游客生成包含中医养生文化、建筑阴阳布局解析的互动式讲解稿，时长15分钟，语言平实温馨"，效果生成内容相关度提升70%。

此外，熟练掌握并运用AR导览眼镜、数字人交互终端等前沿智能设备，已经成为提升服务质量和效率的关键。深入理解和实践这些工具的操作流程，实现技术赋能的服务增强，可以为用户提供更加丰富、便捷、个性化的体验。因此，熟练运用这些智能设备，不仅能够提升服务的质量和效率，还能够为用户带来更加便捷、个性化的体验，从而实现技术赋能的服务增强。

（2）情感化服务设计能力（见表8-10）。

表8-10 情感化服务设计能力

能力维度	AI应用场景	人类不可替代性案例
文化共情	准确输出敦煌壁画年代数据	讲述画匠安弘亮流亡途中创作莫高窟第328窟的故事，引发游客对艺术奉献精神的集体共鸣
情绪感知	识别游客面部表情	根据群体情绪状态即兴调整讲解节奏，在疲劳时段插入互动游戏恢复活力
价值传递	复现历史事件场景	结合当前社会现象阐释传统文化当代意义（如从长城防御体系引申至网络安全隐喻）

（3）跨界知识整合能力。

游客画像解码：通过深入解析人工智能技术推送的标签化数据，如"Z世代兴趣图谱：国潮穿搭/密室逃脱/网红打卡"，可以将这些信息转化为体验设计的关键要素。这种转化过程涉及对目标游客群体的细致分析，理解他们的偏好、行为模式以及文化倾向，从而设计出能够引起他们共鸣的体验活动。这种方式能够为游客提供更加个性化和富有吸引力的旅游体验，同时帮助旅游目的地或相关企业更精准地定位市场，提升游客满意度和忠诚度。

沉浸式叙事构建：通过精心设计的叙事手法和多媒体技术的融合，创造出一种能够让受众完全沉浸在故事情境中的叙事方式。这种构建不仅仅是简单的情节叙述，而是通过多维度的感官刺激和情感共鸣，使受众仿佛置身于故事的世界之中，感受到角色的喜怒哀乐，体验到情节的跌宕起伏。

3.能力培养模型

（1）技术适配层：要精通人工智能生成内容提示词的设计，必须遵循三个核心原则：首先，场景具象化，这意味着在设计提示词时，需要明确目标受众和具体的应用场景，以便更好地引导内容生成的方向；其次，需求结构化，这要求我们对需求进行分维度的详细描述，从而确保生成的内容能够全面覆盖用户的需求；最后，文化深度化，这一点强调在设计提示词时，要深入挖掘与之相关的历史和哲学元素，使生成的内容不仅信息丰富，而且具有深厚的文化底蕴。

（2）人文赋能层：构建一个以“文化—情感—体验”为核心的三角能力模型，这个模型强调了历史典故的叙事力、群体情绪的洞察力以及跨界创意的整合力，三者相互作用，共同塑造了这一综合能力。首先是历史典故叙事力，即能够深入挖掘和精准讲述历史典故的能力，通过生动的历史故事来传递文化内涵，增强文化认同感；其次是群体情绪洞察力，即敏锐捕捉和深刻理解群体情绪变化的能力，能够及时把握大众的情感脉搏，有效引导和调控群体情绪；最后是跨界创意整合力，即打破传统思维界限，将不同领域的创意元素进行有机整合，形成独具特色的创新体验。通过这三者的相互协同和综合运用，最终实现文化传承、情感共鸣和体验升级的有机统一。

四、AI应用的风险与应对

1.技术伦理的边界警示

在旅游服务领域，人工智能的应用已经变得越来越普遍，但其发展必须严格遵守两个基本的底线原则：一是数据隐私保护至关重要。我们必须警惕生物信息的滥用风险，如未经游客授权就擅自采集面部特征以实现所谓的“一脸通”服务。为了应对这些风险，我们应当遵循《中华人民共和国个人信息保护法》中的规定，确保在数据的采集、存储和使用过程中实施三级授权制度。此外，建立区块链溯源系统是一个有效的应对机制，它能够确保数据的使用路径是可追溯的。二是文化真实性的维护同样不容忽视。我们必须防范AI生成内容与历史事实不符的风险，如自动生成的敦煌故事可能会混淆不同的历史朝代。为了应对这一挑战，我们可以实施“双审核”流程，即先由AI进行内容预生成，随后由专家进行人工校正，确保内容的准确性。此外，构建一个文化知识白名单库也是必要的，它能够限制AI在关键史实上的自由发挥。

案例窗8-6

在某著名景区内，AI讲解系统在向游客介绍历史文化时，突然声称：“崔颢的《黄鹤楼》一诗实际上属于剽窃之作。”这一言论立刻引发了在场游客的强烈质疑和不满。游客们纷纷表示，这样的说法与他们对历史文化的认知大相径庭，甚至有人怀疑AI系统的可靠性和准确性。

问题分析：此次事件暴露出AI系统在处理复杂文化问题时，缺乏必要的学术严谨性。AI在未经充分考证的情况下，随意颠覆学术界和社会公众长期形成的共识，导致了文化误解和信任危机。

处理方案：

（1）启动人工干预：面对游客的质疑，景区导游迅速采取行动，立即接管了讲解工作。导游从容地向游客解释道：“历代诗家对崔颢的这首诗早有公论，然而AI系统未能理解诗家之间相互欣赏的境界，才会出现这样的误读。”为了进一步澄清事实，导游还讲述了李白搁笔的典故作为对比：“当年李白见到‘晴川历历汉阳树’的美景时，也曾感叹‘眼前有景道不得，崔颢题诗在上头’，这足以说明崔颢的诗作是得到了诗仙李白的认可的。”

（2）系统修正措施：管理方随后对AI系统进行了后台调整，将该问题标注为“学术争议禁区”，严格限制AI在此类敏感话题上的自由发挥，避免类似事件再次发生。

点评：类似事件提醒我们，AI技术在传递无争议事实方面具有较高的效率和准确性，但在涉及价值判断和文化解读的复杂问题上，仍需依赖人工的把控和干预。只有在人机结合的基础上，才能确保信息传递的准确性和文化的传承性。

2.人机分工的原则

人机分工应遵循“三用”和“三不用”原则。“三用”是指在旅游服务中应当积极运用AI技术提升用户体验、优化资源配置和增强服务智能化水平；“三不用”则明确指出在涉及个人隐私、文化敏感和道德风险等关键领域，应严格限制或禁止AI技术的使用，以防止潜在的伦理风险和负面影响。通过这一原则的贯彻落实，旨在构建一个既高效又安全的AI旅游服务环境。人机分工场景及实证案例见表8-11。

表8-11　人机分工场景及实证案例

AI适用场景	人工适用场景	实证案例
数据处理（客流预测/多语种翻译）	—	上海迪士尼实时翻译耳机支持12国语言
重复性劳动（票务结算/信息查询）	—	杭州宋城AI票务系统错误率降至0.1%
创意辅助（行程框架/基础脚本生成）	—	携程AIGC生成行程草案节省人力70%
—	特殊团心理支持	汶川地震遗址导游人工情绪疏导率100%
—	宗教禁忌解读	大昭寺启用人工专属讲解员制度
—	自然灾害疏散	九寨沟采用“AI预警+人工指挥”体系

3.风险防控的系统路径

（1）技术层：开发伦理约束算法，旨在确保人工智能技术的应用不会侵犯特定的道德和文化界限。例如，自动屏蔽宗教场所的AI讲解功能，以避免对宗教信仰的不尊重或误解。又如，部署先进的学习系统，通过该系统有效实现游客数据的“可用不可见”目标，即在保障数据隐私和安全的前提下，允许多方参与数据共享和模型训练，确保数据在未经暴露的情况下仍能被充分利用，从而在提升服务质量的同时，严格保护游客的个人隐私信息。

（2）规范层：为了提升旅游行业的服务质量，并确保游客的隐私安全，推行AI旅游服务信用认证，更好地监管AI技术在旅游行业中的应用，成立跨学科的伦理委员会，涵盖历史学者、人类学家和技术专家等多领域专家，共同探讨和制定AI技术在旅游服务中的伦理规范和应用标准，确保技术的合理、安全和可持续发展，以保障技术的发展与人类价值观和社会规范相协调。

（3）行业层：为了确保文化内容的传播安全，我们有必要制定一套详细的文化内容安全分级标准，将各种文化内容按照其可能引发的安全风险进行分类，并设定相应的审核等级。例如，可以将涉及藏传佛教故事的内容列为最高审核等级，确保这些内容在传播前经过严格的审查和评估，以防止可能的文化误解或不恰当的表达。此外，开展“人机协作应急演练”，模拟在紧急情况下人工智能系统如何与人工指挥进行协同工作，以确保游客的安全。通过这种“人机协作”的方式，我们能够更好地应对各种紧急情况，保障游客的安全。

任务实施

一、AI生成基础内容

1.创作讲解词

（1）使用DeepSeek或文心一言，输入提示词：“生成一段针对中学生的西湖断桥讲解稿（300字），需要包含白蛇传说的情感矛盾点（许仙递伞的民俗隐喻）、断桥建筑特点、2个互动提问，语言生动有趣。”

（2）保存AI生成稿并标注潜在错误（如历史细节失真）。

2.互动任务

分角色演绎“借伞定情”。

3.AI输出校正

（1）错误修正：AI称“断桥建于南宋”，改为“唐代记载”；

（2）人文注入：增加白居易《钱塘湖春行》名句。

二、人机分工设计（见表8-12）

表8-12　人机分工设计

环节	AI执行	导游执行
路线规划	避开拥堵，推送休息点	增补小众景点“武松墓”
知识问答	回答西湖水位、面积等数据	解析“雷峰塔倒与女性解放”
紧急情况	监测暴雨预警	组织避雨并讲述“苏轼筑堤”的故事

实践训练

实训项目：AI+真人导游协作完成“宋代市井文化”沉浸式体验项目

实训设计：

（1）明确训练任务，将同学按每6～8人分成若干团队。

（2）组织团队进行角色分工，见表8-13。

表8-13 团队角色分工

角色	核心职责
AI导游训练师	操作AI工具生成讲解词、路线，并标注需人工修正的内容
真人导游	补充情感化叙事，设计互动环节，处理突发状况
游客代表（2~3人）	模拟不同需求的游客，反馈体验问题
技术督导员	监控AI系统运行，模拟设备故障，触发应急预案
文化审核员	检查AI生成内容的历史准确性，避免文化误读
观察员	记录团队协作漏洞，评估人机配合流畅度

（3）考核点：讲解稿内容是否准确，情感化叙事是否合理。最后由教师点评。

考核评价

智能导游服务技巧考核评价见表8-14。

表8-14 智能导游服务技巧考核评价表

内容		评价		
学习目标	评价内容	分值	团队成员互评	教师评价
基本知识	生成式人工智能、数字孪生、元宇宙等技术在旅游场景的应用逻辑	10分		
	应用人工智能可能产生的风险	10分		
专业能力	导游使用人工智能工具生成个性化讲解词与行程的能力	10分		
	导游设计人机协同服务方案的能力	20分		
通用能力	导游服务创新能力	20分		
	导游灵活应变能力	10分		
职业态度	协作思维	10分		
	技术伦理观	10分		
努力方向：		建议：		

项目小结

本项目主要介绍沉浸式文旅体验服务和智能导游服务。沉浸式文旅体验的本质是搭建一个与现实相互映衬的“平行世界”，游客通过视觉、听觉、嗅觉、触觉和味觉的深度交融，体验超越现实的场景。这种体验借助虚拟现实、增强现实等高科技手段，营造出真实感与超越现实的体验空间，游客可以感受历史文化魅力，体验不同时代风情，甚至成为故事主角。同时，在智能导游服务发展过程中，技术伦理是底线，文化真实性和完整性不可妥协，隐私保护需高于国家标准，确保游客信息安全。只有这样，游客才能在享受新型导游乐趣的同时感到安心和放心。

综合实训

策划并设计一套名为“江南古镇”的沉浸式AI导览方案，旨在为游客提供一场深度体验古镇历史文化的独特旅程。

要求：

（1）沉浸式框架设计：游客将化身为穿越时空的“记者”，身临其境地深入古镇，展开一场关于古镇商帮秘史的精彩调查。通过这一角色设定，游客不仅能亲身感受20世纪初的古镇风貌，还能在解谜过程中逐步揭开商帮背后的传奇故事。

（2）人机分工明确：

AI智能辅助：利用先进的AI技术，实时推送关键线索。游客通过AR扫描古镇中的古老账本，即可触发一系列商战剧情，仿佛置身于那段波澜壮阔的历史之中。

真人互动环节：特别安排真人演员扮演“商会会长”，在现场引导一场激烈的辩论赛，让游客在互动中更深入地理解商帮文化及其对社会的影响。

（3）伦理备案细致：

历史敏感处理：在涉及抗战历史等敏感话题时，AI系统将自动进入“闭麦”状态，确保导览内容的严谨性和尊重历史。

生物数据采集规范：为保护游客隐私，所有生物数据采集均采用“游客主动授权制”，确保数据使用的透明和合法。

（4）提交材料：

剧本：包含各个AR触发点的剧本图，展示游客在古镇中的行动路线及关键剧情节点。

AI提示词清单：整理AI提示词清单，涵盖导览过程中AI可能使用的各类提示语，确保导览流程的顺畅和高效。

应急预案表：制定应急预案表，针对可能出现的突发情况，提供相应的应对措施，确保游客的安全和体验质量。

价值引领

以积极开放的心态拥抱人工智能

近年来，文化和旅游部积极贯彻落实中共中央办公厅、国务院办公厅《关于推进实施国家文化数字化战略的意见》，推进实施《“数据要素×”三年行动计划（2024—2026年）》，高度重视文化和旅游数字化建设，加快发展新质生产力，赋能文化和旅游高质量发展，不断推动人工智能在旅游领域广泛运用并取得积极成效。

一是人工智能技术推动旅游产业链重塑，提升监管有效性。人工智能可以对旅游业发展全链条产生积极影响。例如，人工智能应用可以提升决策效率，使旅游规划和决策变得更加高效和个性化；借助智能化设备，可以改进交流、体验方式，改善旅游体验，强化旅游安全和紧急响应。此外，生成式AI技术的发展可以极大提升内容生产和运营效率，有效解决企业的营销痛点。对于监管而言，通过“互联网+监管”模式，可以进一步强化事中、事后监管和过程性数据分析研判能力，提升旅游领域市场监测、突发事件预警和应急处置能力。

二是人工智能技术加快旅游业数字化转型。从最初信息查询、线路规划，到智能导览、虚拟体验；从旅游消费服务智能化，到个性化旅游方案精准定制，再到人员岗位与职能重塑，人工智能可以改进吃、住、行、游、购、娱的实现方式，改变游客出行行为，提高旅游服务效率和质量，进而为游客提供更加个性化、多元化、便捷化的旅游体验。同时，借助复杂数字技术，可以改变景区景点的呈现方式，为旅游产业智能化、数字化转型提供技术支持。

三是人工智能技术为旅游产业创新发展提供新动能。人工智能技术在语言翻译、人脸识别、自动驾驶、聊天机器人、数字营销等方面广泛运用，衍生出大量的新型行业，创造了可观的增量市场。

对旅游行业而言，人工智能应用可以极大提升从业人员的工作、沟通效率，让游客出行更便捷，节省大量成本支出。同时，也让稀缺的旅游资源得以更有效利用。例如，通过大数据分析和人工智能算法，旅游企业可以更加精准地把握市场趋势和消费需求，开发出更具吸引力、竞争力的旅游产品，提供更具人性化的服务。一些旅游平台通过人工智能技术提供旅行提示建议和规划服务，帮助用户决定去哪里、住哪里以及到哪里参观等问题，进一步提高服务效率。

当然，科技影响具有两面性，人工智能给旅游领域带来积极变化的同时，也不可避免地会带来一些新的挑战和问题。例如，自动化和智能化技术逐步替代传统旅游工作岗位，人工智能的就业替代效应使得部分传统旅游行业从业人员被迫失业，由此带来的长远影响和短期阵痛需要政府、行业以及教育系统共同应对。此外，人工智能的引入对旅游行业的管理和监管提出了新的挑战，对旅游文化的传承和发展提出了新课题。

尽管面临上述新的问题和挑战，人工智能在旅游领域的应用已是大势所趋，也为旅游业创新、高质量发展打开了一扇新的大门。人工智能的应用是旅游发展的新机遇，也是值得探索的新领域。旅游参与者要用发展的眼光看问题，也要努力在发展中解决新问题，以积极的心态迎接变化和挑战。

资料来源：马振涛. 以积极开放的心态拥抱人工智能［N］. 中国旅游报，2024-11-07（3）.

职业素养：科技创新　责任担当

学有所悟：以开放心态接纳并推动人工智能发展，本质上是对“创新是引领发展的第一动力”理念的践行，体现了旅游从业者主动融入科技浪潮、抢占发展先机的责任担当。同时，人工智能也是一把“双刃剑”，既能够带来生产力的飞跃，也可能引发就业冲击、伦理风险等问题，旅游从业者应以积极开放的心态去面对，在推动技术发展的过程中，树立正确的伦理观，主动承担起维护社会公平正义、保护公众利益的责任。

主要参考文献

［1］李岑虎，张晓旭，卫美佑．导游服务案例选评［M］．北京：旅游教育出版社，2025.

［2］孙斐，葛益娟．导游实务［M］．3版．大连：东北财经大学出版社，2024.

［3］刘建明．新形势下旅游服务商质量提升理论与实践探索［M］．北京：中国旅游出版社，2024.

［4］全国导游人员资格考试教材编写组．导游业务．［M］．北京：旅游教育出版社，2024.

［5］曾亚玲，苑晓赫．［M］．北京：清华大学出版社，2024.

［6］杨奇美．康养旅游基础［M］．北京：电子工业出版社，2024.

［7］魏凯．旅游职业道德［M］．4版．北京：中国旅游出版社，2023.

［8］王健民．出境旅游领队实务［M］．7版．北京：旅游教育出版社，2022.

［9］窦志萍．导游技巧与模拟导游［M］．3版．北京：清华大学出版社，2020.

［10］窦志萍．导游技巧与模拟导游［M］．北京：清华大学出版社，2020.

［11］黄明亮，刘德兵．导游业务实训教程［M］．北京：科学出版社，2007.

［12］张舒哲，高娴子．导游口语技巧［M］．北京：旅游教育出版社，2006.